新课程·新理念·新教学

丛书编委会主任：马立 宋乃庆

名师工程

高中新课程系列

高中新课程

班主任细节新兵法

主编

李国汉　杨连山

著者

杨连山　董　耘

李国汉　魏永田

西南师范大学出版社

图书在版编目（CIP）数据

高中新课程：班主任新兵法细节/李国汉，杨连山主编.
重庆：西南师范大学出版社，2008.12
　（名师工程系列丛书）
　ISBN 978 - 7 - 5621 - 4343 - 7

Ⅰ.高…　Ⅱ.①李…②杨　Ⅲ.高中 - 班主任 - 工作
Ⅳ.G 635.1

中国版本图书馆 CIP 数据核字（2008）第 193891 号

名师工程系列丛书

编委会主任：马　立　宋乃庆
总策划：周安平
策　划：李远毅　卢　旭　郑持军　郭德军

高中新课程：班主任新兵法细节
主编　李国汉　杨连山

责任编辑：郑持军
封面设计：大象设计
出版发行：西南师范大学出版社
　　　　　　地址：重庆市北碚区天生路 1 号
　　　　　　邮编：400715　市场营销部电话：023 - 68868624
　　　　　　http://www.xscbs.com
经　　销：新华书店
印　　刷：九洲财鑫印刷有限公司
开　　本：787mm×1092mm　1/16
印　　张：17.5
字　　数：270 千字
版　　次：2009 年 1 月　第 1 版
印　　次：2010 年 4 月　第 2 次印刷
书　　号：ISBN 978 - 7 - 5621 - 4343 - 7

定　　价：30.00 元

《名师工程》

系列丛书

编者的话

当前，以人为本的教育理念正在逐步深化，素质教育以及基础教育课程改革不断推进。

在这场深刻又艰苦的教育改革中，涌现了无数甘为人梯、乐于奉献的优秀教师。他们积极探索、更新观念、敢于创新、善于改革，在实践中创造性地发展、总结了很多先进的教育思想、教育理念；创造性地开发了很多新的教学模式、教学内容和教学方法。这些新思想、新模式、新方法在实践中极大地提高了教学质量，是教育改革实践中的新内涵和宝贵财富。这些优秀教师就是我们的名师，这些新内涵就是名师的核心教育力。整理、总结、发展、推广这些教育新内涵，是深化教育改革、完善教育体制、提高教育质量、提升教师水平的一件大事。

教育，是民族振兴的基石；教师，是教育发展的根基。

胡锦涛总书记在全国优秀教师代表座谈会上指出："教师是人类文明的传承者。推动教育事业又好又快发展，培养高素质人才，教师是关键。没有高水平的教师队伍，就没有高质量的教育。"十七大报告又进一步强调了必须加强教师队伍建设，不断提高教师的素质。当今世界，社会进步一日千里，科技发展日新月异，知识更新的周期越来越短。教师作为"文明的传承者"更要与时俱进，刻苦钻研、奋发进取，尽快提升自身素质和能力，为推动教育事业的健康发展贡献自己的力量。

基于以上，西南师范大学出版社策划、组织出版了大型系列教育丛书——《名师工程》。希望通过总结名师的创新经验、先进理念，宣传名师的核心教育力，为广大教师职业生涯提供精神源泉和实践动力，在教育实践层面切实推动从教者职业素养的提升。通过《名师工程》实现"打造名师的工程"。

丛书在策划、创作过程中力求实现以下特色：

一、理念创新，体现教育的人本精神

教师角色在以人为本的教育理念下发生了重大的变化，教师的素质和能力也面临更高的要求。如何弘扬、培植学生的主体性、增强学生的主体意识、发展学生的主体能力、塑造学生的主体人格等问题成为教师在目前教育中亟待解决的难题。丛书以教育管理者和教师为主要读者对象，通过教师综合素质的提高而将人本教育的思想落实到教育实践中，真正实现教育培养人、塑造人、发展人的本质要求。

二、全面构建，系统提升教师的教育能力

丛书选题的最大特点就是系统、全面地针对教师教育能力的提升而展开。施教者的能力决定教育的效果，教育改革的落实、教育效果的提高无不体现在教师身上。丛书针对不同教育能力、不同教学要求、不同教育对象，有针对性地设置选题。棘手学生、课堂切入、引导艺术、班主任的教导力、互动艺术、课堂效率、心灵教育等等，这些鲜明的主题从教育的细节出发，从教育实际情况出发，有针对性地解决问题，让教师在阅读中学有所指、读有所获。

三、科学权威，体现教育的时代前沿性

丛书邀请全国各地著名的教育工作者执笔，汇集在教育改革与实践中涌现的先进理念、成果和方法，经过专家认真遴选、评点总结而成，代表了目前教育实践中先进的教育生产力，具有时代前沿性，是广大一线教师学习、借鉴的好素材。

四、注重实践，突出施教的实用价值

丛书采用了通俗的创作方法，把死板的道理鲜活化，把教条的写法改变为以案例为主，分析、评点为辅，把最先进的教育理念和方法融入有趣的情境中。经典的案例，情境式的叙述，流畅的语言，充满感情的评述，发人深省的剖析，娓娓道来、深入浅出，让教师更充分地领会先进、有效的教育方法。

在诸多教育、出版界同仁的支持与努力下，《名师工程》首批推出了《名师讲述系列》、《教学提升系列》、《教育新突破系列》、《高中新课程系列》等系列，共三十余品种，后续图书也将陆续出版。

丛书在出版创作过程中得到各地、各级教育部门与教育工作者的大力支持与帮助，在此一并表示感谢！

教育事业是全社会共同的事业，本丛书的出版一方面希望能对广大教育工作者有所帮助，共飨先进成果；另一方面也是抛砖引玉，希望更多的教育工作者参与到出版创作中来，百家争鸣、百花齐放，为促进教育事业的发展共同努力！

导　　言

高中新课程的实施体现了素质教育的观念，既要求学生全面发展，又强调为学生的个性发展创造广阔的空间。课程领域中课程功能、课程结构、课程内容、课程设置、课程实施、学生评价等方面的变革，使班主任工作面临新的形势和情况，充满了困惑和挑战。

在实施新课程的背景下，班级教育如何体现新的教育要求、走进学生的心灵、提高教育的实效性，班级活动的设计和组织如何反映新的教育理念、遵循青年学生的身心发展规律、发挥特定的育人功能，班级管理怎样适应新的教育形势、进行管理模式创新、真正落实对学生人生规划、选修课的指导，班主任怎样实现教育理念、教育行为、教育角色的转变，这些都是班主任工作中需要重新审视和探讨的新课题。

为了在新形势下发挥班主任在学校教育中的重要作用，国家教育行政部门要求：必须进一步加强班主任工作，班主任的职责应该进一步明确，班主任岗位的专业性应该进一步突出，班主任应成为中小学思想道德教育的骨干、实施素质教育的重要力量。因此，在实施新课程背景下如何做好班主任工作，就成为大家共同关心和思考的问题。

高中新课程的实施在探索中刚刚走过四个年头，课改的政策和理论需要我们在实践中逐步理解贯彻，教育的思路和策略需要我们在探讨中不断调整，同样，解决班主任工作面临的困惑也需要一个过程，需要我们坚持不懈地从理论和实践结合的角度进行反思和论证。本书之所以从这个角度选题，是基于新课程的实施给班主任工作带来了新的困惑这一教育事实，也希望和大家共同探讨，摸索出新的思路和方法。

新课程的实施在继续，班主任工作在继续，观点的讨论和争鸣也在继续。实践中出现的问题，只能依靠进一步的实践去解决。我们相信，随着新课程实施的深入，班主任工作的理论将会不断丰富、发展和完善。

编者

目　　录

第一章 新课程呼唤高素质的班主任——走专业化的道路

随着经济全球化的进一步加剧，国际竞争异常激烈，而知识科技成为竞争的重要筹码。知识和市场经济的直接挂钩，使创造型人才的需求量激增。十年树木，百年树人。教育越来越成为仝社会共同关注的焦点。

犹如石破天惊，高中新课程以全新的面貌，一扫传统课程的种种弊端，对课程目标、课程结构、课程内容、学习方式、课程评价、课程管理作了全面的调整和改革。这一惊人的"变脸"，是为了全面贯彻党的教育方针，构建符合素质教育要求的、巩固基础教育发展的新课程体系。它抓住了教育改革的核心内容，是大刀阔斧的重大改革举措，对高中教育产生了深刻的不可估量的影响。

其中，班主任工作更是面临着新的机遇和挑战。在新课程目标下，班主任应该以促进学生全面健康发展为工作重心，尽快地更新观念，提高自己的专业素养，改变教书育人的工作方式，不断完善自己、超越自己，实现教育行为、教育角色的转变。

1. 新课程对班主任的要求

——实现三个转变

新课程的理念与班主任带班育人的理念是完全一致的，就是为了每一位学生全面健康地发展。换言之，新课程指导下的课堂教学与班主任工作相辅相成。教书育人，带班育人，是同一目的下的两种不同的方法，殊途同归。

新课程改革往往不是单学科进行，而是诸多学科课程相互交叉、相互渗透，体现出综合性。而新课程的实施基本上仍以班级为单位。班主任作为班级管理、教育的核心人物，离不开课堂教学的主渠道；学生在课程学习中，能动性、自主性和创造性的发挥，也离不开班主任有力的组织和管理，更离不开班主任的关注和指导，在实践课程上尤其如此。同时，班主任也要在新课程实施、与其他教师群体合作的工作情境中，尽协调之责。因此，新课程背景下，班主任的作用更为重要，是密切协作、整合力量、拓展教育空间、保证每一位学生健康发展的关键。

新课程改革为每一位学生的发展创造了良好的环境，也为班主任专业素质的发展提供了一个重要平台。在班级建设和新课程实施的实践中，为了解决一系列的新问题，班主任自然会促使自己读书学习，反复实践，总结反思，深入研究，促进自己尽快实现三个转变。

一、教育理念的转变

人们常说：观念是行为的先导。教育观念是无形的，看不见，摸不着，但却是客观存在的。它无时无刻不在支配着班主任的育人行动，影响着班主任的思维方式和工作方式，制约着班主任的教育方向，关系着班主任的育人成果，改变着教育的面貌。因此，树立新的教育观是新时代班主任要通过的第一关。

新课程来了。它带来一股强劲的清新空气，为班主任更新观念带来新的方向。我们应该认真理解其精神，积极领会其理念，与时俱进、乘风而上、敢为人先。

（一）从主宰到主导

长期以来，我们一直恪守着老祖宗传下来的教育观念："天地君亲师"、"一日之师，终身为父"、"师道尊严"。总之，老师站在讲台上，俯视学生犹如"君临天下"，主宰一切。教师主宰课堂，班主任主宰班级。我授你收，我教你学，我说你听，我管你服。学生只能屈坐于下，仰望先生，唯命是听，被动服从，是接受知识的"容器"，是俯首帖耳的"小绵羊"，是老师统治下的"奴婢"。学生若稍有异议、争辩，便是冒犯师尊，大逆不道。近几十年，这种情况虽有改变，但根未除，宗未断。君不见，"学生为主体，教师为主导"的口号喊了一二十年了，可一遇到具体问题，往往还是老师"一言堂"。教师在教学中稍不遂意，不是大发雷霆，就是讽刺挖苦，甚至体罚和"心罚"。可见观念的弃旧图新，不是一蹴而就的。

天津市四十三中学赵卉老师在这个方面就有深刻的体会。她写的一篇案例《我当学生的知心姐姐》就提出更新观念的重要性。

几年前，当我走出大学的校门，满怀憧憬来到中学。老教师告诉我："记住，对学生不能太好，一定要'约法三章'。让他们怕你，你就有了威信。'千万不能给他们太多的自由'。"我也想，要出好成绩就得"严字当头，严上加严"。有了这些治班"秘诀"，我开始了初为人师的体验。

我尽量摆出严肃的面孔，用高声的呵斥来展现我作为教师的威严，这虽然掩饰了一个年轻教师内心的羞怯，甚至在向学生发号施令时也体会到一丝得意，但学生们私下里却送我一个绰号——冷血主任。渐渐地，我发现学生们表面很怕我，远远见我就绕道躲开，而对我制订的"约法三章"却在无言地抵制，学习没动力，班内没活力，整个班级如同一盘散沙。我迷惘了，陷入困惑。这到底是怎么了？难道"秘诀"不灵了？苦闷中，同事们告诉我要更新观念。我一遍又一遍地回味学生的话，反反复复地思考自己所做的一切，想想自己当学生时的心情，猛然醒悟：是自己造成了与学生对立，不行，得改变这种

"爱的错位"状况。于是，我丢弃了难看的面孔，露出笑脸，开始了新的实践……

从那以后，我不再做"班妈妈"或"保姆"了。每接一个新班，我做的第一件事，就是把我的手机号码在全班公布，都会说一句话："咱们班是由51人组成的——50名学生＋1个姐姐。我和每位同学是平等的，也是咱班的一员。咱们要互相关心、爱护，互相搀扶，共同走好高中三年的每一天。"

那是距高考89天的夜里，时针已滑过十二点，手机突然响了，谁会这么晚发短信来？我急忙打开一看："卉姐姐，我真的要崩溃了……夜里不由自主地产生一种从世界消失的冲动。我该怎么办呀？"

手机号码告诉我是小朱发的。他是一个很情绪化的男孩，容易激动，性格固执……我紧张起来，生怕他做出什么傻事。我立刻给他回了短信："是什么事让你这么苦恼呢？周围许多人在关心、爱护你，当然也包括我！愿意跟我这个朋友倾诉吗？我愿为你分担！"

改天他找到我，谈了两个多小时，倾诉了他那些让他的朋友原谅不了和他至今也无法原谅自己的事。他说初中时，因为不懂什么是感情，曾经伤害过一个女孩，周围的朋友不再理他。他感到大家的眼神是那么的冷，没有人愿意和他多说一句话，当发现有人小声议论他时，他就会有一种要揍人的冲动……

我终于知道他的伤口在何处了，我很郑重地告诉他生活不是这样的，经历了人生的一次磨砺，人就会变得更成熟，我愿意伸出手来帮助他。

以后的日子里，我用心观察他的一举一动，每发现他一个微小的进步，就立即发短信给他。例如，"嗨，一节课都没走神，真棒啊！""我看见你努力了，我相信别人也看见了。""能遵守承诺，你是个男子汉。"但转变不是一蹴而就的，有一次做操前，在操场上我远远地看到他正对外班的一位同学怒目而视，我估计要出事，马上发短信："小朱，能不能到教室帮忙把卫生打扫一下啊？"

时间过得真快，高考马上临近了，一天晚上我给他发了这样一条短信："我知道你经历了一些别人没有经历的事情，丰富了你生活的经验，你长大了。加油吧，我的朋友，为了我们共同的约定！"

短信的交流是相互的，既有我对学生的鼓励，也包括学生对我的支持。2007年距高考还有三个月的时候，学校突然让我接任高三（16）班班主任工作，不想当晚我就收到了许多"老师，我支持、拥护您！"的短信。有一条是班长代表全班发给我的："老师，我们非常高兴您接我们班，咱班同学都特喜欢您，但您最近是不是心情不太好呀，是不是觉得在最后三个月突然接班，压力太大，特别是我们这样一个又散又乱的班。我们真的很理解您，我们相信您能行！让我们共同努力走完高中最后三个月吧，我们支持您！！！"那天晚上，我感动得哭了。这就是我可爱的学生们给我的那份爱，是一份饱含热情和真诚的爱，是让我终身难以忘怀的爱。

我不像开始那样"主宰"全班了，而是充分调动每位学生的积极性，形成民主管理氛围。比如，班集体的奋斗目标由学生提出；班上重大事件让学生发表意见；班集体计划让学生自己订；班级晨会、评议会由学生主持；班训、班徽、班歌向全班同学征集，共同筛选、修改，最终定稿。此外，根据校规校纪以及我班的实际情况，同学们经过民主讨论还制订了各项班级奖惩制度。记得那是一个周二的下午，我开完党员会一看表，坏了，急忙就往班上跑，到了班里还是迟到两分钟，全班同学都已经准备好等待上课了。我本想告诉大家迟到的原因，但转念一想又改变了主意，我走上了讲台，按照班规，清唱了一首歌，全班同学先是怔住了，接着响起了雷鸣般的掌声……

几年班主任的实践，我在学生们成长的同时也渐渐地成熟，不再有初为人师的幼稚与盲从。我学会了思考，学会了用我的青春诠释教师的工作，更明白了更新教育观念的重要。

赵老师用自己班主任工作的亲身经历，体会到"主宰学生"、"管卡压学生"只能带来师生关系的疏远、对立、冷漠，使学生"敬而远之"，产生爱的错位。不平等的师生关系严重摧残了学生的独立思维和创新精神，严重扭曲了师生人格，严重妨碍了每位学生的健康发展。因此，班主任必须对这种情况予以颠覆，予以转变，建立与新课程相适应的新型的、民主的、平等的、和谐的、互动共进的师生关系。赵老师认为，班主任只有去当学生的"知心姐姐"，才能走到学生中间，赢得学生的心灵，才能使班主任工作放出异彩。

赵老师的体会告诉我们，要实现从主宰到主导的转变，应做到：

第一，班主任应主动放下架子，从高高在上的"主宰者"位置走下来，走到学生当中。这对班主任来说，是教育思想的一次裂变、一次飞跃。赵老师从"摆出严肃面孔"的"冷血主任"到主动将手机号告诉同学们的"知心姐姐"，这就迈出了关键的一步。

第二，做与学生平等的"首席"。既然师生平等了，就应该多尊重学生，理解学生，倾听他们的心声，想他们之所想，急他们之所急，为他们排忧解难。发挥我们作为班主任的年龄、知识、能力、心理水平等诸多方面的优势，指导他们，引导他们，促进他们积极向上，在"主导"上做出新文章。

第三，让学生当主人。班级的事让他们做主，充分发挥学生的主体性、独立性、能动性和创造性，让学生成为教育的主人，班级的主人，学习的主人，生活的主人，成为有社会责任感的人。那么，我们就应该少一些包办，多一些学生自主；少一些反对，多一些对学生的赞扬；少一些强制，多一些对学生的引领。

（二）从封闭到开放

传统的教育观认为，书本知识传授是学生获取信息的唯一渠道。学生只能坐在学校教室的小天地，"两耳不闻窗外事，一心只读圣贤书"，或听教师的"一言堂"。新课程的教育观拓展了学习的概念，不再仅仅是几本教科书，还有社会的、人生的各个面相，都是学生学习的范围。它拓宽了学生的学习空间，学习不再仅仅是老师教授，学生自己也可以获取。可以通过自己的感官去感知、探究，可以通过书籍、影视、电脑等途径去收集、整理，也可以亲自从实践习得。

班主任作为学生的人生导师、精神关怀者、班级组织者以及各方教育力量的协调者，仅仅在学校教室用"舌耕"的工夫进行工作，是远远不够的。因此，班主任一方面引导学生自主自育，另一方面，也要带领学生走进生活，走进社会，走进大自然，走进工矿、农村、军营。那里有大量的新"教师"，有广博深厚的大课堂，有丰富的书本上没有的知识，可以使学生经风雨、见世面，积累做人的经验。

天津新华中学的连朝老师对学生参加社会实践的效果深有感触，并写了一篇教育案例《教室的放飞》：

新生入学不久，我这个班主任就发现有些学生的脸上总是一副冷漠木然的表情，眼中也总是充满了困惑与迷茫，昏昏欲睡的样子。那天我和他们其中的小飞进行了一次倾心长谈，深感这些学生委靡的原因是缺乏理想。

从此，我把理想教育作为班主任工作的重中之重，找机会就和他们谈理想，谈未来，对此投入了大量的时间和精力，因为理想关联着动力和精神面貌。记得罗勃朗宁曾说："人类的伟大不在于他们在做什么，而在于他们想做什么。"一段时间过去了，我发现简单空洞的说教，似乎不能激发他们心底真实的渴望和不竭的动力，我该怎样做呢？左思右想，当我凝神于办公桌上学校90年校庆学生与校友的合影时，一个念头闪现在头脑中——找外援！我霎时间兴奋起来……

几经周折，我把现在就读于清华大学的校友张国良请到班中，让他和学生们进行了一次面对面的交流和沟通。我注意到小飞的手也兴致勃勃地举了起来："请问，考清华大学是你自己的梦想还是你父母和老师的期望？"

"当然是我自己的梦想"，张国良扬眉一笑，他似乎明白了这个男孩的困惑，接着说，"'为别人着想，为自己而活'是我的人生座右铭。对我而言，清华大学就是我心中最美丽的梦想，我要为自己的理想而努力。这才活得精彩，活得漂亮！"

"那，如果你觉得疲倦了，没有动力了怎么办？"小飞继续发问。

"其实，我也有疲倦不堪、想要放弃的时候，可我也知道，但凡成功的人，无一不是有远大抱负并坚持不懈的。累了，歇歇脚，站起来继续上路！"

随着活动的继续，我看到小飞的眼底有一种希望在升腾，我知道自己的苦心没有白费。活动后，他一脸激动地告诉我："理想、坚持，这就是我最大的收获！学长的谈话，让我懂得光环背后就是这四个字在支撑。他从高一就明确了奋斗目标，并为之努力拼搏，我相信，我也会成为他！"此时，小飞脸上迷雾散尽，绽出了笑容。

我很高兴自己探索的成功，我深信校园以外有更丰富的教材，有更优秀的"教师"。所以，我让学生走出校园，让他们亲身感受，亲自触摸，获得真正的感悟，并逐渐形成正确的人生观、价值观。

于是，我班"走出去"的系列活动起步了，几个社会调查小组分头出发了。

小飞所在的那个小组采访了我校59届校友——天津理工大学郑孝慈教授，这是一位学识渊博的老教授，待人热情，一直称呼学生们学弟学妹，让学生们感觉特别亲切。他回忆自己的高中求学经历时，有说不完的话，从丰富的社团活动到记忆犹新的比赛场景，从各学科老师到印象深刻的课堂花絮。说到兴起，郑教授还给大家演唱了他上中学时学过的《黍离》。他那饱含深情的演唱充满了对母校的眷恋，充满了对恩师的无限深情，让学生们无不为之动容，那一刻他们真的被感动了。不知道多年之后自己是否也能对老师、对校园抱有如此深厚的感情。

后来，小飞告诉我："郑教授知道我们来访，特意书写了一幅大字'国之本在家，家之本在身'送给我们，以此勉励我们修身善己，将来成为对社会有用的人才。我们建议把它挂在班里，让大家都能从中获得前进的动力。"

这次去调查采访，他们还有个小插曲呢！小飞抢着说："我们一开始就遇到了麻烦。刚进小区，就被保安拦住，问我们是干什么的。我随口一句'采访'，就大步往里走。没想到保安一个箭步冲过来把我揪住问道：'你是哪个单位的？采访谁呀？有证件吗？'我一下怔住了，十分尴尬。幸亏班长及时过来讲明来意，我们才顺利来到郑教授家。事后我想自己太莽撞了，把很多事情想得过于简单，看来交际能力也得锻炼，哪怕是一件小事也要三思而行。否则就会碰钉子……"听了小飞的话，我暗想，走上社会还真有意想不到的收获呢！

其他几个小组还访问了天津建筑设计院刘祖玲院长，了解到刘院长上高中时就因为教室离厕所太近，每天受"气味之苦"，当时她就下定决心给母校设计更漂亮更实用的教学楼。学校90年校庆前夕，她终于实现夙愿。在她主持下，一座现代化的教学大楼拔地而起。设计中，她充分考虑到同学们的需要，将教学区、卫生间做了很好的分隔……

还有的小组拜访了百岁老人郑汝铨奶奶。从她老人家那里，学生们收获了'活到老，学到老'的精神以及乐观、积极、放远眼光、始终向前看的心态。郑奶奶虽百岁有余，但精神之好超出学生想象。她细数青年时代的经历，思路严谨缜密，情绪高昂兴奋，对社会保持着强烈的关注，什么时政要闻、社会热点，她都能侃侃而谈，颇有见地，让学生们自愧不如……

一年多过去了，在我的鼓励和支持下，小飞和同学们一次次走出校园，采访了各行各业颇有建树的校友们。他们一次又一次地被感动，一次又一次地被鼓舞，普遍感觉自己肩上多了几分责任，也觉得自己和社会更接近了。看着他们日渐褪去稚嫩、走向成熟，我感到无比欣慰。在一次《我的理想不是梦》主题班会上，小飞代表同学们激昂地说："走出校园，让我真正懂得了什么是伟大的人格，什么是卓越的学识和学无止境，什么是赤子深情，什么是人生的真正价值。请相信，我会活出一个新的自我！"

看着那张张青春洋溢的笑脸，看着那双双充满希望的眼睛，我再一次会心地笑了。小飞的故事让我懂得了：让学生从封闭的空间走到开放的天地去领略一切美好的东西吧，很多教育难题都会迎刃而解的。

连朝老师的体悟值得我们反思。从封闭到开放，不是形式问题，而是观念问题。首先，班主任要打破头脑中的"围墙"，解放思想，相信并鼓励学生从各种渠道，特别是从社会的大课堂里汲取做人的营养，因为"室内不养千里马，花盆难长万年松"。同时班主任要敢于"放手"，相信学生的潜能。他们头脑聪明，精力充沛，让他们自己去想，自己去干，自己去体验，自己去感悟，自己去探索，自己去播种，自己去收获。

其次，班主任要相信社会的主流，不会因为负面问题而不敢打开教室的大门。学生只有接触社会才能认识社会，提高辨别能力，增长才干。班主任在开放中要注意去指导、引导，特别是要教给他们一把分析、认识社会和一切事物的"金钥匙"，那就是辩证唯物主义的哲学。让学生学会科学地判断是与非、表象与本质、主流和支流、静止与发展等等。

（三）从控制到服务

控制，与传统教育观的主宰、封闭是一脉相承的。它是主宰的延伸，是封闭的结果，都表现为对学生的限制、约束、管教。当然，教育也离不开约束与限制，制订一些"不要"、"不许"、"不可"，也是必要的。但是，在师道尊严的观念下，这种约束与限制往往走向极端，变成管制、强制、压制，甚至禁锢、摧残。这种"捆得紧紧的"，"管得死死的"的教育所培养出的学生都是一个规格：谨小慎微，循规蹈矩，顺从自卑，不敢越雷池一步。由此造成学生的情感受压抑，个性被限制，灵性遭泯灭，人格被扭曲，特别是扼杀了学生的奇思妙想，限制了学生的创造力。

新课程改革使师生成了互动共进的合作伙伴、学习共同体，因而班主任要由"控制"转为"服务"，这是观念上质的变革。为学生服务，作为班主任就不再高高在上、居高临下，而是与学生平等相处。

班主任和教师都应该明白：知识是学生通过一系列思维过程——认知、理解、消化、探究、应用、巩固掌握的，而不是教师"灌"的，教师的教是为了不教。品德也是学生在道德实践中，自己不断认知、探索、体验、内化而成的，久之便形成道德习惯。学生自身的需求和能动性是发展的内因、根据，是起决定作用的。否则，教师就是百般强制也是不能奏效的。然而，在学生从自然人向社会人发展的过程中，又需要别人帮扶、引路、授之以"渔"。而为学生创造良好的学习条件和环境，是我们教师的天职。

班主任要由控制转变为服务，即把学生这一教育对象，当成服务对象，就要做到"三主动"：

一要主动当学生的助手。在确定学生是发展的主体这一前提下，班主任要主动为学生打个场子，设个平台，搭个台阶，立个梯子，满足他们发展中各种正当的、不同的需求；为他们的成长解难答疑，给各类学生的成长予以不同的帮扶。

二要主动当学生的参谋。学生在自主发展中，包括班级自治管理中，由于年龄与经验的限制，难免走些弯路，我们就应主动出主意，做指点，或提出超前的建议，或作出事后的分析，尽参谋、辅导之责。

三要主动地丰富自己。为了更好地服务、帮扶学生的全面发展，班主任就得主动改变服务态度，提高服务技能，学习、研究、掌握学生的成长规律、班集体形成和构建的规律，研究学生周围环境的文化现象，然后才能根据不同年龄、不同性别、不同家庭、不同个性的每位学生的不同时期、不同情境的不同需求，给予不同手段的服务。

所以，服务学生的观念是班主任的高境界，又是班主任专业素质的高水平。若每位班主任都树立了服务意识，那我们学生的健康发展将不在话下了。

二、教育行为的转变

教育观念的更新，不是简单、机械地给大脑贴上现代化的新标签，而是新观念进入大脑后，结合自身过去的经验，经过思维活动，再到教育实践中去应用，去体验，去感悟。进而对自己的认识加以调整、矫正、更新，然后再实践，再反思，再认识，反复多次，才得以树立和巩固。所以，班主任新观念的形成，离不开新观念指导下的实践。

班主任教育行为的转变，也是多方面、多层次、多角度的，但一切行为都归时代育人的新理念所指导。这种新理念即新课程的核心理念——为了每一位学生的发展。因此，教育行为的转变最终还是为了"五颜六色"的学生。

（一）眼里没有"坏学生"——多一点尊重和赞赏

班主任要实现每一位学生健康发展，就要尊重每一位学生。不管是什么样的学生，教师都要尊重他们的人格，尊重他们的意愿，尊重他们的权益，尊重他们的需要，尊重他们的隐私，尤其要尊重他们的差异，其中包括要尊重那些所谓的"差生"。写至此，我想起了广西南宁市第三十三中学赵文虎老师写的一篇《转差秘籍》，现摘录部分，让我们见识一下他的教育行为的精彩。

从第一次做班主任到现在我接的都是差班，同事都戏称我这个班主任为差班专业户，对此我只能一笑了之。我不入地狱谁入地狱？何况差班也是班，差班的学生也是我们的学生，总得有人来管。

差班带多了，我自己也摸出一些路数。班主任带班要斗智斗勇，要讲策略，玩计谋，出奇招。因为高中三年关系学生的前途和命运，只许胜不许败，而且容不得你半点的拖拉。以下几个招数虽然有鸡鸣狗盗之嫌，难登大雅之堂，但疗效甚佳。

第一次班会是班主任的就职宣言，也是全班学生的动员大会，更是吹响全面扭转班风、学风号角的最佳时机，但我却是以别样的方式来开始我的第一次班会的。

我说："同学们，我这个暑假很难过，因为知道要来带我们这个班，我曾经多次强烈要求校长给我换别的班，但每次都是无功而返。于是我茶饭不思，昼夜难寝，我白天胡思乱想，晚上做噩梦，度日如年……"

全班一片寂静。

"然而，今天我所看到的同学们却跟我想象的差个十万八千里，我看到的是个个都青春活泼、精神饱满。别人都说我们的班是差班，我，你们现在的班主任，第一个不同意。同学们，你们同意我们是差班吗？"

"不同意，我们不是差班！"我说，"说我们是差班，是我们每位同学的耻辱，也是我这个班主任的耻辱。同学们，当别人说我们是差班时，你们还是选择沉默吗？不在——"

"不在沉默中爆发，就在沉默中灭亡！"学生们再一次异口同声。

"对！不在沉默中爆发，就在沉默中灭亡。请记住，树争一张皮，佛争一炷香。我希望同学们要争一口气，我们不是差班。然而，当别人说我们是差班时，我们怎么办？用最恶毒的语言辱骂他们，同他们吵个两天三夜，或者狠狠地揍他们一顿……"

学生们哄堂大笑。

"不！同学们，我们要用实际行动来回答他们：我们不是差班！我们要用行动来改变别人对我们的看法。当然，好班不是靠喊出来的，而是用实力打造出来的。昨天已成为历史，今天，我希望同学们用自己的行动证明自己，来改写我们的历史。为了我们灿烂的明天，同学们，扬起我们的船吧，出征吧，胜利就在彼岸。记住，在这条战船上，我是你们当中的一员……"

学生们长时间地鼓掌。

"那么，从现在起就让我们行动起来吧，我们的目标——争取这个学期把倒数第一的帽子摘掉，争取坐上倒数第二或倒数第三的交椅……"

"不！"

"是不是目标太高了？难度太大了？"我还要再激他们一下。

"不！我们要争第一！"

……

诚然，第一次班会不可能什么问题都能解决，还需要去做很多事情。可是，马已上鞍，枪已上膛，出发是已经没有什么东西能够阻挡的了。

（《班主任之友》2006 年 11 期）

赵文虎老师面对有名的"差班"，为什么"明知山有虎，偏向虎山行"？可评点之处多多，其中最耀眼的便是他在新的教育观、学生观指导下的教育行为。他从心眼儿里就不认为学生"差"，在就职宣言上，他气势不凡地直言："我看到的是个个都青春活泼，精神饱满。别人都说我们班是差班，我，你们现在的班主任，第一个不同意！"赵老师一言一词，都渗透着对学生的尊重、信任和理解，字字千钧，有巨大的震撼力，一开始就跟学生站进了一个战壕，师生的心就贴在了一起。学生受到尊重、鼓舞，其反应是掌声不断。然后赵老师又步步紧逼，又激又引，学生终于发自内心地喊出了"不，我们要争第一"。其实，所谓"差生"、"差班"，都蕴藏着强烈的向上的潜质，赵老师充分看到并利用了这个最宝贵的东西，从尊重这个点切入，增强了学生的信心。假如，赵老师上来依然是："你们这个差班……"又是一盆冷水泼去，学生只能是抽刀断水，只有破罐破摔，差到底了。

尊重学生就意味着不伤害，包括不体罚和不变相体罚，不冷落学生，不羞辱、不嘲笑学生，不随意当众批评学生；尊重就意味着接纳这个学生或这个班的全部，包括全班每个学生的阴暗面、消极点和弱点；尊重也意味着对每个学生同等距离，一视同仁，同样关注。多少事实证明，多一点尊重和赞赏，多差的学生和班级都会转变，我们要坚信这是教育的一个法宝。

（二）重在启迪和激励——多一点帮助和指导

学生是成长的主体，他们将遵循成长的规律不断地自主发展。班级建设也一样，学生可以自己管理自己，自己教育自己。班主任不能再越俎代庖，完全包办，这样不仅很累，也费力不讨好。我们应对他们进行启迪和激励，多给他们一点帮助和指导。

天津复兴中学的梁秀兰老师，遇到了一个差生陆南，他无视校纪，性格桀骜不驯，每天一副无精打采的样子，脸上阴云笼罩，紧闭着嘴，紧皱着眉头。当了解了他特殊的家庭情况后，梁老师想，我得把阳光送给他！

一天放学，陆南整理书包的瞬间，我发现有漂亮的画册闪露了一下，仿佛厚厚云层中的一丝光亮在映射，我心里一动，忙问："陆南，看什么书呀？"

"没什么，画册。"他懒懒地回答。

"我看看，可以吗？"我用轻松的语调跟他说，他那双无神的眼睛里闪过一丝戒备，犹豫了一下，面无表情地递给我。画册内有众多的人物、动物形象，构图优美，造型夸张，色彩讲究。

一周后，我叫他来办公室。他发现，在他的画册上面，放着一张四开纸的着色的"铁臂阿童木"的画儿。陆南的目光被吸引住了，忙问："老师，这是谁画的？"

"我呀！有时候觉得不开心，就画一张我喜欢的画，烦恼就跑了！"

陆南说："是这样，我看画册时，就特别高兴。"

"你想过自己画一画吗？"

陆南摇摇头。我说："你选一张喜欢的，我教你画，我是学美术的！"说着，我选了一张较简单的动物形象，递给他笔、纸，鼓励他大胆去画。陆南犹豫片刻，笨拙地拿起笔。看得出，他连拿笔的姿势、最基本的起形方法都不会。看样子，他关闭了很多接受信息的窗口，在逆反、对抗情绪的掩盖下，是他内心深处的寂寞和苍白。

渐渐地，陆南的绘画水平提高了，我们之间的话题也渐渐多了，由"阿童木"到"森林大帝"，再到其作者"手冢治虫"。我问他："手冢治虫为什么叫这个名字呢？"他摇摇头。

原来陆南只是满足于浏览画面、视觉享受，从没有作进一步的深究，更没养成深入思考的习惯。他看到更多的是家人的病痛、父母间的疏远、同学的冷淡、老师的批评等，在学习、生活中从没感到过乐趣。此刻，他仰起头，渴望着我的解释。我慢慢地对陆南说："手冢治虫原来叫'手冢治'，他小时候喜欢画虫子，就把自己名字里的'治'改成了日文中与'虫'发音相近的名字，也就是'手冢治虫'。他小时候过得很不开心，他很瘦小，头却很大，很像昆虫，经常被同学欺负，是漫画给他带来了转机，带来了乐趣，带来了朋友！"

陆南听得很入神，像是得到了什么启发，他说："我要画一幅手冢的画。"

"好啊！"我听了很高兴，马上说，"画'森林大帝'吧！但你一定要先给我一个答案，那就是手冢透过小白狮雷欧的成长，想要告诉我们什么道理？"

陆南欣然答应。

"老师！我找到答案了！"第二天早上，陆南远远地向我打招呼，接着，从书包里翻出一张纸片，不太流畅地念道，"虽然人类都有朋友，可是进入社会就不一样了，好像孤单的一个人被放进去，像雷欧一样，怎么办？最重要的是人与人的接触交往和心灵的沟通，凡事不能以自我为中心。"

"好样的，陆南，道理非常对。"我立即送去赞赏的目光。陆南若有所思地走进教学楼。看着他的背影，我感叹：他终于也像别人一样，沐浴在早晨的阳光里，沉浸在探索知识的喜悦中了。几天以后，在我的办公室，他完成了漫画"森林大帝"。

这天，陆南突然冲进办公室，异常欢喜地对我说："老师，刚才宣传委员说，让我负责班里展牌，参加文化节比赛。耶！"胜利的姿势，是他从未有过的兴奋。

"好！"我拍拍他的肩膀。

"放心！您等着瞧吧！"陆南急促地说完，兴冲冲地跑了。

学校文化节隆重开幕了。其中最抢眼的就是各班彩喷制成的展牌。师生们围得水泄不通，争先投票评奖。拔得头筹的竟是高二（5）班！看，那展牌上，熟悉的技法和色调，当然是陆南的杰作了！他的设计十分大胆，内容翔实，版面庄重、醒目、气势不凡！

令我振奋的是，在展牌下方"学生感言"栏中发现了一则我能理解的、十分熟悉的一段话："让手冢从绝望的深渊中爬起来的，除了朋友的帮助和家人的关怀，最重要的还是他个人的气魄和他不屈不挠的生命力，这是他再生的原动力。"

我发自内心地笑了。终于，陆南的脸上出现了笑容，我知道，他心中升起

了一颗太阳！是一颗不落的太阳！

梁老师同样没把陆南看成"坏孩子"，也没有主观地采取说教、压制等办法，而是作了一番了解后，全力发展他的爱好和闪光点，从这里入手给予帮助。教他画画，发展兴趣，进而由画画巧妙地转入人生指导，如此长善救失，增强了陆南的信心，为他扫除了阴云，送去了阳光。

班主任的育人之路就是这样。学生的本质是向上的，然而人生成长的道路不可能是笔直的、平坦的。在他们奋斗、攀登过程中，有时遇障碍过不去了，有时畏惧退缩了，有时踌躇不前了，有时出现伤痛了，有时站在"三岔口"不知走哪条了，班主任作为护航的同路人，要时刻注视，在他们关键时、转折时、犹豫时、难过时、着急时，帮一把、扶一把、推一把、打打气、鼓鼓劲、出出点子、给点指导，让他们继续前进。班主任的帮助能唤醒他们心灵深处的成功渴望，激发他们内在的精神动力，加速他们成长的脚步。

班主任的这种帮助和指导，要因人因事因时而异，重在启迪、激励，不能盲目而为，不能千篇一律，不能横加指责，不能包办代替。论办法，有面向全体的，更应针对个别的；有一般的，更要有特殊的；有粗犷的，更要有精细的。学生是矛盾的统一体，我们要抱着深厚的感情，精心工作，力促矛盾向好的方面转化或扩大矛盾中好的方面。这种帮助与指导不是一次完成的，而是长期的、反复的、艰苦的工作。

班主任对待班级也如此。师生可以一起制订班级目标、有关管理制度，选举班干部，然后放开手让学生自己干，展现学生的聪明才智。班主任是班级一员，即辅导员，身在其中，导在其外。学生管理遇难题了，也不要把学生推到一边，赤膊上阵。而是把学生找来，一起开"群贤会"，讨论之后，概括出几个要点，指点迷津，让学生再去干。就是到了非亲自出马不可的时候，也别忘了自己是在示范，也别忘了肯定学生们的成绩，以及教给他们改进的原理和方法。其中更重要的帮助和指导是告诉学生：治理班级，不管负责其中的哪一部分，都是为集体服务。

（三）充分相信学生的力量——多一点支持和鼓励

充分相信学生的力量，是出于对学生主体地位的尊重。班主任应相信他们能自我管理、自我教育、自主发展。我们则在平等对话中，帮助他们、促进他们、鼓励他们，通过适当的教育、培训，使学生个个能成才，这是我们教育的真谛。

班主任也应充分相信学生。时下，网络令不少老师和家长头痛不已。天津一〇二中学张研老师刚当班主任就遇上了家长反映的这种问题，怎么办呢？她在案例《与网结缘》中写了自己的体会：

刚刚担任班主任，就有不少家长跟我反映：孩子上网控制不住，怎么办？我打开电脑，没想到还真的看到了我们班 QQ 群号的帖子，当时我很生气。刚开学才几天，人还没认全呢，网络上倒先交上朋友了。于是我也冒充陌生人加入，想看个究竟。好家伙，全班四十八位同学全部加入群，在线的就有十几位。再一看他们聊的无外乎你是哪个学校的，什么性格啊等等。嘀，在这了解呢，好吧，借此我也了解一下各位吧。他们发现我只是问各种问题，不说自己，就怀疑我了。有个学生问我是谁，我没告诉他，心想，小孩子还和我玩网络，我上网时你们还上幼儿园呢。不过这也不错，能够使同学间尽快了解，增强团结，消除陌生感，更何况他们也没有做什么不好的事情，我也稍微放了心。后来有个大胆的男生说你不会是老师吧，要是老师就坏了。我忙发了个笑脸，我真的是老师，姓张。马上有个女生说："完了，完了，我们死定了！"

第二天，我发现昨晚上网的几个学生坐立不安，不敢抬头看我。我在想，是请家长呢，还是用点别的方法？想了想，我找来群主，他们说："建群就是让大家尽快认识，利于交流。""你们怎么看待网络呢？""方便快捷，信息量大，能够排遣压力，就是不管说什么都不怕别人知道你是谁。"我笑了，看来他们对网络还停留在最肤浅的认识层次呢。为防止他们沉迷于网络，我告诉他们网络是双刃剑，利弊同在，并希望他们正确地利用。他们很惊讶："老师，不请家长了？"我笑了："你们大了，我相信你们不会让老师失望。"其实，当时我心里也没底。

周六，我也偶尔上上网和学生们聊聊天，他们也愿意和我在网上聊，问我一些不好意思当面问的问题。比如，我怎么看待爱情、友情、亲情，也有和我聊学习的，谈自己的困惑与迷茫……我就鼓励他们，给他们加油。我突然觉得网络使我和他们的距离更近了一步。

寒假将至，计算机水平测试来临了，我真的担心他们过不了关。打开电脑，天啊，他们大部分都在，群主跟大家正在研究题的答案，几个学得好的正在给那几个差的学生讲解呢。此时我真的觉得挺欣慰。特别令我高兴的是在此次测试中同学们不仅全部过关，而且成绩优秀。看来学生们是有能力把握自己的。

我们班有个曾经沉迷于网络的学生，寒假时，他突然醒悟：自己多傻啊，每天和一个机器没完没了地较量，最后却失去了很多，错过了很多。我马上让他在班里现身说法，并且让大家在班报上写出感想。大家有了真实的教材，对网络也有了更正确的认识。

一天，我们班的李思腾特意跑来告诉我，他做了一个班级视频。我上网一看，很不错呀！我突发奇想，为什么不因势利导将他们对网络的热情进一步开发出来呢？我立即找到他和几个电脑技术比较好的同学说了我的想法，他们特别高兴。李思腾和刘镭自告奋勇做主创，创办电子班报并吸收了一批同学参与。一个星期过去了，他们兴冲冲地告诉我初建完成！我忙去看，哇！太漂亮了！班徽、班训、班歌、学习体会、感情随笔、娱乐休闲、七嘴八舌、热点聚焦……有美术装饰，还有各样照片，在优美音乐中还有个人博客的链接。真是既庄重又多彩，比我想象的要好得多！虽然现在是试运行，但是同学们积极参与，兴趣浓厚。许多同学对网络游戏的热情也转移到电子班报的制作上来了。他们找到了自己的位置，从虚拟世界回归到了现实，对自己的信心更足了，对学习的热情也不断提高。刘镭和李思腾同学还报名参加了青年计算机创新大赛，并且雄心勃勃，要拿个大奖呢。

实践一次次告诉我：应该相信学生的力量，相信他们能够把握自己，让他们勇敢地迈出人生的每一步。放开我们搀扶的手，多给他们点掌声。

张老师面对网络问题，由担心到放手，体现了对学生的信任，相信他们能在网络面前分辨是非，能从沉迷中醒悟，能充分利用网络有益的一面。同时，班主任给予适当帮助和鼓励，学生就能科学用网了。

相信学生的力量，这基于我们相信学生是发展的人，相信学生本质是向上的，相信学生具有巨大的发展潜能，相信学生是向往未来、创造未来的生命体。学生就像一颗颗饱满的种子，给予适当的土壤、温度、水分等条件，就会吐芽，虽然还不成熟，但会茁壮成长。相信学生是每一个班主任应有的态度，是班主任必备的专业品质。

只有相信学生，学生的"向上性"才会进一步发挥，它将成为学生进步的动力。只有相信学生，才会增强对学生的信心，这也会成为班主任与学生合作取得成效的动力。因此，班主任应创造适应他们发展的外因环境，满足每一个学生发展的需要，给学生以更多的支持和鼓励，促其尽快成才。总之，要像张研老师那样相信学生是有力量的，尽管在发展中总有不尽如人意之处，总有过错和闪失，甚至有恼人的问题，但作为班主任不能动摇，不能踌躇，要坚定地相信他们向上的渴望与无穷的潜力，多给他们点掌声。

三、教育角色的转变

在新课程的背景下，班主任的观念要转变，行为要转变，最终还要实现角色的转变，而角色转变反过来还会促进观念与行为的转变。班三任，在教育这场大戏中，应充当怎样的人物呢？在应试教育的背景下，品德教育被视为教学的附属品，即教学的"教育性"，而班主任也成了维持秩序，保证教学的角色，是封闭管理、控制学生的权威。如今，班主任工作和教学工作一样都是中小学的"主业"，都要为每一位学生的健康发展服务。于是，班主仁角色定位就会变封闭为开放，变控制为发展，变主宰为对话，变执行为研究，变经验为创新，成为内涵丰富的多元角色。

（一）比传播知识更重要的工作——促进学生发展

教育部颁发的《关于进一步加强中小学班主任工作的意见》指出："中小学班主任是中小学教师队伍的重要组成部分，是班级工作的组织者，班集体建设的指导者，中小学生健康成长的引导者，是中小学思想道德教育的骨干，是沟通家长和社区的桥梁，是实施素质教育的重要力量。"新课程的理念也要求每个教师都应该做比传播知识更重要的工作——促进学生发展。

1. 学生能力发展的培养者

过去当教师，只要有较丰富的学科知识和较好的教学技能技巧，完成好知识传授，让学生取得好分数，就功德圆满了，现在不行了；过云的班主任把班级控制好，不出乱子，成绩好，也就是好班主任了，现在也不行了。

根据新课程要求，班主任要协调所有任课教师，变以"教"为中心为以"学"为中心，引导学生改变学习方式，成为学习的主人。在这个过程中，提高学生发现问题、分析问题、探究问题、解决问题的能力，以及观察、收集和处理信息的能力等。

根据新课程要求，班主任在建设班集体过程中，将学生作为班级建设的主体，尊重学生的自主性、独立性、能动性和创造性，不断提高学生的自治自理能力、自我教育能力、与人合作的能力等。此外，在班级活动实践中，有意识地锻炼学生的组织能力、社会交往能力以及耐挫折能力、应变能力。班主任在开展班级活动中，在与学生平等沟通交往中，引导学生提高辨别能力，认识、适应社会的能力等。

总之，班主任工作就是要让学生真正成为学习的主人，班级的主人，成长的主人；让学生具有实践能力和创新能力等现代社会需要的各种能力并养成良好习惯；让学生学会生存，学会做人，学会劳动，学会审美，学会主动、独特地发展，形成一种新的受用一生的生活学习方式。这样，学生不再是分数的奴隶，而是真正全面发展的新人了。班主任也不再是"孩子王"，而是学生能力发展的培育者了。

2. 学生人生的引路人

班主任经常收到这样热情洋溢的信："老师：我工作几年了，每当工作有了成绩，受到领导表扬，我就想到您经常叮嘱我的话：成绩已是昨天而不是明天。于是，便又鼓起新的力量……""老师，我将新的一枚奖章献给您，因为当年我差点走了歪路，没有您拉我一把，就没有我今天的一切……"

在成长过程中，学生进了学校便遇上了班主任，从识字一二三，到做人ABC，一天天，一月月，一年年，班主任像雨露滋润般，点点滴滴告诉他们人生的道理，时时刻刻做他们人生的指引。当学生进步了，班主任送来祝贺和希望；当学生遇到挫折了，班主任送来抚慰和鼓励；当学生出错了，班主任又循循善诱，充满期待；当学生生病了，班主任又前去探望，送上温暖；当学生升入新的学校，班主任又送上新的祝福，百般叮嘱……

天津南大附中的优秀班主任陈文娣老师就是这样一位从点滴做起，为学生人生领航的青年班主任。她说：

学生们驾着生命的航船劈波斩浪时，更需要经验丰富、技术精湛、处变不惊的领航员帮他们驱散浓雾，顶住风暴，绕过暗礁，一往无前。其实，一名优秀的班主任就是一位领航员。我愿做这样的一个人，用一点一滴的行动去引领学生寻梦的航程。

学生正处在初尝人生之际，总是会有许多困惑。

这几天，我总觉得班里一向活泼开朗的小A同学有些异样，上课没精打采，下课不言不语。我暗中调查，终于发现了线索。原来小A同学对某生有好感，希望与他建立"友谊"，不料被拒绝，因而处于困境，甚至要割腕。我意识到，我面对的学生，已经不是刚刚踏进校门时的"小孩子"了，他们进入了青春期，身心变化使他们开始萌动"爱恋之情"，怎么办呢？我悄悄给她写了一封信。信中写道：

"女孩，我了解你的困惑。这一切都很正常，你并没有过错。

你知道吗，燕子在迁徙时也许有两只飞得更近一些，但并不等于说，这两只燕子会在遥远的旅途中永远并行。路很长，燕子也很多，真正能结伴到底的不一定是开始的同行者。你们会长大，认识和情感都会有很大的变化。你明白我的意思吗？感情诚可贵，但如果没有理智，就会有危险了。

春天来了，你看到了吗？快去发现春天的美丽吧！该做的事情还很多，我相信你会走出'山谷'，大步向前。"

后来她在周记上深有感触地写道："感谢您对我这么细微的观察和如此温暖的帮助。我决不会让您失望。"看罢，我欣慰地笑了。

苏霍姆林斯基说："在每个孩子心中最隐秘的一角，都有一根独特的琴弦，拨动它就会发出特有的音响，要使孩子的心同我讲的话发生共鸣，我自身就需要同孩子的心弦对准音调。"其实，只要具有爱心，只要让学生看到你对他的爱，就会发生共鸣。

小米，一个帅气时尚的男生。

开学之初，我就注意到了他：没有刚到新环境的拘谨，也没有渴望被老师记住、渴望表现的热情，有的是相当的随意、散漫和一脸的无所谓。果不其然，几个星期后他就"原形毕露"：迟到、旷课；为了树立自己的威信，常常不分场合大喊大叫。一次上课，只因一个同学说了他一句，他就大喊："再废话，弄死你！"

我想，要改变他不是三言两语的事，先"冷藏"他吧，得找适当的机会再下手。渐渐地，我发现他在情绪稳定时，特别喜欢和同学谈衣着，而且几个和他不错的男生都穿上了和他风格一样的衣服，很酷。

一个课间，他们又在谈服饰，我凑近了他们："哇！你们的衣服太帅气了，这种风格我也很喜欢。"小米的脸上有一丝喜悦。

"如果我猜得没错，一定是小米的创意。"他的眼中流露出惊讶。

"老师，您简直神了！"一个男生说。

"我这是慧眼识英雄。"

他脸上有了自豪。

"小米，也帮我参谋参谋吧！"

他欣然点头。

又一个课间，他真的朝我走来，手里拿着一张纸，上面写满对我衣着的建议，还给我作了细致的讲解，眼睛里充满了认真。我心想：这小子还真有点天分。

"你对服饰这么有研究，以后学这个专业吧！"他的眼神一下子暗淡了，上课时，他没吵没闹，只是低着头，大概我的话触动他了吧。临近下课时，我看见他拿起了笔，一直在写着什么。

放学时，他塞给我一封信："老师，我很感谢您，我知道您是真的关心我。其实我心中的自我和表现出来的那个我不一样，那个我只是报复老师的工具，因为以前的老师见到我犯错，就让请家长，回到家我就挨打，所以我恨他，恨所有老师……就表现成那样了。您给我的肯定与建议，我都很感动，可我很自卑，因为我的成绩实在太差了……"

我流泪了，我做什么了？只是一点点，他却如此信任我。我知道他与老师之间的情感冰山开始消融了，我的做法引起了他的共鸣，他要进步，我要帮他。

第二天，我给了他一封短信："小米，我感谢你懂得了我的用心，我欣赏你的坦诚，我想帮你实现梦想，让我们一起努力吧。"

后来的课余时间，我一直给小米补课。慢慢地，他的情绪稳定了，基础扎实了，考试成绩提高了，脸上也有了自信的微笑。

高考分数公布那天，一大早他就给我发来了短信："陈老师，我永远感谢您！是您对我的关爱让我超越了自己！忘不了您了！"开学前一天晚上，我的手机又响了，手机里是抽泣声，很久小米才哽咽着说："老师，我舍不得离开您……"

小米只是众多有"不轨"行为的学生中的一个，幸运的是我找到了与他的共鸣点，引领他走上了生命的航程。

乌申斯基说："教师个人的范例，对于青年人的心灵，是任何东西都不可替代的最有用的阳光。"

一次体育课测验，学生互相冒名顶替，被体育老师发现了，还死不认账，体育老师把他们都轰到我这里。了解情况后，我领着他们去找体育老师承认错误。体育老师见到我很吃惊地说："我只是让你教育教育他们，没让你亲自来，你那么忙。""是我自己愿意来的，我想让他们知道，作为年轻教师的我是如何对待老教师的，让他们借此学会处理人际关系。"那以后，他们再也没有和老师有过冲突。

班主任不仅是学生求知启蒙的导师，还应是学生做人的榜样。只有美好的心灵才能栽出美的花和苗。班主任拥有较为完善的人格才能造就学生正直的人格，班主任有了高尚的情操才能陶冶学生的情操。榜样的力量是无穷的。

我今年担任了高一（7）班班主任，就职演说时我对学生讲的第一句话是："我们班51个人，是个大家庭……"立刻有位学生喊出来："老师，您记错了，我们班只有50个人。"我笑着对他说："老师没有记错，第51个人就是我，我是你们的老师，也是你们的朋友，以后我将与你们一起学习、一起快乐、一起成长……"我的话没说完，下面已响起了掌声，师生的距离一下子拉近了。

第二句话是："我们这个班集体就像一个大木桶，大木桶怎样才能更多地盛水呢？""不能漏水，水桶要高大。""好的，亲爱的孩子们，你们说得太对了。所以木桶的每一块木板都要紧紧聚在一起；木桶要高，那么每一块木板都不能短。你们知道这是什么道理吗？""为了这个集体，每个人都必须紧紧团结在一起，还要努力使自己变长。"回答的声音很大，他们的脸上带着自信。

第四句话是："亲爱的孩子们，为了欢迎你们，我写了一首诗，现在送给你们。""啊？老师还会写诗？""这老师花样真多！""看来，这老师可交，没什么架子……"

《致七班战友》：五十一个战友，好似一束花/五十一颗爱心，组成一个家/五十一个心愿，汇成一句话/我要成才，我要长大……

掌声又一次响起，好久没有停息，有的学生眼睛湿润了。

这一次我真的把自己当成了他们的一分子，立刻就融入了他们，也让他们懂得了集体发展中需要团队精神、合作意识。

不久，我听到学生们在背地里对我直呼其名，于是我表态："我觉得你们这样叫我挺好的。我总说我是集体的一员，从今天开始，我允许你们对我直呼其名。不过，建议你们把前面的'陈'去掉，显得亲切，老师们也都这样喊我。"

渐渐地，他们喊我时，不再是怯怯的，而是透着自然亲切。后来他们又开始喊我"文娣老师"，班里班外都这么叫。最近，赶上我上课时，有几个活泼的男孩子会在楼道里列队，等我走到跟前，就先鞠个躬然后大声喊："文娣老师好！"

从最先背后的"陈文娣"，到后来怯怯的"文娣"，再到后来的"文娣老师"，我想他们学会了真正的尊重。这是我用我真正的平等意识与做法，引导他们学会的。

回首多年班主任之路，苦辣酸咸伴着甜，但至今留在我心中的却是那一份份成绩，一张张笑脸，是青春之心对我的一片感激。正如我的第一届学生小菲在日本给我写信说："陈老师，您只教过我三年，但我一直对您念念不忘。身在异乡，遇到事情，总会想起您为我人生领航。我不是您最优秀的学生，但我却是最感激您的学生。"

总之，学生成长有太多太多的情况，简直五花八门，令人目不暇接，眼花缭乱；环境也有太多太多的变化，犹如天气变化，阴晴雨风，令人难以预测，捉摸不透。但是班主任要镇定自若，审时度势，根据不同学生、不同环境、不同变化，心怀浓浓的爱意，胸有燃烧的激情，采用各种绝招妙方，对学生施加影响，帮学生规划人生目标，成为他们人生的导航员。其中，最为重要的是班主任要引导学生树立远大的理想和坚定的信念，积累智慧的辨别力和选择力，掌握人类与自然的种种规律，养成自主探索、选择的习惯，从而在成功的人生之路上驰骋。

所以，班主任应是与每一个学生接触最多、距离最近的老师，是专业素养很高的专业育人者；班主任更是学生的合作伙伴、发展助手、心理咨询师；班主任还是颇具人格魅力的楷模、教育的形象大使，学校、社会、家庭沟通的桥梁……总之，新时期的班主任应该像陈文娣老师那样，做学生人生的引路人，做学生生命航船的领航员。

（二）比单纯行动更有价值的劳动——研究教学教育

在新课程的背景下，班主任工作只凭早来晚走、披星戴月，只凭满腔热情、不辞劳苦，只凭多年经验，轻车熟路，看来是不行了。原因就是那个"新"字。时代提出了新要求：教育要培养能应对世界新科技挑战的、高素质的、具有创新能力的"四有新人"。教育与学生都出现了新情况：教育改革的若干举措；新课程带来的冲击；学生出现的许多新变化、新特点。面对这么多"新"，班主任屡屡遭遇新"难题"，往往感觉到不适应，甚至茫然不知所措。

百思之余，终于把目光转向了自己：改弦更张，另辟蹊径，提高自身的专业化水准，走教育研究之路。

班主任的治班育人工作是一种富有创造性的工作，需要科学研究、探索，用现代教育科学理论指导自己的实践。有目的、有计划地收集材料，分析研究，深入反思，不断总结，不仅解决了实际问题，促进了学生的进步，也探索了带班育人的规律，并撰写研究成果。这个在专业层次上的研究过程，恰恰是转变观念，更新知识，锻炼能力，提高专业素养的过程，这也是研究的重要成果。

天津咸水沽二中的老师们在思索和谐班级建设的问题时，发现了师生之间许多不和谐都是因为缺乏互相理解，特别是教师对学生的理解造成的。于是，他们提出了"班主任专业素养与和谐班级建设"的课题，对师生的种种行为进行分析研究。其中，专门开展了"师生角色互换"活动，即学生当一天老师，老师当一天学生的实践活动，引起了师生很大震撼。这是一次亲历亲为的感悟，是一次师与生心灵的融通。一方是初尝为师的滋味，一方是再品新时代学生的期求。心心相通，距离缩短，相互理解，相互尊重，助推了平等、民主、和谐、互动共进的师生关系的建立，夯实了校园和谐的基础，创设了一个情感和谐的"场"。

研究中，老师们对这次行为进行反思、升华，提高了教育改革意识，促进了专业素养的提升。周凯老师写出了自己的研究体会——《师生换位，感受学生》。

最近学校组织师生换位活动，我切切实实又做了一回学生。真正和学生在一起生活了一天，才发现现在的学生和我那个时代的学生已经不一样了。现在的学生接触新事物比较多也比较早，他们的人生目标已不再是"万般皆下品，唯有读书高"了，他们要求的是全面发展。

真正了解了这些以后，我翻然省悟：原来我还用传统的教育观念去教育学生，所以才会出现一些不愉快的小插曲。例如，我们班的男同学好动，他们特别喜欢打篮球，而我除了体育课几乎不允许他们去打篮球，因为我认为这会分散注意力，会影响他们的学习成绩……一段时间以后，我发现学生们上课的精神状态不佳，很累很累的样子。班委私下里找我，要求给他们几节活动课，我却不予理睬。学生们表面上不敢说什么，但心里对我已经有了意见，认为我无视他们的合理要求，不尊重他们。

这次的换位实践活动让我有机会走近学生，和他们平等地、面对面地交谈，有的学生就把这件事和我说了："我们每天都要上七节课，要面对七位不同的老师，接受七种不同的知识，每天从早7点要坐到晚5点，我们就像机器一样不停地运转。老师们只知道让我们学习学习，我们很累，我们青春年少，我们也想有自己的生活空间，可总是被老师和家长安排得满满的，一点自主都没有。"一天下来，我发现还真的如学生所说，学生真的就像机器一样不停地运转，在学校老师施压，回家后家长又给加压。

　　这让我想到全国提倡的素质教育，究竟什么样的教育才是素质教育？提倡给学生减负，可一天下来学生没有减负的感觉，反而觉得身上的包袱更重。

　　品尝着当学生一天的感受，我不禁深深地反思：我们老师是不是真正接受了新教育理念，从学生全面发展的角度去教育学生？还是以分数来压制学生，以我们班今年考了多少大学生来互相夸耀？我们应该清醒了，在21世纪，国家需要的是全面的高素质人才，我们不应该再一味地以分数来定格学生了。我们和学生一样，也应该不断地学习，不断地用新的教育理念来充实、武装自己。才能为我们心爱的教育事业贡献自己的一生！

　　张德赏老师也深有感触，写了《当一天学生，好》。

　　讲台与座位，几步之遥；站着与坐着，半米之差。但有多少老师能俯下身来，走进我们的学生？我校组织师生换位活动，其中一个环节要老师做一天学生。有人认为是走形式，装样子，应付领导；有人认为老师都做过学生，没有换位的必要。作为这次活动的参与者，我要说："老师们，做一天学生吧！你会受益良多。"

　　当我走下讲台，坐在学生们中间的时候，我发现学生们看我的眼神变了；当我走出教室，和学生一起摆放自行车的时候，学生们比以前摆得更认真了。课间，班长走过来对我说："这位同学，上课不要东张西望，班主任要找你谈话的！"同学们大笑，教室里一片轻松的气氛。

　　中午和学生们围坐在一起聊天，他们向我打开了话匣子。有的说我态度严肃，同学们觉得和我不好交流沟通；有的对自己学习没有信心、好学无门，要求我指点迷津；有的说课程进度过快、跟不上，要求授课速度放慢点；也有的说课外时间太少，作业还没做完就催着交，要求宽延交作业时间。

　　一天的学生生活，不能使我真正体会高三生活的辛苦与压力，但它给我提供了一次与学生零距离接触的机会。我和学生以一种平等的身份进行交流和沟通，拉进了我与学生之间的距离。在这种交流与沟通中，我找到了以前工作的不足，更好地反思自己的工作。我开始学着用"学生的心灵"去感受，用"学生的大脑"去思考，用"学生的眼光"去看待，用"学生的情感"去体验，用"学生的兴趣"去爱好。正如陶行知先生所说："我们必须变成小孩子，才配做小孩子的先生。"

班主任老师们的这些认识，是通过教育研究得出的，毫无疑问增进了对学生的了解，大大推动了班级和谐和教育改革的进程。由此，我们看出，班主任也应是一个教育研究者。

班主任无论是行为研究还是案例研究，都应注意：

1. 让思想冲破牢笼

一些班主任认为，我们终日忙碌，科研不是我们的工作，那是专家、教授的事。其实，我们身在教育教学一线，每天遇到的都是教育最具体、最直接、最现实、最鲜活的矛盾和问题，都是研究者最基础的第一手材料。如果我们对这些材料不断积累、加工，就会升华出理论创新的火花。从这个角度说，一线教师拥有比任何专家、学者都有利的科研环境，这是我们得天独厚的优势，不可妄自菲薄。换句话说，在教育研究中，我们最有发言权，理论的创新应该出自我们之手。只要我们反复实践、反思、研究，一定能实现这个飞跃。

2. 让学习贯穿始终

班主任是在相关专业理论知识的引领下，履行其职责，进而体现其专业的特性。因此，在研究中一定要坚持读书、学习，把班主任专业理论知识、信息转化为自身的素养，这应成为班主任的第一自觉行为。此外，班主任还应树立终生学习的理念，自觉在研究中学，在实践中学，在同伴互助中学，在反思中学。将"学"贯穿始终，就会保证研究中的学术品味。苏霍姆林斯基深刻指出："一个真正的教育家，必然会是一个书迷。"

3. 让反思成为习惯

反思就是在实践中或实践之后，让理论与实际、思想与行为在头脑中撞击，从而形成新的想法、思路，进而促进工作的改善。班主任的工作是理论与实际相结合的不断探索，这其中都离不开反思，它贯穿研究的始终。为此，反思与学习、实践一样，也要自觉、主动、积极。坚持做到在实践中反思，在反思中学习，如此反复。

反思是科学化的过程，其本身就有深刻的研究性质。班主任在实践与理论的结合中，理解了专业理论，对许多问题有了新的感悟、新的见解，对自己的教育行为有了再认识，总结了许多新的教育情境经验，这就把班主任工作提高到专业性质的学术层面上来了。反思的次数、质量与成功成正比。因而，反思一次，则积累一次，又超越自己一次。班主任应做到天天反思、事事反思，最终养成"遇事而思"的习惯。班主任要经常将反思的所感、所悟、所思、所得，把反思的联想、异想、新想、断想，把教育过程、教育行为、教育效果写下来，如教育笔记、反思日记、教育一得、专业发展周记等，都是研究的成果。

（三）比执行更富有创造性的课题——教育课程的建设者和开发者

在传统教育背景下，班主任和教师一样，都是教育行政部门各项规定的机械执行者。教师按规定的教学大纲和颁发的教科书教学，离开了教科书，就不知道教什么；离开了教参，就不知道怎么上课；离开了练习册、习题集，就不知道怎么出试卷。班主任面对全班学生，实施什么教育？怎么实施？都得等学校根据上级指令而布置。于是，经常听班主任问："这学期抓什么教育？""下周该搞什么活动了？"其结果是各校、各班的教育计划千篇一律。班主任可以不费力研究班情学情，不需要动脑思索，只管执行就是了。上级布置的内容与本班学生往往不对路，经常"驴唇不对马嘴"。其形式也是"老三样"，学生早就不感兴趣。班主任当惯了"中转站"、"搬运工"的角色，盲目、应付、走过场便是常有的事了。德育实效性差，也就不可避免了。如今，新的教育理念冲击着高中教育，特别是它提出了民主、开放、科学的课程观，倡导教师不能只是课程实施的执行者，更要做课程的建设者和开发者。这给学校德育和班主任工作都吹来了一股清新之风，班主任也开始思索比执行更富有创造性的课题——做教育课程的建设者和开发者了。

这不，天津崇化中学的优秀班主任刘艳丽老师，对开设新课程做了有益尝试。

前不久，发现班里越来越多的同学沉迷在动漫之中，我为此不知在班里讲了多少次，但收效不大。

一天，一个学生说："刘老师，您不知道，动漫学问可大了。"一句话启发了我，既然如此何不因势利导，开设一个新课程：动漫课呢！我刚一提出这一想法，学生们反应强烈，纷纷叫好，并当即推选了负责人操持。可别小看他们的能量，第二天就设计了课程要目：一是动漫的了解，二是动漫的魅力，三是动漫的发展，四是动漫的积极作用，五是如何处理好学习与动漫的关系。然后分工到人，分别去上网查阅有关资料、调查研究、讨论备课。一周过去，负责人来报：可以开课了。

我万万没想到，同学们讲的动漫课竟如此丰富多彩，手段多样，文图并茂，十分生动，受到同学们的热烈欢迎。学生的自我学习能力也超出了我原来的想象。总之，我感触颇多。

第一，通过动漫课程的学习，学生们对动漫有了较深的了解和认识。动漫不只是我们所理解的卡通画或是儿童漫画，它是一种文化，又是一种产业。欣赏动漫也不是我们所理解的只是消磨时间，它不仅以优美的画面给人以享受，同时也有很深奥的教育因素在内。比如，"不管困难有多大，我都会微笑着去面对。""一个人的比赛不是比赛，没有伙伴们的力量是无法获胜的。"这些很经典的动漫台词，都很有教育意义。

第二，同学们通过动漫课程的学习，将肤浅的痴迷升华到学习，了解了一种文化。他们明白了什么是应该学习汲取的，什么是应该忽略放弃的，也认识到如何处理爱好动漫与促进学习的关系。

同时，对此课程的学习，培养锻炼了学生自主学习的能力，使他们达到了自我教育的目的。特别是班内两名动漫积极分子还参加了天津市动漫演出活动，更是从中受益匪浅。

德育课程的建设与开发，已成为班主任要研究的新课题。

此外，一些优秀班主任也勇敢地提出：在重视开发课程资源的今天，班主任能不能与学生一道，以班级为单位开发课程资源创建教育的"班本教材"？

安徽广德中学陈明发老师做了这样的尝试，下面摘录其中两部分：

1. 开发计划

班级：高一（6）班，69名学生，是笔者任教和代班主任的班级。

时间：三年（2003年9月—2006年6月），即高一到高三。

内容：一年编一册，以"成长的道路我们一起走过"为中心，分"认识自我"、"超越自我"、"挑战极限"三部曲。具体安排如下：

（1）高一，"认识自我"

进入高中，学生将由一个懵懂少年进入青年。人生观、世界观即将形成，这样，如何正确认识自我——"人该何去何从，何作何为"，就是一个学生首先必须回答的问题，这关系到他们高中三年的发展趋势。而家庭是社会的细胞，是学生成长的摇篮。学生只有认识了"家"，才能认识自我；而只有写好了"家"，才能真正认识家。通过写来提升学生的情感和思维，即《家庭篇》。

（2）高二，"超越自我"

学生年龄渐长，校园环境已适应了，交际面也宽了，各种诱惑也接踵而至，青春发育期的不稳定情绪很容易波动。将"超越自我"作为一个课题交给学生们去完成，防患于未然。学生通过写来反思、反省和提高自我防御的能力，并相互交流经验。用写来进行品德和意志的训练，即《理想篇》。

（3）高三，"挑战极限"

面对命运和人生的选择，我们必须有超常的胆识和毅力，要将人生的光彩和青春活力发挥到极致：挑战困难，挑战平庸，塑造出一个全新的我。让学生明白：生命在于拼搏，生活在于创造，即《奋斗篇》。

2. 实施情况

学生一进入高一，我就将以上的开发计划告诉他们，并将"高中生活三部曲：认识自我，超越自我，挑战极限"以条幅的形式挂在班中，时时给学生以警示。同时，我们的班本教材现已出版两册。

（1）《成长的道路我们一起走过（一）》，即《家庭篇》（"认识自我"部分）。让学生以"我的家庭"为话题作文，时间是3~5个月，也就是有一学期的充足时间让学生写好这篇作文。69名学生一人一篇，并配上每个家庭的照片，彩色封面，胶版印刷。

（2）《成长的道路我们一起走过（二）》，即《理想篇》（"超越自我"部分）。我带学生去参观全国爱国主义基地，让他们接受灵魂的洗礼。针对学生的年龄特征、学习情况和交通环境，我选定了八个地方：歙县陶行知纪念馆、泾县皖南事变烈士陵园和云岭新四军旧部、宣城敬亭山、宣城梅文鼎纪念馆、常州瞿秋白纪念馆、绍兴鲁迅纪念馆、嘉兴南湖中国革命纪念馆、合肥包拯祠。我们将活动命名为"寻名人踪迹，走理想之路"，并利用双休日的时间，分小组、分批次，带全班同学去参观学习。参观回来，我要求每位同学写一篇参观访问记，写出过程，写出感受，择优编辑成册，大家互相学习。现已编好，同样是彩色封面、胶版印刷。

（《班主任之友》：《"班本教材"的开发》，陈明发，2006年4期）

陈明发老师"班本教材"的开发，是一项创造性的工程，给我们许多新的启示，有许多经验可供我们借鉴：

1. 开发建设的过程是育人的过程

陈老师班本教材的开发，决不是以出几本书为终结目的，而是把开发课程与育人同步，使其成了育人的载体。比如，《家庭篇》的编写，每人用半年时间写"家"的作文，学生兴致勃勃，因为写好了可以向父母亲表达敬意、爱意和谢意。为了"家"的照片，有的特意重拍全家福，甚至请班主任上门选景。"家"的作文互相交流，同学们犹如互相走进彼此家庭，增强了了解，增强了班级凝聚力。再如《理想篇》的编写，同学们踊跃参观展览，走进这些名人、伟人的心中，真正感悟了"民族的脊梁"、"民族的精英"的理想、情操、意志和奋斗对个人、社会和国家的重要，心灵受到了震撼。

2. 师生共同参与、共同发展

班本教材的开发，不是班主任唱独角戏，而是充分发挥学生的主体作用，师生共同策划，共同参与，共同感悟，共同受益。比如，《理想篇》的共同完成，也提高了班主任的自身修养。特别是参观英烈事迹时，师生共同被他们的才情和精神感动，在学生们长见识、明事理之时，作为组织者、领导者的班主任也提升了思想境界。至于教材的封面设计、文章编排、文字校对，都让学生参与，学生们认真细致，不断上进的品行也得到培养。课程与教材开发建设的过程又是建立民主、平等、和谐、互动共进的师生关系的过程，师生真正成了学习发展的"共同体"。

3. 课程开发过程体现了教育资源的整合与延伸

作为语文教师的陈老师，在教材编写中，将班主任工作与教学紧密结合，协调互补。如对于学生写"家"的作文，要求角度多变，语言要活，做到人人爱看。反复修改时，老师又组织学生阅读大量的相关作品。写参观感悟时，师生走出课堂，走上社会，扩大了视野，陶冶了情操，做到了融阅读与写作，课内与课外，生活与情理于一身，把学科课程教育的系统性优势和活动教育的灵活性优势有机结合起来。

课程开发及教材编写又聚社会、家庭、学校、班级、师生方方面面的教育资源为一体，有机整合，面向学生生活的整个世界。如写家庭活动，受到家长关注，并获得了很大的支持。在远行参观活动中，师生互动，少了平日的严肃与拘谨，师生之间洋溢着和谐与温馨。为了开发教材，陈老师没让学生花一分钱的印刷费，而是用了自己一年的班主任津贴，有条件的家长也给了部分资助。这种爱心的行为，对学生、对社会都会有引导效应。

4. 教育必须从学生实际出发

陈老师开发班本课程及编写活动即教育活动的始终，都反映了班主任与学生的创新理性和能动性。他们不靠上级指令，不靠脑门一热，而是根据社会要求，从学生实际出发，贴近学生年龄的、认知的、心理的、行为能力的特点和需求来确定教育的活动与内容。教育主题内容，与高中学生的身心发展息息相关，教育形式也是学生喜闻乐见、丰富多彩的，并且是开放的，因此激发了学生的上进心。这些活动的形式与内容符合学生兴趣，必然收到良好的效果。班主任从学生实际出发，理性思考班级教育活动，使之有目的、有计划、有措施保证，就从根本上改变了"游击式"、"业余式"、"随意式"的状态，增加了德育实效，促进了学生发展。

陈明发老师"班本教材"的开发，为我们进一步对班级教育活动课程和教材的开发与创建提供了很好的参考。只要我们更新观念，跟上时代步伐，切实从班级、从学生身心发展实际出发，班级教育课程的开发，就一定会呈现百花齐放、多姿多彩的艳丽景象。我们每一个班主任都应该用优良的专业素养，成为这一课程卓越的创立者和开发者。

（四）比教室更广阔的课堂——开放的社区教育

随着社会发展，学校不再是与社会隔绝的世外桃源，而要逐渐拆掉校园"围墙"，投入社会的怀抱，特别是要与社区保持时时沟通，逐渐实现学校教育社区化，社区生活教育化。因为把学生培养成适应当今社会发展的人才，光靠学校有限的教育资源是难以完成的，必须要依靠社会的参与，而社区就是社会中与学校最亲近的部分。

1. 学校的教育资源向社区开放

要追求社会的教育化，形成学习型的社会，使社会成为一所大学校，离不开学校的功效。学校是社区文明的辐射源，是建设学习型社区的中坚力量。学校除了为社会培养更多高素质人才外，还应资源开放，借着学校的文化优势推动社区发展。在这一方面，班主任应是一个积极实施者。

（1）面向社区的教育指导和咨询。社区是学生的主要居住地，这就为家校结合提供了平台。班主任可以向社区、家长宣传党的教育方针——让每一个学生得到德、智、体、美全面健康的发展，使其深入社会与家庭，深入人心，达成共识；可帮助家长树立科学育人观，走出"重养轻教"、"重智轻德"等教育误区；可向家长传授科学育人的专业知识，指导"第一任教师"改进教育方法策略；特别要关照特殊家庭如离异家庭、农民工家庭、困难家庭子女的成长；还可以经常与社区、家长做教育信息的沟通，如向他们介绍学校、班级的发展情况、奋斗目标、具体要求以及学生不断发展的种种信息，尤其是利用家访等形式与家长近距离接触，更能取得良好的教育效果；还可以根据社区和家长委员会的要求做教育信息交流、咨询，如升学、入学指导，专题教育讲座，倾向性问题的研讨等等。

（2）组织学生为社区服务：学生是文明的学习者、继承者和传播者。班主任可以充分发挥他们的潜能为社区服务。可以向社区群众进行各种宣传活动（如社区橱窗、板报等），文化活动（如文艺演出、体育示范、读书推荐、慰问、联欢活动等），以及各种动手活动（如社区环保、卫生志愿者活动、助老助残服务活动和其他社区需要、学生力所能及的服务等）。此外，还可以在社区建立较长久的实践活动基地。

2. 社区的教育资源向学校开放

社区也是一所社会大学，那里也有着丰富的教育资源，供学校去开发。班主任也要凭我们同社区有天然联系的优势和教育的敏锐感，自觉主动地去挖掘。

（1）社区有大量生动的育人教材。社区是整个社会的组成部分，是社会的缩影，那里贮藏着丰富的教材，班主任可以与学生一道去开采、去吸纳。比如，社区的发展与变迁、社区的人口与环保、社区的人文特点等，我们都可以作为研究的课题，发动学生去调查、去访问、去分析、去总结，以小见大，激发学生热爱社区、热爱家乡、热爱祖国的情感，增强他们认识社会，服务社会的责任感和使命感。

（2）社区有大量的"编外教师"。每个社区都蕴藏着各行各业、各种类型的人才资源，他们居住、生活在这里。比如，一批离退休老人，他们都是历史发展的见证人，有着丰富的革命经历和生产建设的经验，有的还有特殊、卓越的贡献；比如，还有一批正为国家建设服务的专业人员和实际工作者，其中有不少作出突出贡献的劳动模范。班主任对此都应心中有数，让他们作为班级教育备用的"教师群"。

这样，我们的教育视野扩展了，教室范围扩大了，教育资源丰富了，教育情景拓宽了。作为专业素养较高的班主任，应好好规划社区教育资源，使其处处为我所用。笔者认识一位高中班主任，他把社区纳入了班级教育计划，每学期都要跟学生一道搞"文明使者进社区"活动，坚持了"五个一"：每月一次"我爱社区"的专栏布置，每月一次"国内外大事"讲座，每周一次为孤老服务活动，每周一次"环保卫士"活动，每学期一次"歌舞献给你"文艺演出活动。多数活动按小组轮流落实，同学积极准备，认真执行，不仅增长了才干，还受到了锻炼。社区群众看到自己孩子的风采展示，也格外高兴。

前不久，两位老红军给学生们进行了革命传统教育；一位劳动模范跟同学们谈理想志向；一位搞机械现代化的家长自告奋勇，给全班同学介绍了"中国的科技改造和创新"，之后还特邀同学们参观了自己所在的数字化工厂。师生们大开眼界，心中激荡着理想的波澜。

最近，他们为了迎接改革开放 30 周年，跟社区领导商量好，搞一次"社区百户家庭 30 年变化大调查"，现在班主任正和同学们积极作准备呢……社区领导和校长都赞扬地说："你这个班主任真正成了学校与家庭、社区的桥梁，把双方的资源整合拓展，形成了合力，学生与社区取得了'双赢'。你不仅是学校老师，还成了社区大学的教师呢！"

2. 新课程背景下班主任的能力结构

——专业性与复合性相结合

在新课程的背景下，教师也好，班主任也好，都要有一种清醒的认识：就是现在的教育同以往的教育，确实不一样了。虽然有对以往教育的继承和延伸，但现在几乎是全新的面孔和全新的要求。如何才能游刃有余地应对，班主任和教师非得走专业化道路不可。

2006 年教育部颁布的《关于进一步加强中小学班主任工作的意见》中也强调："班主任岗位是具有较高素质和人格要求的重要专业性岗位"。班主任专业结构包含多种因素，主要有班主任专业理想和信念、专业伦理道德、专业理论知识、专业能力和班主任专业智慧等。

班主任专业能力是班主任专业素养的重要组成部分，也是班主任实现专业化的重要标志，在履行职责的工作实践中又是班主任各种专业素养的集中体现，是班主任专业成熟的关键因素。班主任专业能力的要求比一般教师要宽泛得多，主要有：了解研究学生的能力、组织管理班级的能力、协调各种教育力量的能力、应变的能力、组织班级活动的能力、教育科研的能力、转变后进生的能力和教育评价的能力等，每种能力又包含若干层次的能力。在班主任工作实践中，各种专业能力不是孤立的、单一存在的，而是综合运用的，体现出班主任工作既是一门科学又是一门艺术。下面重点阐述以下几种能力。

一、一个学生是一个独特的世界——了解研究学生的能力

写到这个题目，眼前浮现出几十年教育生涯中遇到的一批又一批的学生，

他们都是那么可爱、活泼，而又那么个性鲜明，他们的成长，令人兴奋、激动。我们也经常发现：那些给我们最佳答案的人，往往正是曾给我们出难题的、添麻烦的人……而我们只有了解、研究他们，才会走进他们心灵的领地，才能体味孩子童话般的心理，才能进入未成年人特有的世界。

天津四中优秀班主任孙志蓉老师当了十几年班主任，体会最深的就是要不断地了解学生、研究学生，否则就事倍功半。前不久她又处理了两个男生的矛盾：

接班不久，我就发现学生虽然学习刻苦，但不愿与人交往；虽然善于独立思考，但不善于合作，因此缺乏集体意识。班干部也不讲配合，更不愿意接受别人的建议。体育委员小A和化学课代表小B就是"典型"。他俩参加了班级足球队，没踢三次，就因该不该传球争吵起来，谁劝也不行，最后以班级足球队解散告终。

我又搞了问卷调查，发现班内有70%的学生认为自己足够优秀，不需要别人的帮助……这比我预想的更严重。那天中午我正苦恼于教育从何下手，班长匆忙跑来报告："小A和小B打起来了！"我急忙赶到，教室一片狼藉，几位男生正用力把他们拉开……

经过了解我才知道，打架起因竟是为一道化学题。小A通过查找资料，了解到乙醇催化氧化遇氧气也可生成乙酸，认为是继续反应的结果，但小B却认为是不同种催化剂造成的。对问题有不同看法，这很正常，何至于大打出手？不行，还得了解。

我又访问了他们的老同学，原来他俩初中就是同班，而且成绩都很优秀。但在一次三好生评选中，成绩更为优异的小B却因一票之差输给了体育委员小A，为此小B不服气，结下疙瘩。没想升入高中，两人又在一班，而且中考成绩略低于小A的小B却因化学成绩突出，当选了化学课代表。噢，这大概是两人矛盾的症结。我还了解到，为了那个化学题的争论，班里甚至形成了两派。了解情况后，我突然眼前一亮，高兴起来：看来教育大家还得先从小A和小B下手，解决问题可以从那道化学题入手。

放学后，我把他们找来。他们还互相瞪着，不服气。我说："上高中了还打架，你们觉得有意思吗？今天咱先说那道题！"

他们听我这么说，头都抬起来，又要争论。我赶忙制止："停！停！你们通过进一步动手实验解决这个题！"他们一下兴奋起来，十分惊喜。我进一步提出可以邀请一个实验助手。小 B 立即邀请一个要好的同学，小 A 说不必。

第二天中午，他们兴致勃勃地走进实验室，整整一中午，却眉头紧锁地走了出来。原来小 A 虽然通过实验证明了自己的推断，但精心设计的那套可呈现实验现象的装置却怎么摆弄也不成功。而小 B 和助手也因一个实验环节缺少理论依据告吹。

我看到他们垂头丧气的样子暗喜："这样吧，我再给你们一次机会，但是最后一次！"

转天下午，实验员老师悄悄告诉我，他们中午早早就来了，各自忙活了半天，眼看时间过半，就不约而同地求助实验员老师。王老师按我事先叮嘱的装作不知道，就说："我建议你们一起干，如何？"他俩你看我，我看你，老半天不说话。看着试管架上一排试管，小 B 先沉不住气了，用胳膊肘撞撞小 A，小 A 马上应允，于是两人凑到了一起。三个人一齐动手，不大工夫，不仅解决了小 B 的问题，而且共同配合将小 A 的设计组装实验也成功了。

没等放学，他们就兴高采烈地找我汇报，汇报中还相互补充，相互提醒，完全忘记了之前的恩怨。我说："这次成功有什么感悟吗？如果你们能多听听对方的见解，或共同研究一下，问题不就早解决了，还用大动干戈吗？"我见他俩红着脸低下了头，就要求他们一块儿整理一份实验报告，明天向全班汇报，并就打架行为作检查。

没想，他们还是分头送来自己完成的报告。咦？这又出了什么变故？我只好再调查研究。小 A 吞吞吐吐，抓耳挠腮。我又找来小 B，他说："我昨晚饭后主动去找他，我俩正要研究，他爸爸回来了……""他爸爸回来又怎样？"他也支吾了。我再三追问，小 B 才说："他爸爸说，小 A，独立完成！还用什么商量？我只好走了……"

这一了解，我心里很震撼。学生的问题看来还有社会和家长的原因。我想起前一段跟家长接触中，有的家长或明或暗地教育孩子别把自己的知识无偿送给同学，否则就等于让同学抢走你的机会；还有的家长告诉孩子研究课题挂个名应付一下，别耽误了自己的学习时间。

我改变了主意，班会改在周末晚上，诚邀全体家长参加。会上，小 A 和小 B 十分诚恳地谈了合作成功的体会，反思了自己以往的不足，博得全班同学的掌声。我又拿出了事先准备的幻灯片，介绍了 2005 年的诺贝尔化学奖同时颁给了三位化学家，就是因为他们共享了各自的研究思路，最终共同完成了一项重大研究。同学们也纷纷谈感想。有的同学说从小就会唱团结就是力量，但从没认真体会过；有的说虽然知道与人合作是现代人的一种能力，但从没想过如何去做……小 A 突然站起来，大声说："我一直想研究为什么过量饮酒人会醉，我建议咱成立课题组一块研究！"小 B 第一个报名参加。家长们也情绪激昂，表示要支持……

全班一下子成立了好几个课题组。从那儿以后，班里的工作抢着干的多了，互相推诿的少了；学校活动中共同参与的多了，独自作战的少了。同学们成绩提高了，良好的班级氛围形成了。期末我班还被评为了"三好班集体"。特别是我们的研究性学习更是硕果累累，小 A 的父亲主动要求给他们组做辅导，小组的两个成果均获全国二等奖。

回想这件事，感想颇多。我在学习反思中写道：作为一个引路者，只有真正地、不断地了解学生才能帮助学生解决成长中的困惑，帮助他们成长为适合未来社会发展需要的人才。

孙老师其实处理了一件很一般的事情，但里边却有这么多复杂的因素，不了解、不研究行吗？班主任对未成年人（包括高中学生）进行精神关怀、指导，必须对他们每一位的年龄、个性等特点，思想、学习、身心、交友等状况，以及对他们所处的家庭、社会等环境了如指掌；必须对他们之间发生的事情的起因缘由、来龙去脉了如指掌。这样，才有育人处事的发言权。就像医生见到病人，先得"望、闻、问、切"，再开出药方一样，否则，准出乱子。有的老师只因了解研究学生不够，就出了不少尴尬事。何况，一个学生一个世界。他们各有各的差异，各有各的精彩，各有各的微妙……我们能不了然于胸吗？为此，不少老师深有体会地说："每天与学生相处，千万别当'熟悉的陌生人'！"

因此，了解研究学生是班主任育人的前提，是班主任走进学生领地的入口，是班主任带班育人的基本功和第一能力。有了它，便有了进入学生心灵的通行证；有了它，便找到了若干方法创新的源泉。教育家苏霍姆林斯基诚挚告诉我们："教师的职业就是要研究人，长期不断地深入人的复杂的精神世界……每个儿童就是一个完整的世界，没有重复，各有特色。如果这个世界显示在你面前，如果你感觉到每个儿童都有个性，如果每个儿童的喜悦和苦恼都敲打着你的心，引起你的思索、关怀和担心，那你就勇敢地选择崇高的教师工作作为自己的职业吧，你在其中能找到创造的喜悦。因为完美工作中的创造性，首先就是要认识人，了解人，对人的多面性和无穷尽性感到惊奇。"(《给教师的一百条建议》苏霍姆林斯基著，杜殿坤译，教育科学出版社，1984)

班主任了解学生要注意四个原则：一是内容的全面性。包括对学生本人和班级的方方面面、里里外外做了解，不能一知半解，瞎子摸象或隔岸观火。二是方法的多样性。通常可用观察法、谈话法、调查访问法、问卷法、资料分析法、测量法等。三是持续性。因为任何事物都在不停地发展变化，因而了解也不能一次完成，一劳永逸，应保持经常性、常规性。四是真实性。倾听心声，了解学生真实意愿，这要倾注浓厚的感情，与他们平等真诚地相处，他们才会跟你说实话、真心话。

在了解学生大量信息后，班主任要用正确观点分析、比较、筛选、分类，用科学方法去研究。在研究学生中，一要坚持发展观点，一分为二地看学生，特别是充分发现、肯定他们的优长，以及好思想、好品质、好苗头，激发他们的潜能，使他们面向未来更好地发展。二要坚持联系的观点，将主观因素与客观因素都放在所处环境与条件中去分析研究，才能得出正确结论。

这样，我们不断掌握学生跳动的脉搏，时刻做到心中有数，育人工作就会减少主观性、盲目性和片面性，提高工作效益。

在新课程背景下，班主任要提升了解研究学生的能力，还应注意：一是把了解研究学生的目的从单一为了教育学生、解决问题，提升到为了每位学生全面发展，为了培养创新人才上来。这就让我们站在了一个比达到具体目的、就事论事更全面、更深刻的高度了解研究学生。

二是了解研究学生的内容要在原有的基础上拓宽、更新，特别是新课程改革带来了一系列新变化，这必然会引起各类有差异的学生在思想上、心理上，各种人际关系上，出现新的变化，产生新的矛盾，带来新的波动，遇到新的问题。作为班主任就应主动与其他任课教师沟通、协调，及时了解学生们在这诸多变革时出现的不同困惑和各种需要，科学地处理和解决。

三是创新了解研究学生的渠道和方法。特别是在师生共同参与、互动交流中去了解、去观察、去发现，尤其是去感悟、去体会，才能及时掌握学生的微小动向，做到超前指导；或及时发现学生的创新萌芽，以大力扶持，将学生引向一个新境地。从中，我们自身的能力也随之增长了。

二、建设活泼有序的班集体——组织管理能力

中国班主任的百年历程告诉我们：班主任是班级的组织者和管理者。而班级又是由几十个同龄的，个性、生长环境各异的未成年人组成。将这个群体发展成集体，进而成为一个生动活泼、和谐有序，利于其成员健康成长的优秀集体，是一项艰巨复杂的工程，非有较强组织管理能力的班主任不可。

班主任组织管理能力应包括：善于确定一个合适的、可行的，并为大家认可的班级发展目标；善于辩证地处理班级管理中的刚柔关系；善于营造一个具有熏陶、感染力的班级环境氛围；善于组织各种为学生欢迎的班级活动；善于建立并运用一个监督调控评价体系；善于激发学生自我管理和自主管理等。班主任一旦具备这种种能力，就会使班级迅速成长，形成强大的教育力和凝聚力。

新课程背景下，尤其要强调管理的开放。对外要打破班级的封闭，面向大千社会；对内则要打破种种枷锁，让学生在和谐、融洽的氛围中自己做管理的主人。

（一）班主任的管理能力体现在指导、引导、辅导

随着学生年龄不断增长，班主任也要实现由扶到指，由帮到带，由引到促的角色转变。一句话，以生为本，确认他们的主体地位，让学生当班级主人，让学生充分发挥独立性、能动性和创造性，自己管理自己。班主任由独揽到放权的管理，由封闭到开放的管理，由人治到法治的管理，恰恰是有益学生发展的管理。这种管理对班主任组织管理的能力提出了全新、更高的"导"要求。

1．导要放手

班主任逐渐退居二线，不必再事必躬亲，要把空间、舞台让出来，让学生尽情去表演、发挥。让他们去组织，去操办，去实施，让他们在管理的实践中去探索，去思考，去总结管理规律，在种种矛盾与挫折中使他们增长自己的才干。"小鬼"当家了，班主任干什么？不是当"老佛爷"，也不是当"教师爷"，不要站在一边，拿着戒尺，盯着他们，指责嗔怪，横挑鼻子竖挑眼；而是改做他们的"导演"、"教练"和辅导员，和他们一道演好班级建设这场精彩的

大戏。

2．导要热情

班主任的"导"，有"导"的职责。要诚心诚意地把自己当做班级的一员，与他们成为一体，一起研究计划，制订实施方案；给他们扫除障碍；及时发现他们的成功或点滴创意，给予肯定、赞扬与鼓励；支持他们用自己感兴趣的方式、方法开展工作和活动；发现他们遇到挫折或失误，不是大声指责，而是满怀信任地同他们一道总结教训；与他们时时沟通，指导他们的工作思路、工作方法与工作作风，建立和谐班级等等。总之，班主任要与他们共划一条船，让学生们在班级这个"小社会"的船中破浪前进。

3．导要出新

引领学生们班级创新，这又是一种新的能力挑战。比如，指导学生组织开放性活动，恰当适时地到校外大社会中去实践，吸收大环境的营养，回答社会中遇到的各种问题，以提高"社会化"的速度。再比如，引导学生用文化的眼光认识班级教育，从而建设物质文化与精神文化，形成班级的文化氛围等。

（二）班主任管理能力体现在既"导"又"管"

"没有规矩，不成方圆"，班级也要有"游戏规则"。班主任的这种"管"，是班级正常发展的必需，但也同样不能回头走"一言堂"的老路，要由"人治"转向"法治"。而法治是要由民主支撑的，没有学生支持也无法进行。

1．法要大家定

法治的第一步是要立法。班主任要与学生一起讨论，人人畅所欲言，各抒己见，达成共识，提高法律意识。这里包括班级的各种制度、规定以及奖惩、监督等办法。陶行知说过："有的时候学生自己共同所立之法，比学校所立的更加易行，这种纪律的力量也更加深入人心。"这样，提高了大家制订、遵守规矩的自觉性、主动性，形成共同守法的舆论。很多班主任向全班表态：我是咱班一员，我们共同制订的规矩，我带头执行。

2．班要大家管

班级管理中，人人是主人，人人参与管理。不少班主任已多年实践"制度大家定，干部大家选，事情大家做，班级大家管"的策略。班级的组织系统、管理机构，即班委会的组成，不再是班主任"钦定"，而是由全员推选，决定任免与任期，负责考察与评价。有的班主任采用"自荐"和"竞聘"等办法，决定班委人选，同学们表示欢迎。再则，实践锻炼应该人人平等，每一位同学都有机会。有的班主任采用"轮流当班长、班委"、"班长助理"制；有的班主任像魏书生那样，将全班的工作分工细化，设若干岗位，人人有职务。这样，人人是管理者，人人又是被管理者，互相理解，互相支持，都得到锻炼和发展。

3. 民主勿忘导

在民主管理中，也会有各式各样的问题。班主任的指导决不可少，但一般不要只去评判，因为班内有"纪检"人员，有"法院院长"。当他们处理一些较重大事情时，班主任要予以协助；出现一些规定没有的问题时，班主任应跟同学们商议，提出建议；在执"法"中遇到的新矛盾，如有碍同学发展，影响同学进步的势头或出现特殊的理由等，班主任应帮助学生处理好这些"情、理、法"的关系，总之，应以有利学生和全班学生发展为根本目的。

民主管理的"理"，让班集体更生动活泼了；民主管理的"管"，让班集体井然有序了。而班主任的管理能力也充分体现出来。这种能力反映了班级管理的新视角、新范畴、新境界。

三、关注细节化解突发矛盾——处理偶发事件的能力

班主任平时除了按计划有条不紊地工作外，还会遇到一些突然的、难以预料的、防不胜防的事件。这些事件发生的时间、地点、人物均不可预测，有很强的不确定性，而且一般都是负面的，有不同程度的破坏性。因此，需要我们审慎处理。

突发事件大多属于人际间的矛盾：有的是师生之间的；有的是生生之间的；有的是学生与本班同学的矛盾；有的是与外班、外校，甚至社会上的其他人冲突；有的是学生与家长之间的。事件有的发生在校内，有的在校外；有的在课上，有的在课余；有的在家里，有的在社会。事件大多属一般问题，有些性质严重，甚至是恶性事件；有的是个人间鸡毛蒜皮的小事，有的则影响着全班、全校的大局；有的发生在一两个人之间，有的涉及面很广；有的与课堂内

容有关，有的与课堂内容无关；有的是学生有意为之，有的是学生无心之举；有的原因很简单，有的原因很复杂；有的是口水之战，有的是拳脚相加；有的事件容易处理，有的则十分棘手。突发事件也有人与自然的矛盾，除了突发的自然灾害外，有时也由天气、动物等自然现象引发。

偶发事件是突如其来飞向班主任的一张试卷，是对班主任应变能力的检验，也是对班主任专业素养和教育机智的考验，当然，这更是一种难得的锻炼。面对偶发事件，一般应注意以下几点：

1. 处变不惊，态度必须冷静

很多事情是不以人的意志为转移的。事情来了，出人意料，措手不及。班主任首先要冷静，迅速调整好心态，控制好情绪，切勿感情用事，大动肝火，不能手忙脚乱，手足无措。要有魄力，有能力控制、稳定大局，显示出"大将风度"。

唐老师接了一个"乱班"，刚进班自我介绍："自今天起，我就是你们的班主任，我姓唐。"话音刚落，同学们见他矮墩墩、胖乎乎的样子，立即有人怪叫："闹了半天是只唐老鸭！"谁知唐老师若无其事，说："我最喜欢唐老鸭，刚才那位同学也是唐老鸭的爱好者吗？以后我们可以经常交流交流了。"几个调皮学生一下子不知如何是好了。唐老师正转身要在黑板上写什么，却发现黑板上画着一只神气活现的唐老鸭，旁边还写着一行字："我叫唐老鸭，初次见面，请多关照。"没想唐老师面不改色地说："这是谁的杰作呀？画得真不错。我真有点舍不得擦掉。看样子咱班是人才济济，以后出板报不愁没人了。"突然，一只小肥鸭"嘎嘎嘎"叫着上了讲台，全班大乱。谁知唐老师"刀枪不入"，依然笑眯眯地提起小鸭，对大家说："谢谢你们的见面礼，是谁打听得这么清楚，知道我喜欢养小动物？"大家面面相觑，调皮学生也无计可施了。……一学期过去了，唐老师用打乒乓球引导、规范了这些学生，全班学生的成绩突飞猛进。可他依然一脸灿烂，耸耸肩说："唐老鸭，挺亲切，我喜欢！"

唐老师面对调皮学生的下马威，一很冷静，二笑眯眯。不急不火，以柔克刚，不仅展现了处变不惊的风度，也看出唐老师热爱学生、宽容学生的胸怀，也显示了唐老师处理偶发事件的能力。

（《班主任》：《"唐老鸭"老师》，作者：江西省南昌市南昌大学附中万安峰，2007年第2期）

2. 及时处理，先要弄清事实

不管时间多么紧迫，都要遵循"没有调查就没有发言权"的原则。任何事件，虽出偶然，但其中都蕴涵着"必然"的缘由。除了个别学生有意恶作剧，大多事情都有这样那样的原因，即事在意料之外，又在情理之中。有的是矛盾公开，有的是隐形显现，有的是积怨爆发等等。因此，处理前必须向双方，特别是向群众调研。不回避，不敷衍，不偏袒，查明原因，弄清真相，抓住主要矛盾，避开枝节干扰。一时弄不清的暂时搁置，再行调查，不急于表态。因为事件大小、急缓、轻重都不同，有的事件紧迫，要采取果断措施，防止事态扩大、蔓延。一般情况下，个别问题要悄然处理，有的可以漠然置之，不予理睬；一般问题要个别处理；涉及影响整体的问题，当众处理；较严重的问题，个案处理。解决过程中，重在摆事实、讲道理，力求学生心服口服。一般的说服教育，有的可批评；影响较大的可适当扩大范围批评；个别情节严重、影响较坏的，可建议学校予以处分，但需谨慎；极其个别情节恶劣、后果特别严重的，应通过学校进一步处理。处理时要讲科学，从实际出发，实事求是。在弄清原因的基础上，分清是非，明确责任，通过调解使矛盾双方达成谅解，吸取教训，受到教育，尽可能不留负面影响。

弄清事实是处理偶发事件的前提，否则往往会把事情弄糟。有一个学生经常迟到，老师多次教育后大有改进。这天打过上课铃，老师刚刚关上教室门，这个学生呼哧呼哧喘着粗气跑进来。老师一见，就说："怎么又起晚了？"这学生争辩："我没迟到！"老师显然着急了："还说没迟到，我亲眼所见！"学生瞪了老师一眼，转身跑出教室。这时，有同学告诉老师："他没迟到，刚才是另外一个老师让他帮忙去给实验室送教具去了！"老师一听，十分懊悔，忙开门去喊那个同学，心想，遇事真得调查了解，眼见也不为实呀。

3. 因势利导，开发教育资源

学生多是未成熟的青少年，认知不全面，情感易冲动，加上个什么"导火线"就发作。班主任面对学生中发生的问题、错误，都应视为是教育者和全班同学的教育资源，是自我教育的大好契机。因而，我们解决事件不只局限于"了事"，平息矛盾，还要利用偶发的教育资源，借题发挥，因势利导，达到促进学生发展的目的。教育资源随处可在，看我们能否抓住。

某高中学校张老师突然收到外地的家长来电，说学生李海因与女友分手要轻生！张老师和同学们看到李海的座位空着，万分焦急。张老师不停地给他打电话，他不接，同学们也纷纷给他打电话，几位带手机的同学给他连发短信，都希望他快点回来。他回短信说："不想活了，太没意思了。"张老师忙让学生问他在哪儿？他没回信息。再打，手机关了。张老师的心越来越沉，全班也异常的安静，张老师镇定地说："李海不会有事情的，要相信我们大家，我们集体的力量！"这时一个和李海要好的同学从其他同学手里抢过手机，快速地敲打："李海，这点事情你都承受不住，还是男子汉吗？我们都瞧不起你，你对得起谁呀，你去死吧，免得大家都担心你，你对不起老师父母和我们高一（1）班！"不想李海竟然发回短信，问："研姐（注：学生们私下称呼张老师的名字）说什么了？""研姐很担心你，她快急死了，都没办法给我们讲课了！""快回来吧，（1）班永远爱你！""我们是好兄弟，大家担心你！"……一条条的短信不断地发出，就像是一股股的暖流，带着真爱向李海发出热切的呼唤。就这样，李海终于没有把脚跨出高架桥的栏杆……

面对这种突发事件，张老师是用平时积累的浓浓师生情、班级同学情，把这个学生拉回来了。当她和同学们与李海一起拥抱，一起泪流的时候，张老师想，平时爱的必然，解决了一时的偶然；解决一个人过错，却教育了一群人。

4. 智慧展现，体现教育艺术

处理偶发事件，经常需要临场发挥，这是综合素质的厚积薄发，体现班主任的专业智慧和专业艺术。班主任可以急中生智，随机应变；可以变"废"为宝，化险为夷；可以化干戈为玉帛，化腐朽为神奇。班主任的临阵智慧，往往有一举两得、柳暗花明之效，成为不可预约的精彩。

一天，班上的违纪记录本不知让谁全部撕掉了，班长自告奋勇要"破案"。30分钟过去了，只见班长和几个助手满脸都是失望，而那几个违纪较多的学生却十分得意，一副看你怎么办的样子。杨老师围着学生绕了一圈，然后说："这个案子已经很清楚了，因为一个同学的眼神已告诉了我答案。"很多同学大声说："谁撕的，有胆量站出来！"杨老师却说："大家不要再指责了，其实这个同学做的也不错！"同学们面面相觑，杨老师接着说："我想这位同学的本意，是让大家忘掉那些不光彩的事，并力争今后不再发生。所以，我们不再需要这个违纪记录了！"话音刚落，教室里响起热烈掌声。杨老师接着说："我建议，从今天起，把违纪记录本改成闪光记录本，如何？"又是一片热烈掌声。

就这样，一个偶发的难题，由于杨老师教育理念的更换，积极巧妙地避开兴师问罪的正面冲突，顺水推舟地将矛盾化解，变消极为积极。

（《班主任之友》，《顺水推舟》，作者：四川宁南高级中学杨光喜老师，2005年第12期）

由此可见，偶发事件的巧妙处理，非一日之功，班主任需经常学、干、思，终会习得举重若轻，运用自如的娴熟之力。

四、让班级成为一池活水——信息采集与处理的能力

每日，全球都从五大洲的各个角落发出政治、经济、社会、文化等各方面的信息，源源不断。我们的班级就是这么一个处于信息时代的班级。

信息论的创始人维纳指出："有效的生活就是拥有足够的信息来生活。"作为班主任应具有高度的信息意识和信息采集与处理的能力，这样才能使自己，进而使自己所带的班级与时代脉搏合拍共振。就是说，我们要跟紧时代步伐，使班级的太阳每天都是新的。假若把班级比作一池水，外界的活水不停地注入，使一潭死水变成不腐不朽的流水，池水才能变活，才能一扫固有的沉寂，变得或潺潺细流，或波澜壮阔。

信息采集与处理的能力能使自己跳出班级的小圈子，站到全球的巅峰，用最广阔的视角看班级，看自己，这必然增加时代的紧迫感，以及迅即提升自己专业能力的责任感。班级的发展目标，管理机制，各种活动，特别是集体成员的进步，都将处于动态的发展之中。实际上，有效的、创新的管理离不开信息的收集与沟通。一些信息敏感的班主任，都发动学生人人做信息员，通过自己的无数条辐射线采集各种信息，经过多项传递与反馈，筛选有益的，将其吸收、融入班级，作为师生发展的新动力。

收集信息当然要有指向。在浩瀚纷繁的信息海洋，撷取那些有益的浪花，进入自己需要的世界。这是班级信息管理的前提，就是说只有经过去伪存真、由表及里、由此及彼的分析，才能留下本质的、有用的信息。比如，有益于学生德、智、体、美全面成长的信息，有益于改变学习方式的信息，有益于学会做人与和谐人际关系的信息，以及各种有益未来发展的人文科学的、自然科学的信息。比如一个同学从网上搜索了"一个美国中学生搞小课题研究自行立题、自己研究，最后写出研究报告"的信息，恰恰为解决组里研究性学习提供了新思路。再如一个同学从自己以前的一个同学那里了解到，他所在的学校班

级搞了一个社会问题调查的活动，很有启示，而这也正是班里同学关注的问题。获得这一信息后，班委会立即研究，结合实际举一反三，确立了一个立意更深、形式更新的班级活动。

然而，网上的信息正负同在，鱼龙混杂，加上西方国家利用技术的优势，在网上有意散布反动、暴力、色情、迷信等垃圾信息。这种情况下，分辨信息能力差的青少年很容易误入歧途。教育无法回避网络对青少年的影响，班主任更不能放弃网络这块阵地。面对网络的"双刃剑"，一味地"堵"不行，全面地"放"也不行，面对"小网民"的信息挑战，我们班主任应该怎么办？

首先，班主任要关注网络世界，以正确的态度和方式，从多种途径满足学生对网络的应用和需求，以多种方式刺激学生网络应用的兴趣和热情，引导他们学习、研究，而不只是消遣、游戏，逐渐形成用网、识网、懂网的氛围。其次，班主任要加强网络德育，引导青少年加强思想上的"防火墙"建设。我们应经常教育学生网络不是净土，必须慎重地选择、吸收、使用，谨防网络陷阱的诱惑，增强对网毒的抵制力，形成自护、自律的能力；引导学生自觉遵守《全国青少年网络文明公约》规定的网德，做文明小网民；教师应以"网友"身份，针对学生的思想动态进行道德指导；班主任还要指导家长，不要"谈网色变"。再次，班主任要不断加强指导，尽管不少学生的技术已超过老师，但不等于不需要老师指导。一则要为学生上网保驾护航；二则要承担知识、技术指导，使学生更熟练地获得和理解信息的内容，从而利用网上信息解决现实问题，提高用网质量。这就对班主任提出不断"更新版本"的要求，班主任只有走在学生前头，才能获得指导的主动权，展现班主任的网络智慧。

信息采集与处理的能力是在实践过程中不断提高的。班主任带领同学总结信息来源的几个渠道：有电脑网络，有文本媒介，如报刊、书籍等，影视媒体，与校内外各个关系的交往沟通等。同时，班主任还要做好班级信息管理，可建班级网页，作为交流信息的平台。将班级总结、创造的经验等成果信息向外发布，形成信息资源共享。有了这些新信息的支撑，班级将永葆上进的活力。

第二章 新课程背景下的班级德育——对学生实施精神关怀

新课程改革的教育价值观是关注人性，注重人的精神成长，把教育和人的尊严、权利、幸福、价值联系在一起，使人的尊严和健康个性得到前所未有的彰显。德育要把对学生的人性教育和精神成长置于首要地位。另外，新课程改革倡导的人的发展观，即是以德育为核心的德、智、体、美的全面发展，是学生自主的个性发展，是学生素质的可持续发展。班主任应怎样抓好新课程改革背景下的班级德育呢？

1. 新课程背景下的德育观

——把握当前德育新走向

　　新课改之所以倡导教师更新观念，是因为观念是行为的先导，观念错误，就不可能有正确的教育教学行为，新课改提出的德育目标就难以实现，班主任的德育工作也就难以开展。新课改所倡导的回归生活、追求真实、注重基础、弘扬主体也是班主任做好德育工作必须树立的德育观念。

一、回归生活——真实德育才是有效的德育

　　目前，学生在与老师、家长和班主任交流时虚假的信息的确不少。有许多事实可以说明：我们的学生往往用"漂亮话"迎合我们，"哄"我们高兴。"真实"在我们的教育和生活中的确有渐行渐远的趋势。学生为什么会违心地说着连自己都不相信的假话？我们在批判传统的课堂中心、教材中心、考试唯上的弊端导致教育本质的扭曲和师生异化时，是否也该作深刻的自我反思，呼唤基于生活真实的德育的回归。

　　高中生的生活领域在逐步扩展，这是新课程构建的基础，也是德育有效性的基础。因此，要突出德育的实践性，就要注重学生生活和社会实践的联系，围绕他们生活实践中存在的问题，引导他们理解和掌握社会生活的要求和道德规范，提高他们的自我教育能力。如上海市七宝中学开展的德育实践系列活动，让我们有一种真实而全新的感觉，其中有一项活动是高中师生的"大别山之旅"。他们登大别山，探访革命前辈的革命精神，感受老区人民的质朴。我们只要读一下高一（4）班刘郁同学在活动后写的发自肺腑的感言，即可感觉

到这基于生活的真实德育的效果。

上海人自恃富有，有钱没处花。但去看看那些淳朴的山民吧！你会觉得自己的渺小，自己的贫困。刚开始我想：那种地方缺钱，山里的孩子定会见钱眼开。但我错了。第一次我拿了一张五元钱纸币给一个帮我捉虾的孩子，但那孩子的话让我诧异，"要钱有啥用？我有吃有住，有书读，你们上海人对我已经不错了，这钱呀，你还是去给咱们学校买些书吧！"

这么小的孩子竟想着自己的学校。我又做了个实验，故意将五十元弄湿放在石头上晒，然后走开了。一边有几个孩子在嬉水，不料当我回来时，钱上压着一块小石头，一个孩子对我说："你的钱干了，会被山风吹走的，这钱你爹娘挣来不容易，赶快收起来吧！"我顿时觉得脸好烫。虽然在那里只停留了一晚，但邻里和睦共处，形同一家，给我留下了深刻印象。想到我家的邻居不是不理不睬就是破口大骂，怎么比，我都觉得富的是关庙乡的人民，穷的是上海人。

登大别山除了是对意志和体力的磨炼，但最重要的是对国情的了解和对自我的了解。我们在看到繁华的上海的同时，也该清醒地看到那些贫困的山区；我们追求高档生活，他们只想找个可以避雨的家；我们梦想出国深造，他们只想有书念。这种强烈的差距要靠有志者去反思。当我们为小事和别人、家长喋喋不休时，他们正在为父母洗衣做饭……我清醒地看到自己缺少山里孩子们的胸襟……

长期以来，在教学和班主任工作中，我们习惯了告诉学生一些道理和规范，而忽视了让他们在生活中养成正确的待人处世的价值观和思考问题的方法，特别是忽视了学生带着生活经验的实践感悟。在手段上也多采用"我讲你听"、"我教你学"的教育模式。一切都按预设的程序推进，学生按老师分析的思路走，围绕老师的"设问游戏"转。于是，不少聪明的学生，也学会了察言观色，看老师的脸色行事，课堂假话便自然而然地产生了。

在德育方面，这种现象也时有所见。如一些高中学校一直存在两套课表，一套是为了应付领导检查的，一套是为了"应试"的。这给学生造成极坏的影响。再如，上级领导来校检查工作前，学校和老师们总是要告诉学生领导可能会提什么问题，应该怎么回答。这样做会给学生心灵带来什么呢？那就是"作假"。学生在这样不真实的道德情境中，势必会言行不一，形成双重人格。而上海市七宝中学注重学生在生活中实践，在实践中感悟的做法确实值得我们学习。

德育过程本来是人与人交流的过程，最重要的是，交流的信息应该是真实的，从而体现人与人之间的真诚、真情。

实事求是、说真话、道真情是中华民族传承下来的道德精髓，体现了科学与人文的高度融合。科学乃求真、人文是求善，两者融合是德育工作追求的最高境界。没有科学为基础，我们的德育将一事无成；没有人文为基础，德育就会迷失方向。

黑格尔说："美与真是一回事，这就是说，美本身必须是真的。"不是真的，必然不美，甚至是丑陋的。己之不"真"，何以"真"人？"真"需要我们有一种职业良心，有时"真"还需要一种勇气。一位名医认为女病人的腹中长了一个瘤子，但下刀之后才发现是个胎儿。拿掉了谁也不知道，秉之实情，可能被斥为庸医。片刻间，医生选择了后者。我们是不是该学一学这位名医的勇气呢？为一己名利而拼搏算不上高尚，不顾自己的身家名誉而去维护真理的人才是教师队伍中的脊梁。

当德育与生活脱节，与真实"分家"的时候，那是教育的悲哀，也是社会的悲哀。因此，我们广大班主任应当把德育与生活紧密联系起来，这联系的桥梁就是实践。我们要做追求真实德育的勇士，并引导学生在真实生活的道德践行中去理解、去感悟。我们可以从以下几个方面努力。

（一）尊重学生的第一选择

从高中生的心理特点出发，尊重他们的真实意愿，是让真实回归德育的关键。

人们在面对物质诱惑的时候，或多或少地有着自己的主观看法和本能意愿。这发自内心的选择往往是最真实的。当然这种意愿和选择也可能和《中学生日常行为规范》和传统美德要求不相符合，但第一意识里往往会作出本能的真实的反映，这起码是诚实的表现。

我们认为，对学生的第一意愿和选择应特别表示理解，并在此基础上进行引导，否则很可能弄巧成拙。

（二）悦纳学生的不同意见

真实的德育应以人为本。教师应以开明的态度，多元的德育观念，允许不同的价值观并存，并提供足够的自由表达与争论的机会，使学生真实地坦露、自由地伸展，不能压制不同意见。如果我们违背了这种新课程理念，就会使学生用教师喜欢听的话来迎合老师，使说真话的学生越来越少。

所以，我们要善于倾听和悦纳学生的不同意见，营造一种民主和谐的交流氛围，使学生有话敢说，有意见敢提，从而帮助学生养成质疑问难的好习惯，敢于向权威挑战的勇气。

（三）做学生真诚的朋友

做学生的朋友，可以使学生向我们敞开心扉，把真实的想法向我们倾诉，从而避免了他们说假话的现象。

这个问题我们以往谈得很多了，这里我先介绍一个实例：北京市的刘春生老师在他的《作业的革命》一文中，说了这样两件事：

第一件事是一个学生在作业本上留下了用铅笔涂拓硬币的印记。刘老师在作业本上写下这么一段评语："看来你花了许多工夫，很认真。刘老师小时候也这么做过，不同的是，我挨了老师的痛骂……"第二天，学生作业本又回来了："哦，是吗？看来你比以前的老师好多了。"

二是一个学生在作业本上画了一幅有池塘、有荷叶荷花和青蛙的画，并向老师叫板："把它画下来，如果不会画，就为它作一首诗吧。"刘老师的诗是这样写的："一叶一蓬一莲花，一池一声一春蛙，一年一季一自在，一唱一和一歌夏。"

在学生的作业本上，老师与学生的一来一往，充分体现了师生之间亲密无间的情怀。这让我们体会到，刘老师与学生之间朋友式的关系。他们之间无话不谈，而且都是真情的流露。要做学生的真实朋友，首先是要保持一颗童心，关键是尊重学生人格，而且要坚持移情换位的方法。只有如此，教师才能享受幸福的教育生活，因为，学生与你进行着真实的、诚挚的交流。

（四）要善于倾听学生的心声

善于倾听学生的心声，不要急于用成人的道德标准去评价学生，否则会犯"以小人之心度君子之腹"的错误。

老师要认真倾听，学生才有表达自己想法的勇气。倾听是理解，是尊重，是接纳，是期盼，倾听就是爱。

善于倾听学生的心声，不仅是教师良好修养的表现，也是教育学生的重要手段，是一种智慧的体现。许多时候，班级管理和思想品德教育中的许多问题，往往可以在耐心倾听学生的谈话中迎刃而解。

二、重视基础——教学生做人才是德育的根基

新课程改革强调的一个重要理念就是促进人的可持续发展，为学生的幸福人生奠基，即教学生学会做人、做事、做学问。而做人、做事、做学问的基础则是养成良好的行为习惯。因此，行为习惯的养成教育尽管不是德育的全部，却是德育中最基础最本质的部分。

有一篇报道，记录了中国学生在美国遇到的尴尬。一年暑期，参加夏令营的约 300 名学生，在美期间经常在公共场所高声吵闹，引起了周围人的不满，陪同的美国教师多次提醒他们低声说话，中国教师也随时告诫他们，应尊重别国习惯，遵守公共秩序，但终无效果，结果被这家酒店逐出。后费尽周折又入住另一家酒店，学生还是不断吵闹，导致酒店多次提意见。不仅如此，中国学生还违反当地不允许未成年人观看、参与赌博的规定，擅自到酒店一楼的赌场围观而惹怒了客人，客人又投诉到酒店，酒店不得不要求这些学生搬出去。还有，这家五星级的酒店常有上万名客人入住，中国学生无缘无故地两次拉响火警，救护车、消防车闻讯赶来不说，害得酒店两次疏散客人。在酒店 19 楼按响火警按钮的同学开始拒不承认，酒店人员查看了录像才得到证实。

看了这篇报道，除了感叹我们的学生公共意识太差之外，作为教育工作者特别是班主任，更应从自身的教育上反省存在的不足。应该说，对学生的思想品德教育，从他入学的第一天起就开始了，其实效如何呢？这篇报道无疑给了我们一个很大的巴掌。学校的德育应当重视基础，这个基础就是抓好对学生的基础道德教育和良好行为习惯的养成。

中共中央印发《公民道德建设实施纲要》阐述了我国公民道德建设的重要性，提出了"爱国守法、明理诚信、团结友善、勤俭自强、敬业奉献"的基本道德规范。社会公德是社会道德体系中的最低层次也是最基础的，主要内容包括以下几点：彼此谦让，互相尊重；尊老爱幼，助人为乐；遵守公共秩序；尊重与维护社会公益；举止文明，讲究礼貌；诚实守信，遵守诺言；保护环境

等。这是人们在公共生活中最简单、最起码的规范准则，也是《中学生日常行为规范》中所包括的内容的一部分。

要扎扎实实抓好基础道德教育和良好行为习惯的养成，这是培养学生人文素质的基础性工程。

上海市松江区大港学校的张怀聪先生认为，基础道德教育既要告诉学生道德规范和准则，更要引导学生在待人接物中树立一些观念和价值取向。这些观念包括：

换位观：假如我是你，假如你是我（涉及的道德品质包括关爱、公正、平等、诚信等）。

生态观：我离不开你，你也离不开我（涉及的道德品质包括合作、责任、义务等）。

共赢观：大家好，才是真的好（是对个人的利己主义、过度竞争观的否定，是一种真正的集体主义）。

对话观：商谈、沟通、理解、认同（涉及的道德品质主要是尊重和理解等）。

分享观：共同分享、助人为乐（涉及的道德品质主要是与人为善）。

多元观：在分清基本的是非善恶标准的基础上，在某些领域中，特别是属于私人生活领域内，每个人都可以有不同的选择（涉及的道德品质主要是宽容）。

一个人的思想品德是由道德认识（知）、道德情感（情）、道德意志（意）和道德行为（行）等四个要素构成的。其中良好的行为习惯的养成是知、情、意诸方面日积月累地共同作用于行为的结果，是思想品德发展中"质"的飞跃。魏书生说得好："行为形成习惯，习惯形成品质。"可见，培养学生良好行为习惯，矫正学生不良行为习惯是班主任育人方面的基础性工作。

（一）认清行为习惯及其重要性

所谓习惯是一种规律性的行为方式，是在长时期里逐渐养成的稳固的、在一定场合（情景）会自然表现出来的"行为、倾向和社会风尚"。习惯是后天形成的，是通过反复实践习得的，主要包括道德习惯、学习习惯、生活习惯、劳动习惯等等，一般统称为行为习惯。习惯有好坏之分，我们就是要帮助学生纠正不良的行为习惯，养成良好的行为习惯。

良好的行为习惯能够体现良好的思想品德和行为能力，是一个人走向成功的标志，是其精神风貌、意志品质的集中反映。具有良好的行为习惯将使人受益终生，坏习惯则会贻害人一辈子。可见良好行为习惯的养成是多么的重要。

一位诺贝尔奖获得者，在谈到他事业成功的经验时说，他不是在大学而是在幼儿园学到了人生"最重要的东西"。他用朴素的语言告诉大家："把自己的东西分一半给小伙伴们，不是自己的东西不要拿，东西要放整齐，吃饭前要洗手，做错了事要表示歉意，午饭后要休息，要仔细观察周围的大自然。从根本上说，我学到的全部东西就是这些。"

他所说的"全部东西"就是良好的行为习惯。所以，无论是家庭还是学校，万万不可忽视这些"最重要的东西"，一定要营造一种人人关注、一丝不苟的环境，培养儿童少年良好的行为习惯。

我国最早的马克思主义教育理论家杨贤江有一句名言："我们最初所养成的习惯，必须是正确的、有益的，倘若始基不好，不仅改正为难，且定为入世后生活的障碍。"主张习惯培养要从小抓起，为学生成为"社会的优良分子"奠定基础。

班主任要充分认识培养良好习惯的重要性，深刻理解"习惯决定命运"的道理。要实实在在地提高教育教学质量，就应该实实在在地培养学生的良好习惯，矫正学生不良的习惯。这是让他们学会做人的奠基性工程。

（二）把握行为习惯的特征及其形成的规律

不管是品德习惯、学习习惯，还是劳动习惯、生活习惯，其基本特征是一致的，大致有以下四条：

一是养成性。习惯不是天生就有的，而是后天的产物，是需要经过长期的、反复的练习逐渐养成的。因此，抓良好习惯的养成必须坚持从小抓起、持之以恒，按照《中小学生日常行为规范》抓好养成教育。

二是稳固性。一个人的某种行为经多次的重复训练，习惯也就逐步得到强化。一旦行为定型，就非常稳固，要想改变它是十分困难的。正如人民教育家陶行知所说，"习惯成了不易改，倾向定了不易转，态度决了不易变"。因此，我们"最初所养成的习惯，必须是好习惯"。当然，"不易改"不是不可改，矫正学生不良习惯也是我们长期而又艰巨的任务，非抓好不可。

三是长效性。任何一种良好习惯的建立，大脑皮层就会根据刺激物的特点，依照稳定的先后顺序和固定的强弱位置而进行一系列的条件反射活动。在这种情况下，不再需要意志的努力，这就是习惯的长效性。

四是两极性。人的个性有两极性，习惯也有两极性，既有良好习惯也有不良习惯。比如，学生应对考试就有不同的习惯：一种是平时努力、抓紧复习；一种是平时不烧香，临时抱佛脚。前者能使学生打下扎实的知识基础，并取得好成绩，后者会导致学生学业荒废。因此，教师要帮助学生养成良好习惯，克服其不良习惯。

良好习惯的形成是一个长期复杂的过程，这个过程的心理发展规律主要表现在以下四个方面：

一是由简单到复杂。随着学生年龄的增长，其习惯的形成也经历了一个由简单到复杂的过程。小学低年级学生的学习习惯是非常具体、简单易行的。例如上课铃响立刻进教室，准备好学习用品，安静地坐在自己的位子上……到了高中，随着他们认知能力的不断提高，一些抽象的比较复杂难做的学习习惯也就发展起来。如独立钻研问题的习惯，应用系统学习方法的习惯等等，而且这些良好的学习习惯会在学习活动中日益巩固。

二是由不稳定到稳定。任何人习惯的养成都有一个从不稳定到稳定，从不巩固到巩固的过程。小学低年级学生，由于年幼无知、活泼好动，又缺乏自制能力，一些良好习惯的形成有一个过程，开始往往是不稳定的。老师要求严一点表现就好一点，老师松一点，表现就差一点，只有坚持反复要求、反复训练，才能"习惯成自然"，逐步得到巩固。

三是由他律到自律。在良好习惯养成过程中，最初基本是由外部支配的，即由老师、家长根据《规范》和社会伦理道德向学生提出具体的行为要求，告诉他们应该怎样做，并表达对学生的期望，即"他律"。学生会按这些要求或模仿他人的做法去做，其习惯的形成主要是依靠外力的作用，很少出于内心的自觉。随着年龄的增长和对道德认识、学习认识、劳动认识的提高，他们慢慢会把成人的期望、要求转化为自己内部的动力，使习惯日趋自觉，并表现为不管在什么情况下，都能自觉地要求自己，这个过程就是由"他律"到"自律"最终实现"无律"的状态。

教师只有充分了解习惯的特征和形成规律，并在工作中坚持知行统一的原则、培养良好习惯和矫治不良习惯相结合的原则、正强化激励与负强化激励相结合的原则、自律与他律相结合的原则以及教师（家长）示范与行为训练相结合的原则，就能有效地抓好良好习惯的养成教育。

（三）掌握良好习惯培养的方法

以习惯的基本特征及其发展规律为依据，根据我们自己的宝贵经验，至少可以采取以下几种方法：

1. 明确要求，晓之以理（利害）

认知在良好习惯形成过程中具有先导作用，因此我们应当根据《规范》向学生提出需要坚持的良好习惯和需要克服的不良习惯，即明确应该怎样做，不应该怎样做，使学生心中有数。明确要求是容易做到的，学生也会一听就明白。但是，为什么这样做，不能那样做，他们不一定清楚，即便清楚，若不能变为自觉的需要，也不一定会做好。因此，我们要引导学生懂得"习惯决定命运"的道理，明白良好行为习惯使人受益终身，不良行为习惯也可以贻害人的终生。只有晓之以理（利害），才能把要求内化为自觉的需要和行为的动机，进而外化为自觉的行动。

2. 榜样示范，启发自觉

高中生在老师向他们提出养成良好行为习惯的要求后，他们不仅听你是怎么说的，更看你是怎么做的。因此，我们一定要为他们作出表率。因为教师和家长的行为习惯是学生形成良好行为习惯或不良习惯的直接原因。另外，行为习惯的养成教育，有一个行之有效的模式，就是"请你跟我这样做"，讲的也是教师和家长要给学生作出榜样示范。

3. 开展活动，"练"字当头

"练"不仅是获得知识、技能的好方法，也是形成良好习惯的好方法。所谓"练"就是有目的、有意识地让学生在一定条件下去重复地履行某种要求，完成某种行为，形成某种习惯。任何一种良好的习惯，没有坚强的意志和踏实的行为，没有知与行的统一，是不可能形成的。比如，学生在做作业之前，我们一定要求他们先复习当天的功课，先读一读、想一想老师讲解的内容和例题，回忆一下老师讲课的情景。只有坚持严格训练才能形成先复习后做作业的好习惯。

4. 正负强化，双管齐下

激励是促进学生形成良好习惯的有效方法。激励分正强化激励和负强化激励。当老师发现学生作业工整、书写规范、热爱劳动、彬彬有礼的时候要及时表扬，鼓励其坚持下去；当学生作业潦草、口带脏字、行为粗俗的时候要及时指出，甚至批评，责令其立即改正。这样长时间坚持下去，好习惯就会得到巩固，不良习惯就会慢慢克服。值得注意的是，不能把学生养成良好习惯的目的引导到为了获得表扬或为了避免受到批评上，而应该使他们懂得良好习惯的重要性，即在表扬与批评时适当说明一下为什么。

总之，培养良好习惯的过程，就是矫正不良习惯的过程，两者是不能截然分开的。

三、弘扬主体——培养自我教育能力才是德育归宿

新课程的核心理念是以人为本，强调以学生为主体。教师要充分发挥学生的主体作用，激活学生自立、自强、自我完善的意识。通过现实的或创设的生活情景，最大限度地调动学生的积极性和创造性，扩大和挖掘学生的感受和体验，把道德规则的学习建立在真实的生活背景和丰富的情感体验上，使之成为一种潜移默化的陶冶过程。

山东莒南县路镇一中史峰先生说："我上中学时，曾经是个很让老师头痛的学生，差点到了胡作非为的地步。班主任是个年轻的老师，他试图改造我，但他是个只讲'武理'，不讲道理的人。他用暴力改造我的过程中，我练就了'金刚不坏'之身，他也开始放弃了我。不久他被一位新班主任接替了。"

新班主任50来岁的样子，讲话时慢条斯理，没有歇斯底里的腔调；一脸笑意，没有拒人千里的寒意；他手掌白胖，没有能将学生打倒的"铁掌神功"。新班主任教语文课，上第一节课时，我照例是睡过去了。当我在课堂上黄粱梦深的时候，有人在推我，我抬头看，是新班主任。他只是笑着看看我，并没有说什么。

课后，新班主任将我叫到他的宿舍，没有大声喝问，而是打开课本对我说："我讲这个地方时，你恰好睡着了，可能没听明白，我给你补一补，免得落下功课。"

班主任的诚意和善意，让我措手不及。我冰冷生硬的心猛然有了一丝愧疚。这次遇到的班主任与先前的不同。班主任给我讲完课，拿出两个苹果，一个又大又红，一个又青又小。班主任说："这个又红又大的苹果，长在树的顶

上，能见到阳光，所以长成这个样子；又青又小的苹果是因为长在了树的阴暗处，所以就成了这个样子。人，就如一个苹果，要向往阳光，接受阳光，才可以成长得圆满可爱。我希望你是这个大苹果。"

说完，班主任将又大又红的苹果递给我了。我无法拒绝——因为班主任一直用温柔和善良的目光看着我，他对我殷切的希望就寄托在这个苹果上。班主任的目光和举动，一下就触动了我的心灵。我已经到了懂事的年龄，但我一直做着自毁前程的糊涂事。

面对这个触动我心灵的班主任，我接过苹果，暗下决心：我不能让心灵永远阴暗，我应该接受光明的洗礼。说实话，我也是极想成为那只又红又大的苹果呀。

正当我听从了新班主任的劝说，向着光明的方向前进时，先前社会上的一些"老友"又来拉拢我，他们邀请我一起"吃喝玩乐"。这让我的行为又游走在"光明"与"黑暗"的交界处。

班主任发现了我思想上的反复，仍旧把我叫到他的宿舍。这次他拿出一个苹果说："没来得及吃，烂了一个洞，削削还可以吃的。来，你把这个苹果削削，我们分了吃吧。"我用小刀，一点点把腐质削掉，然后一分为二，老师一块，我一块，班主任咬一口，我也咬一口。班主任问我："甜吗？"我说："甜。"

班主任笑着说："这苹果如果不削掉腐质，最终却是苦的。人有时也是这样一只苹果，身上有了一点腐质就要削去，才能保护甘甜。明白我的意思吗？"

班主任表达的意思很严厉，但语调仍旧是温和的。

我当然明白班主任的意思，说："老师，我再不会跟那帮人交往了。"

班主任拍拍我的肩膀，说了声："来，我们接着吃苹果。"

在班主任极其耐心的帮助下，我渐渐修正了人生方向，变成了一只向往阳光，拒绝腐烂的苹果，我这只苹果最终没有烂掉……

一直到现在，我都非常怀念这位没有"武功"却会讲道理的班主任。每当想起他，我就有了循循善诱、诲人不倦的为师热情——现在，我也是一位班主任。

听了史老师的叙述，我对这位班主任非常敬佩。他不仅具有为师者的大爱，而且，字里行间体现他善于启发学生反思，发挥其自我教育的能力。这才是真正的弘扬主体性精神。

班主任在弘扬学生主体性时还要做好以下几件事情。

（一）充分关注学生的全体性、整体性和差异性

1. 全体性

承认教育对象的全体性，就意味着在学校道德教育中，不但要保证学生接受道德教育的权利，而且还应创造条件，给学生以均等的机会，促使学生不断提高道德素质。随着新课程改革的深入，公平、民主、人人成才等观念已深入人心，并成为衡量改革成败的重要依据。而且，"政府决策的最主要的目标就是要建立起适合于所有人的学校，而不仅仅是让所有的学生上学读书。每一个人，无论其经济、社会和文化背景如何，都需要并有权享受优质的教育。"可见，那种只抓少数尖子学生而放弃多数学生的精英教育的做法，正在逐渐被改革大潮所抛弃。从班主任德育工作而言，就是让班里的每一位学生都能健康发展。

2. 整体性

学生道德素质的整体性是指学生知、情、意、行的全面、和谐发展，形成较为合理的道德素质结构。上述案例就体现了这种整体发展。德育的"开端"尽管不同，最后却是殊途同归。长期以来，在道德教育中，教师们往往过分强调道德知识的重要性，却忽视了这样一个事实："人们知道什么是真理不等于知道为什么这是真理，知道为什么是真理不等于知道应当怎么去做，知道怎么做不等于愿意并真正去做。"

3. 差异性

承认道德教育的差异性和学生个性的不同，在道德教育中因材施教。

"在这方面应当考虑到儿童天性的差异，并促进其独特的发展。不能也不应使一切人都成为一模一样的人，并教以一模一样的东西。"承认差异（包括承认学生是可持续发展的和依据自己的特点，选择自己的发展方式）并从这些差异出发区别对待他们。邓小平同志说："我们在鼓励帮助每个人勤奋努力的同时，仍然不能不承认各个人在成长过程中所表现出来的才能和品德的差异，并且按照这种差异给以区别对待，尽可能使每个人按不同的条件向社会主义和共产主义的总目标前进。"

（二）关注学生的生命性、能动性和创造性

从道德产生的角度来看，道德并不外在于人自身。它产生于协调人与人、个人与社会之间关系的需要。这种需要不仅是一种规范的需要，更是人与人、个人与社会之间更好地生存和发展的需要，它直接指向发展人的潜能，增进人与社会的和谐，提升人的生命存在的价值，正视人的主体性和创造性，是一种应然的追求。从这个意义上说，道德素质的培养，其实质是弘扬人的主体性。换言之，通过道德教育促使主体道德素质的提高，并实现一个自我教育的过程，即自己立法、自己司法、自己执法的过程。也可以这样说，在道德教育中离开作为道德主体人的积极参与，道德教育将变得"不道德"。这就要求我们教育工作者在德育实践活动中要关注受教育者的"三性"：

1. 生命性

《学会生存》明确指出：教育应把社会的发展和人的潜能的开发作为它的目的。青少年正处在人生最关键的发展时期，是个性品质发展的黄金年龄，最具有发展的潜能。学生作为一个生命的主体，要求我们在德育目标的制订、德育内容的选择及德育过程的引导中，要把他当做一个生命体、一个发展中的人来看待，他有个人的愿望、意志和需要，他有权得到别人的尊重，有权尝试新的生活，只有这样他的生活才能变得丰富多彩。

多年来，我们习惯于训导，强调灌输，忽视了学生的道德愿望、意志和需要，忽视了学生积极主动的人生态度的形成，学生体会不到接受德育的愉悦和德行发挥所得到的精神满足和道德能力的发展，结果降低了德育的质量。作为生命潜能的开发者，我们必须要意识到这一点，因为这关系到学生的成长和发展，关系到学生的将来。这正是常人所说的：赢得青少年，就意味着赢得未来。

2. 能动性

学生在德育活动中具有能动性，这是教育的规律，但也正是人人共识的事，在认识上却往往发生偏差。青少年不管在家庭、在社会还是在学校，都是在家长、教师和旁人的指导下发展的。我们总喜欢把学生当做一张白纸，可以在上面随意写画，没有认识到参与教育活动的双方都具有能动性。只看到儿童的不足和幼稚，看不到学生旺盛的生命力及其具有多方面发展需要和发展可

能，看不到学生是教育活动的主体（不可代替的主体）。学生不仅是环境、教育、遗传的产物，也是自己的产物，发展是他的主动行为。学生主动发展，最高水平地、能动地、自觉地规划自身的发展，成为自己发展的主人，这是我们教育成功的重要标志。

3．创造性

卡尔·波普尔曾指出，"理论就是问题及对问题的一群尝试性的解释"，可见问题在理论中的地位有多重要。能否发现问题，能否从表面现象入手去寻找新的问题，这是创造力的标志。判断力和批判力是教师主体对自己所处教育图景的寻根和探求，缺少这一点就很难培养出创造社会新风气和成为社会道德主体的学生。学生掌握道德知识的根本目的是为了应用，运用这些知识去接受和扩展新的知识，这个过程本身就是一个创造的过程，是与人的生命性、能动性密切相关，伴随着情感、态度、需要的过程，是学生发展的有机组成部分，是人之所以为人，之所以有生命的活力、有主动的追求、有创造的快乐的人之所在。

（三）弘扬主体，班主任应发挥主导作用

弘扬学生主体精神，除了要尊重学生的人格、生命权、自身体验和创造性之外，还要引导学生的实践、选择和体验。

1．引导学生道德实践

德育的本质特征就是实践性，学生有机会主动参与道德实践，才是真正意义的主体。例如，实践性的德育作业，多数是进行体验教育的好形式，其作用是可以促进学生思想认识的内化。日本在进行爱国主义教育时常常布置一项实践性作业，要求学生到大型国际停车场，从头到尾数一数在众多的汽车中，有多少辆是日本制造的？共占了总数的百分之几？学生们详细数过后，发现竟然有70%左右的汽车是由自己国家制造的，在喜悦和激动之余，爱国热情的高涨是不言而喻的。这种生动而具体的作业，显然达到了教育的目的。

作为受教育者的学生来说，以主体身份去参与道德实践过程则显得异常重要。这个过程包含两个方面：一方面是作为道德的探索者，在道德行为面前，他具有主动思考、主动选择的权利；另一方面，他需要对主动选择的道德行为的善恶及价值负有责任。在道德行为上，他选择了善，我们应当及时引导和表

扬；他犯了错误，在选择上意味失败（这种失败不是恶），他有权利在失败后作出另外的选择，更何况他有责任纠正错误。班主任的作用是教育引导，使他们长善救失。当前，我们很多班主任默许自己犯有这样那样的错误，却容忍不了自己的学生犯错误；学生只要一犯错误就入另册，动不动就下"病危通知书"，而不是认真分析后写出"诊断书"。

对于班主任来说，学生以主人的身份"参与"道德实践，在实践中进行"选择"、"判断"，是德育工作成功的"必要条件"。而对于学生来说，班主任如何营造一个有利于培养和塑造学生良好道德素质的"班级氛围"，是德育工作成功的"充分条件"。有"必要条件"而无"充分条件"，或是仅有"充分条件"而无"必要条件"，德育工作只能是事倍功半。

2. 培养学生的自我教育能力

自我教育就是自己教育自己。学生进行有效的自我教育，需要班主任着力培养他们的自我教育能力。

一次上课，曹中原老师问学生："世贸组织的英文简称是什么？"学生回答："WTO"，小林插嘴说："打屁呕"。全班哗然。老师目视小林后，继续上课。

下课后，老师与小林在楼梯口相遇，小林满脸通红。曹老师却笑着说："你的想象力很丰富，但比喻不贴切。"小林低着头说："以后我不插嘴了。""没关系，你再想想，看能不能比喻贴切些。"曹老师鼓励他。

第二天，曹老师问小林，小林说："W 和 T 可分别比成两个陷阱和一个拐杖。说明中国入世后会遇到许多陷阱，我们用拐杖探路，但还是失败了。"曹老师说："你想的太悲观了，我不满意……"

数日后，小林来找曹老师说："W 可比喻成两个 V，V 是 Victory（胜利）的缩写；T 是 Try（尝试）的缩写；O 是 Ok 的缩写。说明中国入世后会不断走向胜利，只要我们敢于尝试，最后一定会 OK。"曹老师为之拍手叫绝，连连夸小林肯动脑筋。

不久，曹老师又收到小林的一张字条，上面写着："……是您的宽容和鼓励，使我产生了学习的兴趣。您是我心中最好的老师。"

曹老师真的太棒了。他的宽容和鼓励不仅使小林积极开动脑筋而且还提高了思想水平，成了一位肯于自我批评又有学习兴趣的好学生，自我教育能力大大提高。

　　自我教育能力是学生个体进行有效的自我教育，实现自我完善过程中应当具备的多种能力的有机组合，班主任基本上可以从以下四方面对学生的能力进行培养。

　　（1）自我认识能力。自我教育，首先对自己要有一个正确的认识，因为认识自我，是塑造自我的前提。班主任要指导学生从品德、学习、体育、心理、特长、交往诸方面分析自我，认识自我，把握自己的个性特征和心理品质；帮助他们理解教育方针、《大纲》、《规范》的要求，指导他们对照标准，认识怎样的人才是健全完美、全面发展的人。认识自己的优势和劣势是实现自我教育的前提，学生有了正确的自我认识后，班主任应及时引导他们制订自己需要达到的道德目标及实现目标的措施，以便于检查自我教育的成果。

　　（2）自我评价能力。自我评价是依照一定的道德标准，对自己的道德行为的是与非、善与恶、美与丑所作出的肯定或否定的判断。众所周知，评价别人多于内省是当代青年的显著特点之一。他们自我意识中的自我评价能力往往落后于评价别人的能力，他们看自己的优点多，看别人的缺点多，所以，必须通过教育使他们正确评价自己，自尊尊人，自爱爱人。只有这样，才能把外部教育影响和道德规范转化为他们自身的道德要求，使他们的自我教育朝着正确的方向前进。

　　培养学生自我评价的能力，班主任首先要对他们进行马列主义常识教育，使其逐步树立科学的世界观、人生观和方法论，这是学生进行自我评价，实现自我教育的根本；其次，引导他们对照这些道德要求，对照他人对自己的评价，分析自己的行为表现，并在与榜样的对比中，对自己的实践效果进行价值判断，提高自我评价能力。实际上自我评价的过程，就是自我勉励、自我教育的过程。

　　（3）自我控制能力。自我控制能力是指个体为了实现道德要求和行为规范，自觉地调节和控制自己的心理状态和行为方式，克服自我教育中的种种困难，在意志方面表现出的一种内部力量。有了这种力量，学生在自我教育中才能经常进行自我督促，自我充实；才能排除各种（内部和外部）障碍，实现正确的道德要求，把目标变成行动，用行动去实现目标。特别是新的道德需要与非道德动机和内部障碍发生矛盾时，有了这种能力就能及时而有效地配合新的道德认识来支配新的道德需要。一方面对不道德动机和行为进行谴责，一方面对新的道德需要给予热情的肯定，使自己在这种心理冲突当中战胜错误，实现正确的道德要求。

培养学生自控能力，一要引导学生对自己的言行进行自我监督，使自己的行为符合自己制订的目标，进行自我调控训练；二要定期检查自己执行德育计划，实现目标要求的情况，进行自我总结；三要通过自我控制，提高自己的思想品德，养成良好的行为习惯；四要发挥集体舆论的监督作用，提高自我调控效果。

（4）自我实践能力。自我实践能力是在自我教育中经过反复的道德实践，把道德认识转化为道德行为的能力。这种能力，可以使人独立地、主动地、富有创造性地选择适当的道德行为方式，自觉地通过实践锻炼自己的道德行为，养成良好的行为习惯。对此，班主任要为学生提供自我锻炼的实践机会，创造自我教育的环境，形成自我教育的风气。

任何能力都不是与生俱来的，都是后天教育影响的结果，是人们在改造客观世界与主观世界中受到实践锻炼的结果。自我教育能力也不例外。那么，如何培养学生自我教育能力呢？

一要激发自我教育的动机，磨炼自我教育的意志。学生自我教育能力的提高，是以其自我教育的动机为前提，以其坚强的意志为保证的。没有这种动机和意志，就不可能进行自我教育实践，其能力也就无法提高。自己教育自己，自己解剖自己，自己战胜自己是极不容易的事情，特别是当你单独活动时，当你的道德动机与不道德动机相持不下时，正确的动机和坚强的意志能够使你经受住严峻的考验。因此，班主任要时时注意激发学生自我教育的愿望和动机，引导学生在改造主观世界中锻炼意志。班主任还要善于发现学生内心的矛盾冲突，通过进行思想品德教育，使其明确正确的道德准则和行为规范；通过榜样教育法，在推广先进典型的过程中，发挥榜样的导向作用；通过与学生共同创造良好的班集体，增强他们的集体荣誉感、责任感和义务感；通过丰富多彩的集体活动，激发学生自我教育的愿望和动机，这些都是行之有效的方法。

二要引导学生进行自我反思，消除学生自我教育过程中的种种障碍。在自我教育的过程中，班主任要引导学生随时进行自觉的反思，发现问题及时解决，这是提高他们自我评价和自我控制能力、强化自我教育的有效方法。班主任促使学生自我反思最有效的方法是精神激励法。班主任要抓住一切机会表扬好人好事，抓住每项活动后的总结讲评、期末总结、评三好等有利时机，激励学生进行反思，向先进人物和先进思想学习，及时克服自己的缺点。同时，班主任还要深入学生，研究他们在自我教育中可能出现的障碍，以便防患于未然。对于来自社会、家庭的干扰或由于教育方法的失当而造成学生的心理障碍，班主任要与学校领导及有关单位联系共同解决；对于来自学生自身的生理、心理原因而造成的心理障碍，要对其进行耐心的心理疏导，晓之以理，动之以情，达到师生间的心理相容，使学生提高明辨是非的能力。有时还要针对学生的具体情况，改变教育方法，变换教育角度，这样往往会产生更好的效果。如对学生的错误言行，以批评的方式来表达班主任的态度是正常的，但在某种情况下，若能从错误言行中发现某些潜在的或与之相关的积极因素，采用表扬的教育方式，会取得更好的效果。这样不仅保护了学生的自尊心，也为其改正错误指明了方向，创造了机会。

三要提供自我实践的机会，开创自我教育的外部环境。自我教育的基本属性是活动。因此，自我教育必须通过个人的活动来实现。班主任要有意识地为学生提供各种活动的机会，发展和培养他们的自我教育能力。如在班集体的管理中，激励学生积极参与，培养他们的主人翁意识和责任感，使他们从教育的客体逐步转化为教育的主体。具体地说，要让每位学生得到为班集体服务的机会，锻炼他们独立处理事情的能力，获得成功的体验。让他们在工作中学会交往，学会互相理解、尊重和支持。同时还要让他们独立开展有意义的活动，自己设计，自己组织实施，自己检查评比，这样，他们之间可以互相学习，进行自我锻炼，培养创造能力。

唤起学生实行自我教育的教育，说起来容易做起来并不那么简单，需要班主任做不懈的努力。

2. 新课程背景下班级德育的重点

——关注人格教育

新课程改革强调"教育的核心不是传授知识，而是培养健康的人格"，即教学生学会做人、做事、做学问。然而，人们在理解这些常识的时候却出了问题：恰恰从反面理解它、强调它，造成了片面追求"知识教育"，而忽视"人性教育"的社会风气。为此，我们付出了惨重的代价。因此，新课程改革大力倡导人性化教育，强调以人为本。一些社会学者大声疾呼，"培养学生的人性是教育的终极目标"。为此，厦门大学唐振超先生撰文，用大量的事实阐明了这个观点。先引述其中的一个案例：

广西壮族自治区南宁市某中学高一学生晓源偷偷带女朋友回家过夜。第二天，母亲发现此事，严厉斥责了他。晓源一怒之下，用剪刀和菜刀将母亲杀死。随后，趁刚进家门的父亲不备，又用菜刀将其砍死。更可怕的是晓源事后的一系列"表演"：用衣服擦拭血迹，故意翻乱东西；像平常一样去泡网吧；第三天回家将擦拭血迹的衣服洗净晾干；转天骗姑姑找人打开了家门，在门后假装晕倒；在接受审讯时，抽空和民警聊天，约民警打篮球……晓源企图用"表演"蒙混过关，实在让人不寒而栗。

人们常说："父爱重如山，母爱深似海。"一个人可以没有金钱、权势、地位，但不能没有父母；可以舍弃爱情事业和理想，但不能抛弃父母。孝敬父母一直是中华民族的优良传统。从这种价值观、道德观出发，将屠刀举向父母的人无异于恶魔。这个案例也不是个别现象，唐先生就一口气介绍了2003年发生的四件血淋淋的案件。是谁将晓源变成了恶魔呢？不少人从家庭教育、学校教育、社会教育入手总结了教训，认为传统美德教育丧失、思想品德教育薄

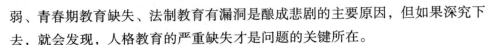

弱、青春期教育缺失、法制教育有漏洞是酿成悲剧的主要原因，但如果深究下去，就会发现，人格教育的严重缺失才是问题的关键所在。

新课改"关注人的生命发展"的理念和素质教育，强调的是"以德育为核心"的德、智、体、美的全面可持续发展。可见，人格教育是中小学德育的主要任务。具体要求是：

一、使学生成为具有高尚人格的人——关注学生灵魂

受应试教育的影响，高中教育仍然比较关注传承学科知识，班主任在管理班级、教育学生时，也是为提高学生的学习成绩保驾护航，相应地忽视了学生"情感、态度和价值观"的变化，忽视了对学生进行荣辱观教育，表现出教育关注点的狭隘性。

教育的实质是什么？是一种精神关怀的活动，即通过教师特别是班主任的教育教学活动和班级管理，促进学生精神的成长和心灵的净化。其核心内涵就是关注学生的灵魂，帮助学生行荣拒耻，树立社会主义荣辱观。云南大学的马加爵是个学习成绩优秀的人，却凶残地杀害了四名朝夕相处的同学。为什么会是如此的结局呢？有学者说，是因为他是一个"心灵上的弃儿"，才制造出这样一颗缺乏人性的心灵。一位纳粹集中营的幸存者，后来当了美国一所学校的校长，他长期坚持给每位到他这所学校任教的老师发一封同样内容的信：

"亲爱的老师，我是集中营的幸存者，我亲眼看到了人类所不应当看到的情景：毒气室由学有专长的工程师建造，儿童由学识渊博的医生毒死，幼儿被训练有素的护士杀害，妇女和婴儿被受过高中、大学教育的人枪杀……看到这一切，我怀疑教育为了什么？我的请求是：请你帮助学生成为具有人性的人。你们的努力绝不应当被用于制造学识渊博的怪物，多才多艺的变态狂，受过高等教育的屠夫。只有在先使我们的孩子具有人性的情况下，读写算的能力才有价值。"

帮助学生成为"具有人性的人"，关键是帮助学生树立社会主义荣辱观，使他们能够明是非、辨善恶、审美丑，这才是精神关怀的本质。然而，有的老师在这方面做的确实不让人满意。一位班主任在处理一位女学生早自习迟到问题时，不仅体罚了她，而且还当众说："你学习不好，长得也不漂亮，当坐台

小姐都没有资格。"结果这位女生不堪班主任的人格侮辱，从教学楼顶跳下去，结束了花季般的生命。

我不禁要问，谁敢说这位老师不是在摧残学生的心灵呢！因此，提出关注学生灵魂这个问题，的确很有必要。那么，应该如何去关注学生的灵魂呢？下面向大家介绍一则鲜为人知的真实故事：

在新泽西州的一座小镇上，一所学校有一个由26个孩子组成的班级，班里所有的人都有不光彩的历史，有人吸毒，有人进过少管所，有个女孩子甚至一年内堕过三次胎，家长没办法，学校和老师几乎放弃了他们。

就在这个时候，一位叫菲拉的女教师接手这个班。开学的第一天，菲拉没向别人那样首先整顿纪律，来个下马威，而是给大家出了一道题：

"有三个候选人，他们分别是：

A. 笃信巫医，有两个情妇，有多年的吸烟史，而且嗜酒如命的人；

B. 曾经两次被赶出办公室，每天要到中午才起床，每晚要喝一公斤的白兰地，而且有过吸食鸦片的记录的人；

C. 曾是国家的战斗英雄，一直保持素食的习惯，不吸烟，偶尔喝点酒，但大都只是喝一点啤酒，年轻时从未做过违法的事的人。"

菲拉要求大家从中选出一位在后来能够造福人类的人。毋庸置疑，孩子们都选了C。然而，菲拉的答案却让人大吃一惊："你们都错了。这三个人是'二战'时期三个著名的人物，A是富兰克林·罗斯福，身残志坚连任四届美国总统。B是温斯顿·丘吉尔，英国历史上最著名的首相。C是臭名昭著的阿道夫·希特勒，一个夺去了几千万无辜生命的法西斯恶魔。"

菲拉接着说："你们的人生道路才刚刚开始，过去的荣辱只能代表过去，真正能代表人一生的是他的现在和将来的所作所为，从过去的阴影里走出来吧，从现在开始努力吧……"

正是菲拉的这些话，改变了26个孩子一生的命运。后来孩子们长大成人，其中许多人都在自己的岗位上做出了骄人的成绩。

教书育人乃"百年大计"，兹事大矣。假如育人忽视人类文明的延续，其效果就大打折扣。菲拉接手的班比我们所谓的"差班"还要"坏"，然而学校没有遴选一位年轻力壮的体育老师当班主任，班主任也没有选一个有"拳"威的孩子当班长。菲拉既没有压，也没有打却改变了这26个劣迹斑斑孩子的命运，这到底是什么原因呢？

古话说，哀莫大于心死。这26个孩子劣迹斑斑，可以说属于心死了的人。不过，菲拉老师深知他们不是天生的心"死"者，而是因为过去犯过错误之后，长期受人奚落，遭到歧视，得不到关怀和温暖，看不到前途和希望。她深信只要教师能爱他们，并把他们放在一个良好的集体中耐心教育，给予他们应有的尊重和信任，使他们感受到教师的爱、集体的温暖、同伴的情谊，从而认清前进的方向，看到光明的前途，从而使其丧失了的自尊心逐步恢复过来，灵魂逐步净化。因此，她巧妙地运用这道非常典型的题目唤醒他们的"人性"，使其懂得了过去的荣辱只能代表过去，从而从阴影里走了出来。

菲拉育人的做法，虽不是放之四海而皆准，但却是最佳的。我感叹我们某些教育的不得法，我们的确应从菲拉身上汲取些经验，使我们的学生更懂得爱与宽容。

二、引领学生走出"只知受爱，不知爱人"
的误区——教学生学会爱

社会主义荣辱观倡导的核心内涵是一个"爱"字，即爱祖国、爱人民、爱科学、爱劳动。可见，精神关怀、人格教育最重要的是引导学生懂得爱，教育学生学会爱。教师特别是班主任的责任就是用师爱进行爱的教育，这也是人格教育的重要内容。只有学生学会了爱，懂得感恩，懂得对生命敬畏，才能成为具有人格的人。

教学生学会爱，首先班主任要热爱学生，只有爱学生才能教学生学会爱。例如：

25年前，有位社会学教授，曾叫班上一群学生到一个贫民窟，调查200名男孩的成长背景和生活环境，并对他们未来的发展作一个评估。结果每个学生得出的结论都相同："这些贫民窟的男孩不会有出头之日的。"

25年后，其中一个大学生成了教授，他无意中在办公室的档案中发现了这份研究报告，他很好奇地想知道这些男孩的现状到底如何，因此他叫自己的学生继续做追踪调查。

调查结果是：这些男孩已经长大成人，除了有20人搬迁和过世外，剩下的 180 人中有 176 名都有很好的工作，而且还有一部分人成就非凡，其中担任律师、医生和企业家的比比皆是。

这个教授颇感惊讶，决定深入调查此事。他拜访了当年被评估的那些人，问道："你今天能成功的最大原因是什么？"结果每个人都不约而同地回答："因为我遇到了一位好老师。"

教授终于找到了这位虽然年迈，但仍然耳聪目明的老师，请教她到底用了什么办法，能让这些贫民窟长大的孩子个个出人头地。

这位老太太眼中闪着慈祥的光芒，嘴角带着微笑回答道："其实也没什么，我爱这些孩子，我尽全力给他们尽可能多的文化知识和做人的道理，事情就是这样。"

无须过多的分析，这个故事已经令人信服地说明了"师爱"的力量。"谁爱孩子，孩子就接受他的'塑造'。"因为爱可以融化冷漠和绝望，爱可以使学生懂得爱自己、爱生活、爱父母、爱祖国。对学生的爱可以改变他们的人生，使他们从悲惨的境遇中解脱出来，甚至创造出种种的人间奇迹。

教师的爱，可以理解为博大的爱、深刻的爱和智慧的爱。

博大的爱，即爱所有的学生，不管其家境如何，也不管学生是聪慧的还是迟滞的，老师要把自己诚挚的爱洒向每位学生的心田。这就是"博爱"，它体现了教育的公平和公正。

深刻的爱，说的是教师特别是班主任既要关注学生的智力，更应关注学生的态度、情感和价值观；既要关注学生的身体，更应关注其精神成长；既要关注学生的基础，更应关注学生的创造；既要关注学生的今天，更应关注学生的未来。

智慧的爱是用教育智慧去呵护学生的心灵，焕发学生生命的活力，使学生产生无穷的斗志。

师爱以尊重学生、理解学生、一视同仁、严格要求为前提，反映在班主任工作的方方面面。

一位年轻教师，要求学生分别用举左、右手表示判断的正确与错误时，突然一位女生站起来说："我不知道哪是左手，哪是右手。"全班大哗。这位老师惊讶之后立即冷静下来，他首先制止了全班的笑声，对提问的同学说："请你看好，这是左手，这是右手。"他边示范边说，"这其实并不可笑，我们每个人都可能发生这种情况，心理学上叫暂时性遗忘，据说大科学家爱因斯坦有一次竟忘了自己的姓名。"然后，他话锋一转，"哪是左右手的问题都敢提，这是一种敢于质疑问难的良好学习习惯，也是一种非常好的学习品质，有了这种好习惯，你一定能把功课学得很好。"

显然这个偶发事件，足以让老师动怒，然而他不仅没有发怒，而是认真地示范，小心呵护学生自尊、心灵和生命。这位年轻的老师之所以令人敬佩，就是因为他对学生的爱是一种智慧的爱、深刻的爱。

用师爱进行爱的教育，其中包含着让学生理解爱、学会爱，懂得知恩图报。如果学生能够感恩于给予他们爱的家长、教师、集体和祖国；感恩于他们拥有的美好生活和养育他们心灵的中华民族的文化，就能产生一种责任感，就能用心灵去反思，多一些"责人之心责己，恕己之心恕人"，就不会怨天尤人。

人是万物之灵，每个人包括每个学生都有一颗与生俱来的信仰的种子。教师要做的就是创造一种情境和氛围，让信仰的种子尽快在学生心中生根发芽，茁壮成长。

三、知荣辱、辨美丑、分善恶——引导学生知荣拒耻

目前，社会上确实存在着不知荣辱、不辨善恶、不分美丑的现象。这一切都严重地影响着学生的健康成长。因此，以社会主义荣辱观为导向，引导学生行荣拒耻，成了精神关怀的迫切任务。请看下面这个案例：

一脸的倔犟，一身的正气，一副侠义心肠，活脱脱就是一个武侠小说里走出来的义士。偏又时常是非不明，降格成了亦正亦邪的人物，他就是余林。

在几次所谓的打架事件中，都涉及了他，细细追查之后，发现他多为"帮凶"——见几个人欺负一人、见弱小敌不过强者，于是就不问前因后果，上前就是"大展拳脚"、"伸张正义"，而他帮助的往往是始作俑者。

我心平气和地与之交流，肯定了他的出发点，同时对他的行为提出建议——先分清是非，再去"断案"；拳头不是万能，道理才能让人心服口服。别说，他还能听得进去！大闹之事也就减少了。

郭老师注意引导学生明辨是非的做法是值得肯定的。要想使正确的荣辱观在青少年心中生根、开花、结果，应该从育"心"开始。

培养仁爱心。中华民族自古以来就讲究"仁爱"，这是人间最美好的感情，也是建设和谐人际关系的保证。诚如古人所云："敬人者，人恒敬之；爱人者，人恒爱之。"如果人人都献出一片爱，社会就更加和谐、美好。"仁爱心"是社会主义荣辱观的心理基础。

培养责任心。责任心是"天下兴亡，匹夫有责"的国家意识、民族意识的具体体现。当前高中生中责任心不强的问题不容忽视。培养学生的责任心要使其从对自己的生命负责、对自己的父母负责、对自己的家庭和睦和幸福负责做起，进一步引导学生对祖国的富强负责。只有"今天多做一份学问，多养一份元气，将来可为国家多做一份事业，多尽一份责任"（陶行知语）。

培养同情心。著名作家简宁曾经说过："一个人最大的最重要的能力是关心和同情别人，一切学问都是从这里开始的。"同情心就是当别人遇到困难、受到挫折、遭遇不幸时，有一种感同身受的心理体验，并毫不犹豫地伸出援助之手，去帮助、去劝慰、去分担。

培养羞耻心。羞耻心与荣誉感是相对立而存在的。有了羞耻心，在自己做错事说错话时，心里就会感到内疚、惭愧和悔恨，就会遭到自己良心的谴责。这是一个人道德的心理防线，是树立正确荣辱观的重要心理品质。俗话说"知耻而后勇"，有了羞耻心，才能构筑起行荣拒耻的"道德长城"。

四、引导学生敞开心扉——注重与学生心灵的沟通

《礼记》上说："知其心，然后救其失也。"要知学生的心，教师就要走进学生的心灵，就要了解、研究学生在想什么、做什么，想得对不对，做得对不对，为什么？从中分析、研究学生是否具有合理的需要、正确的动机，是否符合规范行为，这样才能有针对性地进行教育。因此，要与学生进行真诚的心与心的交流与沟通，特别要尊重学生，善于倾听他们的心声。

何海晶老师轻轻地走进教室。同学们都在埋头自习，只有孙建望着窗外，眼神有些呆滞。何老师径直向他走过去，发现从他的桌面上，飘下来一张纸片，就弯腰将纸片拾起来。这时，孙建才发现老师在他的身边，局促地站起来，何老师拍拍他的肩膀示意他坐下，转身走回讲台，轻轻展开纸片，上面是四行小字："天涯何处无芳草，何必非在本班找。本来数量就不多，况且质量

也不高。"何老师不动声色地把纸片放进口袋，无意地用眼光扫了一下孙建，他眼睛也在偷瞄着何老师。

下课铃响了，孙建紧跟着何老师走进办公室，低着头站在何老师面前，红着脸说："那都是我乱编的，我知道错了，您别在班里说这件事行吗？""我要公开，还会等到现在吗？"何老师笑着说："不过，我倒很想知道这里面的故事。"听了这话，他的脸涨得红红的，嘴唇动了动，但没有说话，分明有些顾虑。何老师说："请你坐下。"他仍然局促不安。何老师把椅子向他拉进了一些，说："最近心情不好？"他点了点头。"总把事情闷在心里，那就是一个结，最终会让你喘不过气来。让我来帮你，好吗？"他低声说："别告诉我父母，行吗？"何老师深深地点点头。

他深吸了一口气，讲起事情的经过。原来，他在不知不觉中喜欢上了班里的一个女同学，并真情地表达了自己的感情。谁知，那个和他有说有笑的女孩疏远了他，他不知如何是好，心里空荡荡的，似乎陷入"早恋"的痛苦。为了宣泄心中的苦闷，他写下了这首诗。

他一口气讲完了整个故事，情绪有些激动，看得出这些话已经在他心中郁结了很久。说完，他的心里已经轻松了很多。

何老师点点头："问你一个问题。有一个花园，如果让你去里面采一朵最美的花，你会在什么时候采？记住不能走回头路。"他被何老师的话问愣了，小声说："在中间吧。""为什么不在开始呢？""总要有个比较的过程吧。"他脱口而出，见何老师只是笑着不说话，似乎又明白了什么，不好意思地笑了笑。何老师趁势说："她是一个很可爱的女孩儿，我也很喜欢她。不同的人身上有不同的优点，值得别人去欣赏。外面的世界丰富多彩，就像花园里姹紫嫣红的花朵，姿态各异，韵味各有，必须经过细心比较，才能选出最佳，何必早早地把自己的心束缚住呢。退一步海阔天空，那时再选择自己心灵的港湾，不好吗？"听着这些话，他的眼神慢慢恢复了昔日的光彩。

这时何老师拿出了那张纸片说："来，我们把这首诗改改吧。第一句改一个字，'处'换'时'，成为'天涯何时无芳草'。第二句改成'何必非要现在找'如何？你来改后两句。"他不假思索地拿起笔，在后面写道："本来学业就很紧，况且年龄又太小。"看着我们的"新作"，我俩相视而笑，他笑得那样轻松，那样自信，看得出，他完全摆脱了懊恼和沮丧……

何老师意外发现学生失恋的秘密时，没有指责，没有"发难"，在尊重学生人格和需求的情况下，与学生进行了沟通，悄悄走进学生的心灵，引导学生对问题的正确认识。继而是师生共同"改诗"，这一情节非常精彩。何老师将"天涯何处无芳草"一句的"处"字改为"时"，不但顺理成章地为改后两句作了铺垫，更重要的是通过改诗巧妙地引导学生进行自我教育，也体现出何老师的教育智慧。

教师特别是班主任都应切记，处理学生犯错误时先不要急于批评，要俯下身听学生讲为什么会这样做，也许你会惊喜地发现学生犯错误背后那纯洁的动机和美好的品质。

8. 新课程背景下班级德育的艺术
——追求真、善、美的融合

　　根据高中生的生理、心理特点，科学地、灵活地、富有创造性地开展德育工作，需要方法与技巧。班主任育人工作的艺术是指班主任教育观念、职业道德和教育智慧的综合反映。

　　班主任育人艺术的领域很广阔，包括班主任工作的方方面面，涉及与任课教师、与学生及其家长交往的每时每刻。而且，由于班主任之间学识、个性、工作经历的不同，使得班主任工作的艺术风格也各有特色。下面这个案例是天津市咸水沽一中王毅老师撰写的，先引述如下：

　　屈指算来，来到咸一中工作已经三年了，当了整整三年班主任。从高一到高三，我与学生朝夕相处，从未罚过一名学生，从未请过任何学生的家长，相反好多家长怀着感激之情主动来学校见我。您可能会问："你带的班难道是一帆风顺的吗？"不是这样的，我的孩子们中也有调皮捣蛋的，也有自律性不强的，也有早恋的，也有不认真学习的……有太多应该"厚爱"的学生。这三年来，我率先垂范，处处进行德育渗透，真正做到"润物细无声"，让学生心服口服。

　　记得刚当班主任的第一次家长会，我就对家长们说："我刚刚毕业，和老教师比，我没有经验，而且太年轻，和学生相差无几，但是孩子交给我，请您放心，虽然我不是最优秀的一个，但我会是最努力的一个。"随后爆发了阵阵掌声，我赢得了家长的信任。家长会后，一位母亲把孩子领到我身边，把孩子的手放在我手心，亲切地对我说："王老师，把孩子交给您了，我相信他跟您在一起，不但会成'才'，更会成为一个大写的'人'，交给您我是一百个放心。"听完这位母亲的话，我不禁想起那句"经师易遇人师难，做到人师要红专"。

我深切地感悟到，为师者，首先应当是一位"人师"，如陶行知先生所说，"千教万教，教人求真；千学万学，学做真人"，为人师者就必须以学生为本。在这方面班主任的作用尤其重要，不但要指导学生成才，更要教会他们做人。

"站神"到"战神"的转变

齐璐（化名）因迟到总被别的老师罚站，因此同学送外号"站神"。有一次，我去查早自习，早自习的铃声早已响过，这时只见"站神"急急忙忙从走廊的一头往教室跑，见到我在教室门前突然"急刹车"。"怎么又迟到了？"她低着头怯怯地说"起晚了"。我总感觉她怕迟到已经跑得满头是汗，气喘吁吁了，再罚她真的有点过于"残忍"。我只说了一句"下次早点"，就让她回去上课了。

每次期中或期末考完试后，我都用班主任费给突出进步生，学习成绩优秀生买一些礼物，正好第二天我要表彰期中考试优秀生，这次受表彰的也有"站神"。我灵机一动，她总迟到，我为何不给她买一个闹钟，这样不但给了她奖励，在很大程度上还帮助了她。当我把礼物给她时，她笑着说道"谢谢老师"。从她的微笑中我看出，她已经明白了我的用心，从此"站神"改名"战神"。

"彪哥"不再受歧视

方彪（化名），同学送外号"彪哥"。一是因为他的名字有个"彪"字，而且留过两年级；二是因为他学习成绩差，但对语文情有独钟，喜欢研究"红学"，一举一动有点"林妹妹"的感觉。每次有老师提问到他的时候，没等他说话，其他同学就开始笑，笑中带着蔑视。

有一次，我的英语课主要讲美国概况，我让每位同学用一句话介绍美国，轮到方彪的时候，还没等其他同学笑，他就用熟练的英语说"美国的美宝莲唇彩风靡全球"。他的话音刚落，同学们哄地一下笑得前仰后合，凭他的英语水平，说出这么熟练的一句话一定是准备了好长时间，这时我激动地说"Good，Excellent"。我对学生们说："方彪同学很细心，很善于捕捉生活的细节，想法也很创新，很值得我们学习。"

接着，我又给学生讲了一个英文小故事。故事发生在一个夜间行驶的火车上，一个警察在巡逻的过程中发现一个小偷在掏一个睡觉乘客的包，听到警察的喊声，小偷拔腿就跑。这时，火车突然停下来，小偷立刻跳到一个开着窗户的车窗上，因为他想，火车停了，他从窗户跳下去就可以轻松逃脱。正在他要跳的时候，突然传来一声尖叫，顺着声音看到一个头部流着血的捡破烂的小男孩，这个孩子当时正在桌子下面捡废瓶子，火车的突然停车，使得他的头撞到桌子上流血了。犹豫了片刻，小偷并没有跳下车，而是冲向小孩，并给他进行急救。这个小偷被抓了，但他是幸运的，因为火车停的地方是一座桥，桥下是一千英尺深的峡谷。

听到这儿，学生们都很震惊，我最后总结说：在人生旅途中，帮助别人移走挡路的石头，其实也是在为自己开辟了一条崭新的路，关心、帮助别人也就意味着帮助你自己。班级48名同学，每一个人都是你的兄弟姐妹，我们不要让任何一个成员掉队。这堂课过后，轻蔑的笑声不复存在，取而代之的是喝彩的掌声。

感动高三（2）班，感动你我

中央电视台每年在岁末年初的时候都会举办"感动中国"年度人物评选活动。其实我们学生身边也有许多令人感动的事迹，我为何不在班级开展一次这样的活动，让学生们也经受一次心灵的洗礼，学会感恩呢？……班会开得很成功，下面是我摘记的颁奖词：

古人云"当官难，当好官更难"，世界上也许没有比班长更小的"官"了，身兼班长和英语课代表双重身份的他，以他积极的工作方式和人格魅力赢得班级所有同学的尊敬和信服，我们相信在这个"火车头"的带领下我们一定会达到幸福的终点。

平凡而普通的她有着不平凡的故事和成绩，她用特有的方式表达着她对班级、对同学、对老师的爱，她待人真诚热情，乐于助人，脸上总挂着和善的微笑，给人以春天般的温暖。赛场上她矫健的身姿、昂扬的斗志激励着我们每一个人。

……

一件一件的感人事迹让同学们为之动容，看到他们泪流满面的样子，我感到欣慰。我的教育目的达到了。

又是一年丁香花开的季节，这几天写毕业留言，照毕业照，学生往家收拾行李……一系列的活动不免让人有些伤感，又是一年离别时，过几天学生就回家复习，调整状态了。今天是最后一堂课，我默默地贪婪地看着他们，感受着这最后一刻。几个学生似乎感到了什么，抬了抬头，又低下了，更多的人似乎总低着头。我终于开口了："马上就要分开了，每个人都说一句话吧。"我的喉头哽咽了，站起来的每一名同学都泪流满面，我的泪水也夺眶而出。我们一起回忆这几年的点点滴滴，每个人都说出了对班级的祝愿，对老师同学的祝福。最后一名同学的总结发言是："如果我是高三（2）班眼中的一颗泪珠，我会顺着脸颊轻轻滑落到你的嘴边，滋润你的双唇；如果高三（2）是我眼中的一颗泪珠，我今生都不会哭，因为我害怕失去。"这是我做人师第一次痛快地哭，泪水咸咸的，心却是热的。我发现我的孩子们长大了，孩子们又送给我一本留言册，和48颗小星星，每一页留言都述说着浓浓的师生情，每一颗亲手叠成的星星无不诠释着孩子们对我的爱。

有人说幸福是一种感觉，有人说一根教鞭，两袖清风，教师有太多的清贫和酸楚。但我却想说，我们也拥有天下独一无二的富足和甜蜜，这份独特的财富，会一直激励着我走过我的教师生涯。过几天，我的学生们即将走向战场，作为他们的老师，他们的学长，我无法给予他们更多东西，只能倾其所有，为他们祈祷，为他们祝福。

王老师选取了高中三年班主任工作中的四件感人至深的事例，显示出他对工作的热爱和干好工作的自信，其中包含了宽容、激励、谈话、启发和暗示等多种班主任工作方面的艺术，值得我们借鉴。

一、不愤不启，不悱不发——启发的艺术

在物理课上，男同学小敏总是喜欢说话，影响周围的同学听课，任凭刘老师怎样教育，他就是置之不理。刘老师忍无可忍，终于发怒了，他拉住了小敏的手，把他请到了校长办公室。小敏低着头满脸沉重地坐在那里。

班主任王老师得到了消息，飞快赶到了校长室，坐在小敏旁边，一言不发地看着他，稍后，平静地问道："你现在感觉怎么样？"

"还好。"小敏颤声地回答。

这时，只见王老师随手在一张白纸上用简笔画画了四张脸谱：高兴的、悲伤的、发怒的、尴尬的。小敏在旁边饶有兴趣地看着老师把画画完。王老师把

笔递给了小敏，对他说："请你仔细辨认一下，此时哪张脸最能代表你的心情？你可以在下面打个勾，行吗？"

小敏狠狠地在发怒的脸谱下打了个勾。

"你现在非常生气，是吗？"

小敏点了点头。

"你现在能不能告诉我，为什么生气呢？"

"刘老师抓疼了我的手。"小敏让王老师看了看他手上被抓红的地方。

"不过，你是不是也使老师很生气，就像你的手被抓红了一样？"小敏点了点头。

"你能不能在这些脸谱中，找到老师的心情？"小敏很快地在发怒的脸谱下又打了个勾。

"你知道老师生气的原因吗？"王老师又问。

"因为我没听老师的话，总是讲小话，影响别的同学听课。"小敏低下了头，露出了一丝歉疚的尴尬。

"那你喜欢看老师的笑脸还是发怒的脸？"小敏抿着嘴笑了，好像在说："这还用问吗？"

"你知道以后上课该怎么做了吗？"面对王老师的提问，小敏的头埋得更低了，他用力点了点头。

在整个过程中，没有任何板着面孔的斥责与说教，有的只是循循善诱的引导与平心静气的交流，而问题却迎刃而解，这便是班主任工作的艺术。

学生是教师劳动的对象，教师特别是班主任始终与学生联系在一起，班主任的生命历程是伴随着学生的健康成长走完的。热爱学生不仅是班主任工作的需要，也是发扬中华民族传统道德的需要；不仅是班主任的天职，也体现了班主任对自己所从事的神圣职责的执著追求，以及在工作实践中产生的教育智慧，形成的责任感和精神境界。

二、有时宽容引起的道德震动比惩罚
更强烈——宽容的艺术

下面这个案例可让我们借鉴的东西很多。

意大利爱米契斯在《爱的教育》一书中写下了教师宽容和仁爱的许多事

迹，最感人的莫过于《十月·宽宏大量的品德》一节所写的事：

　　失去理智的科罗西·弗朗蒂掷去墨水瓶，正好打在来上课的年轻女教师的胸脯上，老师非但没有责怪他，反而用亲切的话语安慰他，温暖他，因弱小而备感压抑的科罗西从中得到力量，从此渐渐抬起自卑的头。一个残缺的灵魂就在宽容的港湾中找到了航向。

　　一位还在师范大学读书的学生，这样回忆中学的一位老师：我为了在考试中一鸣惊人，从窗户跳进老师的办公室，想偷一张试卷。这时，老师正好走进办公室，我紧张地钻到办公桌下。没料到这时老师却说："你不要害怕，也不必回头，回答我的问题只需点头或摇头。""你是不是想找一件你现在不该得到的东西？你是不是觉得这是不对的？今后不会再发生了？"我惭愧地点着头。"那好了，现在什么事情也没有发生过，明天你照常到教室上课，你还是一个好学生。"自此以后，老师从没有提起过这件事，我也真的懂得了应当做个堂堂正正的人。今天，我选择了老师这个职业，要像我的老师那样，以自身崇高的人格、博大的胸怀为学生做出示范。

　　宽容会使我们避免因情况不明而失去理智，造成难以收拾的后果。俗话说："仁者无敌"，其实质就是宽恕、包容。教师们常说："宽容是一种智慧、是一种修养和美德、是一种教育方式，作为优秀教师都应以宽恕、包容之心对待学生。"这无疑是非常正确的。

　　雨果说过："比大海更宽广的是天空，比天空更宽广的是人的心灵。"对教师而言，宽容是一种境界，是一种艺术，更是一种智慧。教师能够在非常生气的时候，宽容地对待自己的学生，意味着他的教育思想更加深刻，胸怀更加宽阔，情操更加高尚，教育方法更加艺术。

　　为人师者，年岁长于学生，知识多于学生，阅历丰于学生，涵养胜于学生，为什么不可以宽容学生的缺点呢？"年轻人犯错误，上帝也会原谅"，何况处于成长之中，尚还蒙昧无知的学生呢？我们可以深信，这样的学生一旦长大，都会感谢您——敬爱的老师，而且会深深地把您记在心中。宽容那些暂时迷失方向的学生吧！您的宽容的种子，也一定会获得智慧的果实。

　　当然宽容也不是没有界限的，因为宽容不是妥协、姑息，不是放纵、迁就，而是在严格要求的前提下，对犯错误学生的理解、尊重，给予其充分反思的时间，给予其改过自新的机会，使他们最终改正错误。

三、袖手无言味更长——等待的艺术

教育的等待，需要"袖手无言味更长"的含蓄和智慧，需要教育工作者以更多的耐心去促进学生的感悟。因为，学生接受教育的过程是把外在的教育内化为自身素质的过程，一切均在潜移默化中苏醒。这个过程需要等待。等待的结果或许暂时让人不能释怀，甚至有所失望，但只要我们充分信任学生，他们最终会非常优秀，尽管可能不是在学校。我们决不因为一张白纸上有个黑点，就否定这是一张白纸。白纸固然纯洁，但有一点"瑕疵"的白纸未尝不会更美丽。

丹尼斯把自己在游乐场抽奖得到的10美元拿到班上，同学们都羡慕极了。这时，大家都走出教室忙着去做游戏。库伯在收拾自己的东西时，发现那张钞票就在前面的课桌底下，他忙喊丹尼斯，可是没有人答应。这时一个念头在他脑子里一晃，他悄悄拾起了那张钞票。虽然没有人注意到，但是一出教室，库伯就后悔了，一个声音总是在他耳边——那不是捡，那是偷！他内心矛盾极了，最后决定第二天找个机会悄悄还回去。谁知，丹尼斯当天就发现自己丢了钱，并告诉了老师，全班同学都被留了下来。

大家都不承认。丹尼斯的爸爸也来到了学校，出人意料的是，他是一位警察。他把厚厚的两摞信封分发给每个孩子，说："我敢肯定这班里没有小偷！有的只是犯了错误的孩子，而且他目前还没有勇气承认错误。怎么办？我给大家的信封里装着我画的红太阳，没有犯错误的孩子明天把信封好交给丹尼斯；犯错误的孩子把10美元装在信封里交给丹尼斯，请留下信封里的太阳，等你有勇气认错了再还给我。"第二天，丹尼斯果然收回了自己的钱，信封里也少了一个"小太阳"。

很多年后，库伯也当了一名警察，他十分正直，在岗位上抵制了许多的外在诱惑。有一次，他因破获诸多重大案件而获嘉奖，给他颁奖的竟是多年不见的丹尼斯的爸爸。当他们相互致意后，库伯从口袋里拿出一张白纸慢慢展开，上面画着一个闪着金光的红太阳，空白处是一行孩子的字迹："我知道今天犯了错误，是我拿走了丹尼斯的10美元……"

成长中的学生难免会出现错误，面对学生的问题和不足，育人者需要像盼日出一样去等待，给学生一个认识和反省的机会。真正的师爱不是无原则地对孩子提出要求，不是主观上希望孩子立刻能达到自己的某种标准、立即具备某种素质，而是时刻注意维护他们的自尊，多给他们一些成长和认识的时间，给他们自主改正缺点、弥补不足的机会。相信这样的教育一定会帮助每一个育人者逐渐成为孩子们心目中的"红太阳"，一定会帮助每一个孩子像红太阳一样沿着自己的、健康的轨道升起在自己的天空。

等待是一种艺术，是一种对未来的期盼，更是一种境界。只有用心灵呵护学生的老师，才会从含着露珠的嫩芽中嗅到硕果的清香。

四、在不显山不漏水之中——暗示的艺术

钱梦龙在外地上公开课，一位同学迟到了，站在门口十分难堪，钱老师和蔼地说："这位同学虽然迟到了，却是十分喜爱学习的好学生。你们看，他跑得头上都冒汗了。这说明他心里很着急，想把迟到造成的损失减少到最低程度。"这个学生消除了尴尬，很快投入了课堂，成了最踊跃的发言者。

这个案例告诉我们，暗示是一种在师生间不存在对抗态度的前提下，通过含蓄的语言、示意的举动和诸多间接的方式，巧妙地向学生发出积极的、暗示的期望信息，从而使其产生积极的心理反应和行为方式的教育方法。暗示的关键是"示"，即对学生的发展目标与行为方向给予暗示和期望，促使其领悟，达到自我教育的目的。

心理学家们研究的结果还证明，影响暗示效应大小的因素大体有两个方面：

一是与暗示者的权威性有关。权威越高暗示效应越大。这就是教育工作者所熟知的"罗森塔尔效应"（也称"皮格马利翁效应"）。

二是与被暗示者的年龄和阅历有关。一般情况下儿童要比成年人更容易接受暗示。

教师特别是班主任除要重视语言暗示外，万万不可忽视神情体态的暗示。神情和体态是师生交往沟通的特殊的信息传递方式，更能体现暗示的示意性特点。我们应特别重视神情体态不可言传、只可意会的暗示功能。一颦一蹙、一愠一嗔、一个手势、一种姿态都能引起学生的情感体验和心理活动，高中生对此更加敏感。例如，有个别学生上课不专心听讲，思想开了小差，教师不必点名批评，可在讲课的同时向他投去专注而严厉的目光，学生自会从教师的目光

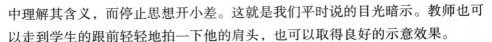

中理解其含义，而停止思想开小差。这就是我们平时说的目光暗示。教师也可以走到学生的跟前轻轻地拍一下他的肩头，也可以取得良好的示意效果。

有的时候耐心倾听学生讲话所传递的暗示信息，可以代替甚至胜过向学生说话所传递的信息，而且这种暗示信息更为强烈。

五、让学生有话敢说，有意见敢提——沟通的艺术

沟通是人与人之间交往的"工具"，双方都处于主体地位。无论双方的地位、知识有多大差异，也是民主平等的。要承认学生具有独立的人格尊严，不居高临下，不以权威者自居，真正尊重、理解、信任学生，和他们交朋友，努力创设融洽和谐的沟通氛围。由于师生平等相处，所以学生能够真心实意地把班主任当成"自己人"，而产生"自己人效应"。

语言是师生情感沟通的最主要的方式。苏东坡曾经说过："言有尽而意无穷，天下之玉言也。"例如：

有位一向以管理严格闻名的杨老师当了一个差班的班主任，学生们预感到今后的日子不好过了。第一次上课，有个同学在黑板上写了几个斗大的字"杨××，请出去！"杨老师迅速控制住即将爆发的情绪，说："同学们，看来你们今天是在以一种不欢迎的方式来考验我。你们写的'请出去！'这三个大字，几乎一下子把我打蒙了，幸亏我发现你们是很懂礼貌的，你们知道吗？这个'请'字叫我好感动啊，如果你们改成'滚出去'，那我可真的无地自容了。因此，我在这里真诚地说一声：'谢谢大家，特别要谢谢写这六个字的同学。'同时，我请求你们收回成命，让我留下来，我会成为你们喜欢的好班主任。"这位班主任的做法一下子赢得了全班学生的好感。

这是一个需要班主任当机立断迅速解决的案例。面对这种尴尬的场面，他控制住了自己的情绪，没有因为学生对自己的不敬而发火，而且用幽默的语言缓解了这种紧张的气氛，也为自己找到走出尴尬的台阶。

非语言形式的沟通也很重要，这种方式往往贯穿于师生情感沟通的整个过程。对于进一步阐明观点、传递信息、表达情感具有重要意义。一个手势、一个微笑、递上一杯水、耐心倾听都是重要的非语言沟通方式，都传递着积极的信息。有一个故事，一直萦绕在我的脑海。

穿山跨谷，铁路终于伸到了封闭、落后的大山深处，嘹亮的汽笛唤醒了沉

睡的山里人，飞驰的列车，载着山里人的梦想远去。有一个小男孩，天天站在火车开过的对面山头，向飞驰的列车挥手致意。他多么盼望列车里的旅客也伸出头来，给他一次挥手回礼；或探出头来，给他一个微笑回报。一天，两天，三天……他始终没有看到。男孩想，为什么他们都不理睬我呢？是因为我们这里太贫穷，还是因我长得太丑陋，或是自己站错了位置？他百思不得其解。于是，他失眠了，病倒了，食不甘味，但他仍然天天硬撑着准时站在那里挥动他的小手。

男孩的父亲走出大山四处求医。可是，走了许多家医院，医生的回答都是一致的：没药治这种病。在回家途中的客栈里，男孩的父亲夜不能寐，唉声叹气，惊醒了同房的陌生中年旅客。中年旅客问他有何难处，那位旅客听完父亲讲述了原委。中年旅客听后只是大笑一声，二话没说，继续做他的美梦。

第二天早晨，男孩的父亲醒来，四处寻找这位中年旅客，想再求教于他，但这位旅客早已离开了客栈。

太阳下山时，男孩的父亲无奈地回到了大山，未到家门，妻子便欣喜若狂地迎出来，大声喊："儿子的病全好啦！"

这天中午火车经过这座大山时，终于有一位中年男子将半个身子探出窗外，拼命地向男孩挥手，男孩更是边追赶边起劲挥手。火车消失了，但中年男子挥手的形象深深刻在男孩的脑海里。男孩的病不治而愈了。

原来，这位挥手的中年男子就是那位大笑一声、不辞而别的中年旅客。他深知男孩患的是什么病，应该怎样医治。于是，他改变了自己的行程，一早起来赶上那趟列车，向小男孩真诚地挥手，尽情地挥手。

从"小男孩挥手"这个故事，你悟到了什么？

与人沟通，与陌生人沟通，是小孩的天性，即使是身处封闭境地的小孩，同样有着这种强烈的渴望。小孩是单纯直观的，他还不善于用理性的思维去探究。比如飞速向前的列车，里面的旅客会不会注意到他；远处山头上小不点的挥手，对方是否能看清并理解……这些小孩都不会去想。当他的全情投入得不到相应回报时，他更多的是从自身去寻找缺憾，因而郁闷成疾。我们的教师、家长，是否发觉周围的小孩时常在向你"挥手"呢？而你是否时常给予真诚的回报呢？

从中年旅客的行为又悟到了什么？

一位多么富有人格魅力的行者！他笑而不答，不辞而别，但胸有成竹，心到神知，是高人；他既不给男孩父亲以无谓的安慰，也不向男孩进行世俗的说教，只是抓准时机，对症下药，药到病除，是智者；他不动声色，不着痕迹，只是把责任、关怀借助列车留给大山的男孩及其一家，是雅士；他身用四方，神交万物，神通尽显，如同千手观音，哪里有难就普渡到哪里，把希望和未来留在那里，是"神仙"。

为师者的榜样是谁？就是那位中年旅客！大家都清楚，高中生的学习压力很大，他们几乎把自己封闭在教室里、书本里。班主任应关注他们的心理需要，采取多种方式与他们进行沟通，以保持其健康的心态。

六、启动远航的风帆——激励的艺术

人民教育家陶行知在任育才小学校长时，发现王友用泥块砸同学，立即予以制止，并让他放学到校长室等候。

陶行知回到办公室，见王友等在门口，立即掏出一块糖送给他："这是奖给你的，因为你按时到了"。接着又掏出一块糖给他："这是奖励你的，我不让你打同学，你立即住手了，说明你很尊重我。"王友将信将疑地接过糖果。陶先生又说："据了解你打同学，是因为他们欺负女生，说明你有正义感。"于是又掏出第三块糖给了他。这时王友哭了："校长，我错了，同学再不对，我也不能采取这种方式。"陶校长满意地笑了："你已认错，再奖你一块，我们的谈话可以结束了。"

这个故事在我们教师中广为流传，陶行知校长对王友的错误没有批评和指责，只有恰到好处的赏识和奖励，却使王友同学哭了，深刻认识了错误，为什么会有如此的奇效？我们将从中得到什么启示与借鉴呢？

美国心理学家威廉·詹姆士曾经说过，"人的本质中最殷切的要求是：渴望肯定。"对待缺点较多的学生，要竭力去寻找他们的"优点"，哪怕是沙里淘金，哪怕是用高倍放大镜，要对那些可能是微不足道的"优点"，发自内心地赞扬和鼓励。这样你就洞悉了他们的心灵，就像绿茵场上拉拉队的呼喊，能激发他们拼搏的勇气。所以，我们必须用欣赏的目光看待学生，体会学生生命中的丰富性、主动性，关注他们成长发展的每一点进步，使其陶冶在成功的喜悦中，让他们更多地拥有健康的心态、健全的人格和自信的人生。

是啊！教育理论和教育实践告诉我们：每个学生都渴望得到老师的关注和

关心。一个表扬，一个微笑，对成绩好的学生是锦上添花，对那些暂时落后需要鼓励的学生是雪中送炭。锦上添花轻松且美丽，雪中送炭辛苦但重要。因此，我们要把爱撒向每一个学生。

这就告诉我们欣赏也要面向全体学生，关心爱护每一个学生，尊重学生的人格，平等、公正地对待学生，"让每一个学生都抬起头来走路"（苏霍姆林斯基语），这是我们的天职。"后进生"并不是不可救药的坏学生，他们不坏，我们不要让"马太效应"束缚我们的思想，关心一下他们吧，他们会变为可爱的"钻石"。

七、智慧人生的结晶——应变的艺术

有一个全校闻名的乱班：课间你追我撵，你喊我叫，人仰马翻，桌子倒椅子歪，乱得像马蜂窝；课上淘气鬼时不时闹个恶作剧，不是这个女同学的辫子被系在椅子背儿上，就是那个女同学被毛毛虫吓得哇哇叫。任课老师硬着头皮来，带着满肚子气去。几位老师被气得辞去班主任。这回学校领导下狠心，把任毕业班课的张万祥老师抽出来带这个班。因为学校领导认为张老师有二十多年教龄，又是个优秀班主任，理应接手这个乱班。这第一节班会、这第一次亮相关系到日后教育的成败，张老师的心里像有十五个吊桶一样——七上八下。上课铃响后，与以往不同的是教室里很快就静了下来，几十双眼睛好奇地注视着早站在门口的张老师。那几个全校有名的淘气大王也异乎寻常地安静地坐在各自的座位上，似乎在等待什么。张老师慢慢地走向讲台，心里不免有些紧张。忽然不知为什么，脚下一滑，摔了个仰八叉。"哈哈哈……"几个学生首先大笑起来。"哈哈哈……"不少学生也随声附和。张老师低头仔细一看，原来地上有块西瓜皮，显然这是个陷阱。张老师不禁气撞心头，想大声呵斥，随即又想：大发雷霆、暴跳如雷恐怕正中淘气鬼的下怀，以后这壶醋可就难喝了。可是怎样下台呢？张老师灵机一动，计上心来。于是慢慢地站起来，慢慢地走到讲台旁，语重心长地说："同学们，这就是我给你们上的第一课：一个人可能摔倒，但他仍然可以再站起来！"那笑声立即消逝，教室里出奇的静。顿了顿，张老师又借题发挥说："在人生道路上，不会没有崎岖，跌倒在所难免。跌倒并不意味着失败。从哪里跌倒，就从哪里站起来，勇敢地走下去，就会获得成功。"在动情的话语中，全班鸦雀无声，接着是一阵热烈而持久的掌声。那几个搞恶作剧的淘气鬼也不好意思地鼓起了掌。张老师知道自己的一席话打开了学生的心扉，他看到了希望，也备感欣慰地笑了。经过反复努力，这个班终于旧貌换新颜，甩掉了乱班的帽子。

读了这个案例，我越发觉得马卡连柯说得好，"教育技巧和必要特征之一就是要有随机应变的能力"。班主任的应变能力是指其在教育教学中，面对各种始料不及的棘手问题时，能够熟练地把握教育教学规律，机智地变换教育教学方法，灵活而不呆板、巧妙而不生硬地作出处理，并对学生进行因势利导、因材施教的能力。

应变，是根据变化的情况，将观念、方法、手段作相应的变化，及时、果断、能动地驾驭教育教学工作，变被动为主动、化消极为积极。应变是教育智慧的体现，需要当怒而不怒的自控力、迅速而准确的判断力和审时度势的变通力。

八、没有惩罚的教育不是完整的教育——惩罚的艺术

《中华人民共和国未成年人保护法》给体罚套上了紧箍咒，然而，在不少学校，体罚和变相体罚仍时有发生，只是手段变了，隐蔽性增强，对学生的伤害也更深了。反对体罚和变相体罚不是不要惩罚，但是，惩罚必须建立在热爱学生的基础上。许多教育者对犯错误的学生、学习后进生，往往缺乏这种爱心和智慧。不管是对自己的学生，还是对自己的孩子，总说一些不尊重人格的所谓"恨铁不成钢"的话，而缺乏把铁炼成钢的耐心和艺术。其实呢，这只能说明"恨铁"的人在教育上有点黔驴技穷罢了。教育往往如打铁，你不但要学会给铁加热，还必须有锻铁的纯熟技术，才能打造出理想的成品。

在美国某学校任教的弗洛斯特女士，是一位有名的严师，而且令大家心服口服。在一次数学考试之前，弗洛斯特女士照例从墙上把那块人尽皆知的松木板子取下来说："我们的教育以诚实为宗旨，我决不允许任何人在这里自欺欺人，虚度时日，这是浪费你们的时间，也浪费我的时间，而我早已年纪不轻了，奉陪不起——好了，下面开始考试。"班里有这样两位女孩：一个叫兰妮·麦克穆林，一个叫伊丽莎白。兰妮·麦克穆林勉强做了一半，就被卡住了，任凭绞尽脑汁也无济于事，她顾不得弗洛斯特女士的禁令，暗暗向伊丽莎白求助，并把她传来的纸条上的答案抄在试卷上。

这次作弊使两个姑娘度过了一个难熬的周末，于是两位姑娘决定去自首。周一下午两位姑娘战战兢兢地站到老师身边说："我们知道错了，以后永远不干这样的事了……""姑娘们，你们能主动来认错，我很高兴，这需要勇气，也表明你们向善之心。不过大错已铸成，你们必须承受后果，否则你们不会记住！"说着老师拿出一个松木板子，要对她们进行惩罚。老师叫她们各自趴在中间隔着一张大办公桌的两把椅子背上，不许相互看。"啪"的一声，惩罚开始了。麦克穆林觉得伊丽莎白在替自己挨揍，她流着眼泪哀求老师不要打伊丽莎白，而应该打自己。但接着又是"啪"的一声，似乎板子打在伊丽莎白的身上，而在伊丽莎白听来，板子却是打在麦克穆林身上。过了一会儿，她们几乎同时抬起头来，看到老师在加了垫子的木椅子上重重地"啪"了一下，这才恍然大悟。这便是她们接受到的"体罚"，并无肌肤之痛，却永生难忘。

读过这个案例的老师们都说弗洛斯特女士处理这次学生作弊问题，表现出高超的教育智慧和教育艺术，有的还说：这是一次最富魅力的"体罚"了。这个观点我是赞成的，为什么呢？我想起码有两条理由：

第一，这是一次不是"体罚"的体罚，考试作弊的两位姑娘的屁股没挨一板子，却痛哭流涕，懊悔万分，终生崇拜这位严格的老师，终生不忘这次特殊的体罚，这恰似《孙子兵法》上所说："不战而屈人之兵，善之善者也。"教育何尝不是如此！

第二，她一方面肯定了学生主动承认错误需要勇气，另一方面又让学生知道："大错既已铸成，必须承担后果。"如果不罚，学生就不知道纪律的神圣。另外，犯了错误的学生，一旦认识自己错了，如果看到别人代自己受罚，会更加懊悔自己。老师正是出于对儿童心理的这种准确把握，才决定实施"打板子"这一惩罚手段。然而体罚毕竟是不允许的，如何能让犯错误的学生心灵受到震撼，又不伤害儿童的身心健康，弗洛斯特老师在这一点上表现出高超的教育艺术。

九、话多不如话少，话少不如话好——与学生谈话的艺术

班主任在履行职责中，要做到管理育人、教书育人、服务育人，就离不开与学生谈话。因此，班主任一定要修炼语言艺术，或含蓄幽默、或一语双关、或言在此意在彼，使自己的语言具有艺术魅力。

谈话，是为了实现一定目的而同一定的对象进行信息交流的一种方式，谈话包括个别谈话、集体谈话、书面谈话和网络谈话。一般而言，谈话的双方是平等的、双向的，因此，也称之为"对话"。本章重点阐述个别谈话。

个别谈话是指班主任根据思想工作的需要和学生的具体情况，与某位学生进行的单独交谈。这种单独交谈比报告会、集体谈话所进行的情感交流、思想碰撞更具有直接性和针对性，效果会更理想。因为，个别谈话，可以根据学生不同的个性特点、气质类型、思想道德水平和认识水平，采取不同的谈话方式。

（一）掌握几种谈话方式

为了取得理想的谈话效果，不妨试试下列几种谈话方式：

1. 体贴入微型

我们不管对哪类学生都应当关心、体贴、爱护，不仅要对学生生理上的要求做到及时地反应，对其心理要求更要具备特殊的敏感和关注。在和他们谈话时，要恰如其分地表达自己对他们的期望，展现无微不至的关怀，尤其是对后进生或犯了错误的学生更要通过尊重、关怀的给予，处理好"情与理"的关系，在以情暖人、以情感人的基础上，达到以理服人。

2. 含蓄暗示型

我们要善于利用学生容易接受暗示的心理特点，在与学生谈话时，不要把要说的话全盘托出，而要留有余地。通过暗示手段，委婉地提醒学生，启发他们的自我意识，提高他们自尊、自信和自我教育的能力。当然，班主任的语言也不能太神秘，否则会造成学生的精神负担。

3. 设疑提问型

高中生善于思考，思维敏捷，具有较高的接受能力和自我评价能力，和这样的学生谈话，班主任可以采用师生相互探讨的谈话方式。班主任要把谈话要达到的目的，通过设疑提问的方式，传达给学生，以引起他们的思考，调动他们思维的积极性，让他们去做自我分析、自我评价。提问要防止生硬，更应避免质问或审问。

4. 直接批评型

这是一种措辞尖锐、语调激昂的谈话方式，多用于对那些精神不振、不服教育、自由散漫、自我控制能力差的学生。采取直接批评型的谈话方式，主要是为了指出缺点错误的实质和危害。应当强调的是，这种谈话方式，更应该体现爱生的感情，表达出教师对其寄予的期望。和这类学生谈话，我们还要善于发现他们的优点或"闪光点"，及时地、公开地给予表扬，而批评却要注意场合，如果没有特殊情况，不能在集体或其他教师、同学面前公开批评，而应选择对方较为满意的地方谈，使其打消顾虑。这样容易收到预期效果。

上述几种谈话方式，不一定能够对号入座，班主任可根据学生的具体情况，或侧重运用某种方式或几种方式综合运用，这要因人、因时、因事而定。

（二）创设相互信任的气氛，化对立为友善

大家都知道，1936年周恩来代表中国共产党去西安处理西安事变，和蒋介石谈判。由于西安事变，蒋介石极度恐慌和气愤，与中国共产党处于极端对立状态，谈判是非常困难的。可是，当周恩来走进蒋介石的卧室时，他却以同蒋介石在黄埔军校同事和私人交往的角度，给蒋介石恭恭敬敬地行了个军礼，并叫了一声校长，蒋介石的对立情绪一下子得到缓解，为谈判的顺利进行奠定了基础。

同样，在与学生谈心时，也要创设相互信任的气氛，缩小师生间的心理距离，这是提高谈话（对话）效果的前提。我们的工作，不是压人、整人、唬人、骗人，而是了解人、关心人、疏导人、影响人、激励人；不是让学生在我们的面前低下头，而是让他们都能抬起头来走路。这就需要与他们建立情感联系，增加情感的融洽度。班主任对他们的爱憎、苦乐应及时作出反应，形成彼此理解的基础，这样师生才有共同语言。

记得在我刚接一个高二班级的班主任时，任课教师们反映说："小薛是个小滑头，从不和老师说实话，和他谈话，谈不出什么名堂。"这位小薛也就引起了我的注意。我观察他，有意识地接触他，却没有急于找他谈什么，而是在一些集体的场合，主动地、恰如其分地联系班里同学们的思想实际，讲述自己学生时期的情况，既讲为了实现理想努力拼搏的情况，又讲老师对自己的帮助；既讲成功的欢乐，也讲受挫折的沮丧。我发现，不仅同学们爱听，小薛也听得入了神，眼睛里闪动着激动的光芒。很显然，我们之间的心理距离在逐步缩小。看到小薛有了细微的变化，我心理暗自高兴。但是，在平时他对我仍然是不冷不热，敬而远之。

不久，班里发生了这样一件事，当我走进教室准备上课时，发现黑板上有一个戴眼镜的画像，旁边还写着"杨某某"三个字。看完了，我表现得很严肃，班里的气氛有点紧张，沉默片刻，我说："咱们班里没有姓杨的吧？看来这位'杨某某'便是在下了。画得不错啊，比我本人要漂亮多了。"同学们笑了。我接着说："咱们班里的黑板报正缺一位美化师呢，看来非他莫属了。"同学们的目光一下子集中到了小薛身上，这时我也发现他的脸红了，我顺势擦了黑板，准备讲课。小薛举起手来承认是他画的，并作了自我批评。我这时说："没关系，可是你别忘了黑板报，今天的事只算你毛遂自荐吧，我还要感谢你呢！"同学们又笑了，小薛也笑了。

（三）把握谈话时机，选择谈话环境

俗话说，"打铁看火候，穿衣看气候"，班主任和学生谈话（对话）也要看时机，谈早了条件不成熟，达不到预期的目的，谈迟了，事过境迁于事无补。所以，班主任和学生谈话（对话），必须抓住有利时机。一般地说，在学生不愿意谈或学生正处在气愤之时，教师却要谈，心理障碍就会产生，就不会有好效果。只有在学生取得进步或心情愉快的时候谈，效果才会好。同时，谈话的环境也是提高谈话效果的重要条件。把谈话选择在最能解决问题的地方，使师生在宽松和谐的环境氛围中推心置腹地交流感情、交换思想，班主任才有可能向学生施加有效的影响。你所灌输的信息才会被学生接受，并使之付诸行动。

我带过的高一（7）班有这样一个学生，她大错不犯小错不断。一次，她违反了课堂纪律，下课后，我立即找她到办公室谈话，无论我如何苦口婆心，她都一直低头不语。我一直琢磨谈话失败的原因，却不得要领。后来我发现她乒乓球打得很好，就推荐她参加了校队。在一次与兄弟校比赛时，她生龙活虎，勇猛果敢，打得十分出色，观看中我情不自禁地为她叫起好来，她也用友好的目光回敬了我。在她下场休息时，我抓住这个机会，在赞扬她为学校争了光，也为班集体争了光的同时，启发她在遵守纪律方面也一定能为班集体争光，她兴奋地点着头。这时我顺势问她："上次我找你谈话，你怎么沉默不语给我个'徐庶进曹营，一言不发'？"她不好意思地说："当着那么多老师的面多不好意思。"我一下子明白了，在那种场合下谈，确实没有考虑到学生的自尊心。可见，和学生谈话，一要把握事情的缓急，二要把握学生的情绪特点，三要选择好谈话的场合。

　　记得班里还有位女同学，期中考试两科不及格，任课教师在班上批评了她，她很灰心，整天无精打采，学习成绩每况愈下。这时，我听说她母亲，一位卫生学校毕业的中专生，却在一项科研项目中取得了优异成绩，受到上级表彰。我觉得这是一个好机会，于是立即去家访，借与其母谈科研中的困难和取得成绩的艰辛，谈到了学生的学习。在这位母亲的密切配合下，该学生受到了很大启发和教育。她激动地对我说："杨老师您放心，我一定能赶上去。"接着我又帮助她分析了这次考试失败的原因，指导她改进学习方法。从此，这位同学的精神面貌有了明显的变化，可见，把握时机，选择宽松和谐的谈话环境是何等重要。

　　能否把握时机，选择最佳谈话环境，是班主任有无正确的教育思想和教育机智的表现。它要求班主任必须深入了解学生的心理特点、思维特点，必须站在学生的角度，用学生的观点去思考问题。要理解他们、尊重他们，要以诚相待，这样才能使学生的心灵之窗向你打开。

（四）提高运用语言的艺术

　　语言是交流思想的工具，是一切教育方法的基础。和学生谈话时，班主任应特别注意自己的语言运用。常言说："良言一句三冬暖，恶语伤人六月寒"，班主任要站在学生的立场上，用便于学生理解和接受的语言，使学生从中体会到教师的友谊而感到温暖，受到鼓舞，否则学生则会从班主任的语言或非语言信号中寻求拒绝和敌对信号，使谈话归于失败。如何运用语言呢？一般要注意以下几个问题：

　　1. 实事求是，不夸大不缩小

　　在与学生谈话时要以运用报道性语言（客观性）为主，附之以推理性或判断性语言，这样可以使学生有"实事求是"之感。因为这样的话不是去指责、批判，而是让学生根据事实来评判自己。这样做，学生就会作出自知的反应，并提高自我调节的能力，对自己的语言和行为负责。如果谈话中，班主任随心所欲地把谴责加到学生身上，就会使学生产生委屈、迷惑或恐惧。学生认为自己的人格被贬低了，师生间就缺乏了共同的基础，谈话效果自然不会好。

　　2. 善于运用"释义技术"

　　为了防止或消除师生谈话时出现的分歧，班主任要善于随时运用"释义技术"，向学生讲明自己某些话的含义，提高学生对自己语言的可接受性，使其正确理解。这样也可以传达班主任积极的情感和兴趣，提高师生合作和谈话效果，使师生关系密切。

3．非语言的表达方式

师生谈话时，班主任的谈话声调、面部表情、动作姿态、仪表态度，都会直接刺激学生的感官，引起不同的心理效应。因此，班主任要特别注意运用好这些肢体、神态表达，使学生感到教师亲切，受到鼓舞。如一位学生犯了错误，班主任在与其谈心时，既要严肃地指出其错误的实质，晓之以理、晓之以利害，又要通过肢体、神态的表达，使学生感到教师的目光充满着期望，表情带着慈母的温暖，无形中使师生心理距离缩小。

4．使语言具有启发性和鼓励性

教师和学生谈话时要运用引发思考的问题，激励学生自我评价，自我教育；要以表扬、鼓励为主，在肯定学生优点的基础上，批评其不足，调动他们自我完善的想法；在批评缺点错误时，要切忌不顾学生自尊心的单纯指责，更不能讽刺挖苦，要本着治病救人的宗旨，做到语言有分寸。教师的语言美，可以使学生随时都能感到教师的爱，从而增强自信心。

师生谈心时，教师还要使自己的语言既有知识性、思想性，又充满幽默和风趣，具有趣味性，使谈心在宽松和谐的气氛中进行。

5．调整谈话的方式

教学中，凡善于变枯燥为有趣、变复杂为简单、变困难为容易、变抽象为形象、变难懂为易懂，以及变凌乱为条理、变死板为活泼的教师，都能提高教学的艺术效果。

班主任与学生谈话也有一个变换角度的问题。记得有位班主任曾经总结出几种变换方式的经验，整理如下：

（1）直话曲说。班主任和学生谈话时，要有含而不露或含而少露的本领。有时说话可以绕个弯子，言在此意在彼，通过打比方、讲笑话的方式启发学生自己思考。

老教育家孙敬修在散步的时候看到几个孩子攀折小树苗，他悄悄凑过去，将耳朵贴在小树上，装作侧耳细听的样子。孩子们好奇地问："老爷爷，你在听什么呀？"孙老说："我听到小树在哭。"孩子们更奇怪了，问："小树苗为什么哭呀？"孙老又凑过去听了一会儿，说："小树苗说，它长大了要给我们造房子，做桌椅，可是有人偏偏把它折断了，它长不大了，所以它哭了。"

这里边没有责备的话，却使孩子们惭愧地低下了头。这就是直话曲说的妙处。

（2）明话暗说。在处理学生的问题时，有些事情，不必打开窗子说亮话，可以用"暗示"的方式表达自己真正的意思，这就是"明话暗说"。

有位小学教师在讲《游园不值》这首诗时，忽然一位迟到的学生"砰"的一声破门而入，急匆匆地坐到座位上。这位老师"就地取材"提出诗中的一句，问道："'小扣柴门久不开'中，诗人去拜访朋友，为什么'小扣'而不'猛扣'呢？大家议论一番后都说'诗人有礼貌'。这时，这位老师走到迟到学生身边，轻生问他："你说是吗？你赞成'小扣'还是'猛扣'？"这个学生脸红了，同学们也笑了起来。

这位老师因势利导的批评艺术已达到了出神入化的地步。

（3）急话缓说。当班里发生偶发事件，使你激愤、恼火时，你不妨来个冷处理，把"滑"到嘴边的尖酸刻薄的话"咽"下去，会赢得教育的主动权。有这样一个例子：

有个女同学三角尺被窃，她提供了线索，班主任也发现那位学生很不自然。面对大家要求搜身抓小偷的叫嚷，班主任冷静地说："也许不是什么小偷，可能是拿去用一下，没来得及还。恐怕他会还的，因为他不是小偷，如果是小偷怎么会还东西呢。"

这位班主任用"也许"、"说不定"、"恐怕"等模糊性语言缓冲了矛盾，用"没来得及还"给这个学生留个自我纠正的余地，也为班主任进一步教育创设了条件。

（4）硬话软说。硬话软说的"软"并非无原则地迁就，而是审时度势的暂时"退却"，也是"绵里藏针"的含蓄批评。

有个学生上课不专心听讲，在下面画了一幅男女拥抱接吻的画，同位的女生抢了过来，然后一一传阅，最后传到老师手中，全班哗然。遇到这种情况，老师该怎么办？也许有的老师会立即大发雷霆，批评这个学生的不健康思想，而这位老师确有"不怒而威"的能耐，他沉默片刻不紧不慢地说："你们看，画画的同学低下了头，看来他有点后悔了。我也觉得奇怪，他怎么会做出这样的事来？我们课后帮他找找原因好吗？"

这位老师的话既软中有硬地批评了那位同学，又稳定了课堂秩序，为下面的教学扫清了障碍。这比当场上纲上线"怒不可遏"，造成顶牛的做法好得多。

（5）正话反说。正话反说与冷嘲热讽、恶意挖苦毫无共同之处。

有一个班学生吸烟的不少，班主任知道后，先不做正面指责，而是对大家说："今天我先说说吸烟的好处。吸烟至少有四大好处：一可防小偷。因为吸烟会引起深夜'剧咳'，小偷怎么敢上门？二节省衣料。咳的时间一长，最终成了驼背，衣服可以做短些。三可演包公。从小就开始吸烟，长大后脸色黄中带黑，演黑包公不用化妆。四永远不老。据医学记载，吸烟历史越长寿命越短，寿命越短，当然永远也别想老了。"

这一席话明明是用反语，说出了吸烟的坏处，而且说得有点"辣味"。他寓庄于谐，似乎一本正经的笑话，却句句皆是耐人寻味的严肃批评。

（6）严话宽说。咄咄逼人的震怒，粗声大气的训斥，似乎非常严厉却不能显示教育的威力。其实宽容也是一种批评。就是说，对有的事情、有的学生，明明要非常严肃地批评一通，却适时地"网开一面"将其放过，把严厉的话说得很宽松，并为其创设自我纠正的条件，这就叫"严话宽说"。正如苏霍姆林斯基所说："有时，宽容引起的道德震动比惩罚更强烈。"

十、学生不仅听你是怎么说的，更看你是怎么做的——身教的艺术

古书里有这样一个故事。一位学究时时戒子弟勿昼寝。一日，弟子见学究方睡，请曰："先生戒人而自蹈之何也？"曰："吾梦周公耳。"子弟次日故睡，先生蹴之起，曰："吾亦梦周公。"先生曰："且道周公有何言？"曰："亦无他语，只道昨日实不曾会得先生。"

这个故事说明了：要求学生做到的自己首先应该做到，不能像这位学究那样言行不一。这也说明了身教的重要性。正如孔子所说："其身正不令则行，其身不正虽令不从。"

阳光真好。校园里树绿花红，芳草萋萋。和煦的春风摇曳着柔嫩的枝条，温暖的阳光洒满了宽阔的绿地。我一进校门，就看见学生自我设计、自我制作的提示牌，雨后春笋般地"长"出来，在花坛里，在花丛中，在草坪上……"我很弱嫩，不要踩痛了我。""不要摘走我，我要向所有的同学问好。""少一

个脚印，多一份绿意。"……如是的语言，发自纯真的心灵，高二（1）班的同学们深情地提示着同伴，也在表达着对生命的关怀，热爱自然、保护环境的意识随着爱心飞扬。

我真的被感动了。看着别致新颖的造型，如赏佳品；读着颇有意蕴的内容，如咀英华……突然，一个姑娘迎着阳光向我招手，我连忙走近她，和蔼地问："你有事吗？""老师，我想……"姑娘的脸一下子憋红了。

"有什么话，你尽管说。"

"老师，我给您提个醒，您也不要践踏草坪。"

这一回，我的脸"腾"地一下子红起来了。

"噢……"我灵机一动，"我在检查标牌上有没有错别字。"

"……"姑娘不以为然地走开了。

我抬起有点沉重的头，看到她发梢上的头花在阳光下，格外耀眼鲜亮。

我突然为自己的"机智"惭愧，难道为了检查错别字就可以践踏小草吗？我这不是在教给学生们犯错误吗？面对提示牌，我决定明天清晨上学时，在校门口等着她，向她说："对不起，昨天是我一时疏忽踩到了小草。你的意见是对的！"

师者，范也。要想把阳光洒向学生的心田，自己的精神世界更需阳光明媚。这位老师敢于进行自我批评，已向高尚人格迈进了一步，也为学生树立了榜样。

班主任的崇高人格是身教艺术的源泉，班主任的人格魅力来自于他的完美形象。并通过言行一致确定下来，而成为强大的教育力量。

（一）加强师德修养　增强人格魅力

人格是人们在社会生活中通过自己的言、行、情、态所表现出来的做人的品味和格调。言、行、情、态是人的外在表象和人格的媒介。人格的结构主要包括人的思想、道德、心理、智能等素质。

教师的人格一般简称为师德，但是由于教师特别是班主任承担的社会责任和社会期望，使其人格已远远超出了一般教师的职业道德范畴。教师的人格不仅含有师德，也含有世界观、人生观、价值观、政治立场和态度，以及法治观念、学识风范等。总之，它是融职业理想、职业情感、职业规范和职业道德为一体的人格风范。其特征是：

①热爱祖国，无私奉献的师魂。

②热爱职业，热爱学生的师德。

③全面发展基础上发展个性的师观。

④勇于探索，开拓创新的师能。

⑤严于律己，严谨求实的师风。

教育的成败与人格的信度与力度、知识的深度与广度，存在着必然的因果关系。因此，班主任应当做到：厕身教育、忝为师表，必须诚惶诚恐，在自己平凡而伟大的岗位上，勤于学习、严于律己，修炼自己完美的人格。

（二）加强专业学习，提高学术影响力

高中生非常看重班主任的学术水平。因此，班主任必须通过自主专业学习，提高自己的业务水平，其中包括专业知识与专业能力。

1.专业理论知识

专业理论知识是通过语言方式传播的，有一定理论体系的"显性知识"，如班主任要有效地开展班级德育工作，就离不开"德育论"和"心育论"的知识；要对班级进行科学有效的管理，就需要以"班级管理理论"为指导；要成为学生的心理咨询师，不掌握青少年心理发展的规律，不懂得心理咨询的相关理论，就难以胜任。另外，设计与组织班集体活动，就应以"班集体活动理论"为指导。

2.岗位实践知识

岗位实践知识是指班主任在工作实践中积累的经验性知识。班主任岗位实践知识的获得，一是靠专业理论知识的学习和运用，二是靠对工作的反思和经验的不断深化。这种知识是个性化的实践知识，开始阶段往往难以言传，属于"隐性知识"。只有经过不懈的努力，对实践中出现的问题进行反思——形成假设——采取对策——再实践，才会逐渐使这些实践知识明晰化，形成明晰的概念，变为可以用语言表达的"岗位实践理论知识"，这便是班主任走向专业化的重要标志。

3.较强的专业能力

专业能力是班主任专业素养的重要组成部分，也是班主任实现专业化的关键。班主任除了要具有作为任课教师的教学能力之外，在履行"班主任职责"

的过程中，还应该具有以下几种能力：（1）了解研究学生的能力；（2）班级建设与组织管理能力；（3）设计与组织策划班集体活动的能力；（4）处理偶发事件的应变能力；（5）协调各种教育力量的能力；（6）教育科研能力等等。而这些能力的提高与班主任思维方式的变革、教育策略的转化、教育方法的创新密切相关。而且每一项能力又是由一些相关能力构成，这就形成了班主任专业能力复杂的多维结构。比如，了解研究学生的能力，就离不开观察能力、沟通能力和分析判断能力。

新课程背景下，班级作为一个相对独立的管理单元，在全面实施素质教育、贯彻新课程改革方面，仍然是一个基本的单位和操作的平台。特别在高中行政班和教学班并存的情况下，要不要加强班级管理，怎样加强班级管理是一个非常值得探讨和研究的问题。

在新课程改革的初期，人们曾经茫然过。个别人认为，坚持以人为本，张扬学生个性，尊重他们的选择会弱化班级管理；但决大多数人则持相反的态度。例如，某地区教育局针对实施新课程过程中遇到的一些问题，对117位班主任进行了调查。其中题目之一就是"在实施新课程改革中，加强对班级的管理是否必要"，结果99.1%的人认为"非常有必要"。

实施新课程背景下的班级管理，关键是在新形势和新情况下，从教育教学中的具体问题出发，利用先进的管理理念，掌握有效的管理策略和方法，总结科学管理的规律，真正使班主任成为实施素质教育的重要力量。

1. 新课程背景下班级管理的新情况

——逐步破解三道难题

新课程的实施，使高中班主任的管理和教育面临许多新的问题和矛盾。班主任应适应新课程改革的形势和要求，敢于挑战和冲击传统保守的管理模式，转变管理理念、改变管理思路、更新管理方法，为学生素质的全面提高，为新课程的实施，营造良好的班级氛围。

一、两手抓两手都要硬——行政班和教学班的管理都重要

在高中新课改的实施过程中，不少人担心，那么多选修课，学生自由自主了，学校会不会乱了套？学生都选课了，传统的行政班分班模式还存在吗？如果行政班不存在了，教室的卫生谁来打扫？集体活动是不是也不复存在了？如果行政班还存在，其组织的职能发生了哪些变化？教学班仅仅负责教学吗？面对这些疑惑和迷茫，请参考一下天津市大港一中的做法。

自实施新课程以来，他们始终坚持充分发挥班主任在学校教育中的重要作用。要求班主任认真履行职责，成为学生思想道德教育的骨干，教书育人的骨干，实施素质教育和推进新课程实施的骨干。

面对教育改革的新形势，学校组织班主任认真学习有关实施新课程的政策、理论和先进经验，以扩展大家的教育视野，调整教育思路，更新班级管理理念。使大家逐步认识到：在实行新课程的过程中，高中三年所有的班级仍以行政班为单位组织学生进行学习，开展以爱国主义、集体主义、社会主义为主要内容的教育活动，组织协调学校内外的各种教育因素和力量，为新课程的顺

利实施奠定必要的组织规范、纪律规范和活动规范。所以，行政班仍然是同学们开展各项集体活动的核心场所，行政班的管理只能加强，不能放松，只能强化，不能削弱。在统一认识的基础上，学校对班主任工作的摆位没有变，对班主任履行职责的要求没有变，对班主任工作和生活的关心没有变，对班级工作定期考核的制度没有变。由于学校的工作思路清晰，明白在实施新课程中应继承什么，改革什么，广大班主任的工作状态和情绪没有受到任何的影响。他们认真履行岗位职责，坚持不懈地对学生进行学习目的、态度和习惯教育，始终不渝地进行正确的理想信念和世界观、人生观、价值观教育，一如既往地做好班级的日常管理。随着选课制度的实行，学校出现了新的班级组织形式——教学班。对此，学校对教师管理班级的要求是：一要借助行政班管理的模式和方法，保证每一节课的质量。二要积极发现、总结和探讨管理中可能出现的矛盾和问题，把从实践中遇到的困惑，发现的问题进行分析归纳，以便为学校对此形成系统性要求和教师的规范管理积累鲜活的材料和可借鉴的理性思考。

由于改革的思路清晰，恰当处理和协调了实施新课程中出现的问题，基本理顺了各种关系，学校面貌和班级的状态在新课程改革中始终保持着生机勃勃的喜人局面。各个班级文化氛围浓郁，学生自主设计、组织的活动丰富多彩，规章制度完善，教育教学秩序稳定，学习和生活井然有序。具有时代色彩的班级管理，为新课程的实施提供了保证，注入了活力，促进了教育教学质量的提高。

从大港一中的具体做法、经验和他们即将实施的策略中，我们可以体会到，要坚持做到行政班和教学班的管理并重，两手抓两手都要硬，应在以下三个方面着力：

（一）更新班级管理理念

高中实施新课程改革，原来固有的班级概念已发生了变化。在实行选课制之前，高中的行政班和教学班是统一的，二者之间没有什么差别。学生无论是学习各种科学文化课程，还是开展丰富多彩的集体活动，都处于同一个集体之中。但随着选课制的推行和新课程实施的深入，情况就发生了变化：由于学生可以跨班级选修课程，导致同一个教学班的学生却来自不同的行政班。这样，班级就出现了两个不同的组织形式，即行政班和教学班。作为高中班主任，应区别它们的组织职能和价值，既要认真履行行政班班主任的职责，又要根据自身承担的教学任务，做好教学班的管理和教育，实现两手抓两手都要硬。班级概念发生了变化，班级管理的理念也应相应地更新，在管理模式上要注意行政班和教学班的结合，发挥各自的优势，创新教育和管理的思路，以保证学生全面素养的提高。

（二）进一步明确行政班班主任职责

行政班和教学班并存，是班主任面对的一道难题。从实施课程改革地区的情况看，新生入校后，学校按照一定的编班原则，将学生编排成若干个班级，每个班级都有班主任负责管理，这样的班级即为行政班，一般情况下高中三年行政班基本不变。所以，高中的班主任主要从事行政班的班务管理、教育因素的协调和活动的组织，不能因为学生的流动性增大，冲击了原有的组织规范，就削弱管理的功能，淡化制度的作用。

从现行的情况看，以行政班级为单位对学生进行管理，可以使学生进入校园后，有一种归属感，给他们一个"家"的感觉。同时，对于培养学生的团队精神，发展他们的合作意识，形成和谐的班级氛围，养成良好的学习和生活习惯都具有重要的意义。因此，班主任的职责只能强化，工作只能加强。

1. 建立良好的班级规范

行政班是学校的基本单位，班主任要以良好的班级规范凝聚"人心"、"人气"、"人力"。加强建设组织规范：要成立班委会、团支部，建立完备的组织体系，同时应加强班（团）干部队伍建设，进一步培养和提高学生自我设计意识、锻炼和增强学生的自我管理能力。加强建设制度规范：要在广泛征求学生意见的基础上，建立和健全班级制度，依靠制度的支持和引导，形成良好的学习和生活秩序。加强建设工作规范：班级工作应做到有计划地实施和总结，形成完善的管理流程。

2. 为每一位学生的发展提供教育

利用班会、个别谈话及其他形式，对学生进行正确的理想信念、世界观、人生观和价值观教育，帮助他们树立远大志向、增强爱国情感、明确学习目的、端正生活态度。班主任要熟悉每位学生的特点和潜能，把握他们各方面的发展状况，了解他们的心理状况和不同需求，倾听他们成长中的困惑和烦恼，帮助他们从学校或社会得到需要的种种帮助。

3．指导学生合理选择课程，合理分配学分等

班主任要负责本班全体学生选课工作的指导、选择、汇总，为每个学生建立并保存选课档案。除教育学生认真学好必修课程外，还要指导他们学好选修课程。要教育学生清楚自己所选修的各门课程的授课教师、上课时间、地点以及学校因特殊情况而临时进行的调整。自觉遵守教学班的纪律，服从教学班老师的管理，学会与同一教学班的同学和睦相处，在愉快合作中共同进步。

4．广泛开展集体活动

班主任指导班委会、团支部组织开展丰富多彩的团队活动，积极组织开展班集体的社会实践活动、课外兴趣小组活动、社团活动和各种文体活动。为学生搭建各种活动平台，促进学生全面而有个性地发展。要充分发挥学生的积极性和主动性，培养学生的组织纪律观念和集体荣誉感。

5．加强协调与合作

要与各个任课教师协作，共同负责本班全体学生选课工作的指导、汇总，及时了解教学班的学生情况，调动学生的积极性，提高学生的学习成绩，负责学生的综合素质评价，写出反映学生发展状况的操行评语。同时，要通过多种形式和家长保持密切的联系，共同做好学生的教育工作。

（三）强化教学班的建设和指导

对于绝大多数班主任而言，他们具有双重的身份、肩负着双重的教育和管理责任。也就是说，他们既是行政班的班主任，又是教学班的导师。教学班是由选修相同模块的学生组成，虽然是动态的，但它是新课程实施过程中的一种另类班级组织模式，同样需要加强教育和管理。如何履行好职责，是行政班班主任和非班主任共同面对的新课题。导师的职责主要是以下四个方面：

一是教学指导。导师传授学科知识，指导学生合理选择课程，合理分配学分，指导学生建立选课档案，负责学生该科目的学业评价（学分、成长记录等）。确定教学班的奋斗目标，帮助不同层次的学生建立不同的目标定位，使他们确定自己的远目标和近目标，激发他们积极向上的拼搏精神和相互间的强烈的竞争意识；并及时与行政班的班主任交流，从各方面调动学生学习的积极性。

二是班级管理。承担教学班的班风、学风、班貌建设和学生的日常教育、

管理、评价。关注学生的身心健康，管理课堂秩序（如学生出勤、课堂纪律、课堂表现等），为每个学生建立管理档案。学段结束时，将每个学生的学习情况，相关资料交行政班班主任并留存。

三是加强和行政班班主任的联系。一要指导学生主动把自己在教学班的学习、生活和活动情况向行政班班主任汇报，主动争取指导。二要积极和行政班班主任进行交流沟通，实现资源共享、优势互补。

四是重视学生自治组织。教学班的制度建设、班级管理可参照行政班执行。选修科目时间较长、相对稳定的教学班，班干部由学生民主选举或竞聘产生。选修科目学段较短的教学班，可产生临时班委、团委组织。在日常的教学管理中，要依靠班长做好教学班组织管理；依靠学习委员收缴当天作业，并及时反馈同学在学习中的疑点和难点；依靠纪律委员掌握课堂的纪律状况，并及时向行政班通报情况。

二、关注第二起跑线——当好学生选课的参谋

有人认为，恰当合理地选择、确定符合本人实际的选修方向和选修课程，是高中学生的第二起跑线。因为尽管某些学生在必修课程方面学习很优秀，如果在选修方向和选修课程方面缺乏对自己的规划和设计，很可能在学术成绩和职业选择上受到一定的影响。这不仅是对学生学习的挑战，也是对班主任工作的挑战。从实施高中新课改的省市看，教育行政部门在选课指导方面对班主任都提出一些原则性要求。如《北京市普通高中新课程学生选课指导意见（试行）》中就规定："由班主任和导师共同指导学生按照新课程的要求和个人兴趣、爱好及发展潜力合理选择课程，并初步拟订三年的个人课程修习计划。"

大港一中高三（1）班班主任刘勇老师认为，教育的终极目标是人的发展，为学生的生命质量负责，为学生的终生发展奠基，必须贯彻在班主任工作的每个环节、细节之中，特别是指导学生进行合理的选择课程。刘老师这些年在带毕业班的过程中发现一个共性问题：即一些学生高考考了不错的成绩，但报志愿时却很茫然，主要原因是不了解各高校的专业，更不了解人才市场所需。千辛万苦才取得了好成绩，但由于缺乏专业信息，使不少学生志愿报得很匆忙，很随便。有的孩子到了高校，才知所报的专业自己根本不喜欢，但一切都来不及了……因此，她在这一届学生中，结合新课程中的选课指导，设计进行了高

中生职业生涯规划系列活动。

高一放寒假的前夕，她引导学生进行了职业调查，内容包括：高校中都设立哪些专业？都是研究哪些方面的？将来有益于从事哪些工作？目前市场需要哪类人才？根据你的性格特点，适合学哪些专业？从事哪方面的工作？大部分学生都在寒假进行了职业调查，不少同学还写出了调查报告。在此过程中，学生在反省自己，在结合自己的基础、潜力、特点等思考适合的专业、学校，规划着自己未来的人生。不少学生通过职业调查，结合自己的兴趣，初步确立了自己将来想学的专业和目前选修的课程。进入高二年级，她又利用班会陆续搞了一系列活动。上学期，先请2003届大港一中的高考状元——目前在中国人民大学读研究生的王晓静，介绍中国人大这所学校的总体情况以及每个系、专业的设置情况并回答同学们提出的问题。下学期，指定一个组从网上收集了大量资料，包括目前市场就业形势、国家的需要情况、相关心理学知识，调查了解了哪种性格的人适合做哪种工作，学习哪些相关的知识。并将这些资料做成课件，召开了最受同学们欢迎的一次班会——"新职业，新选择"。通过课件，告诉学生适合干哪些工作，每项工作的具体要求是什么，从业者必须具备的素质有哪些。这个系列活动是非常好的理想教育和人生规划教育，也是她认为到目前为止，开展得最满意的系列活动。

从相关的政策要求和一些老师的成功探讨来看，班主任指导学生选课应注意以下几个方面：

（一）教育学生把握选课的原则

1. 全面性原则

宽泛的基础是实现有效发展的前提条件，不能过于偏激。

2. 个性化原则

个人修习计划要突出个人特色。在自己感兴趣、有潜能的方面，可选修更多模块，使自己实现有个性地发展。

3. 结构性原则

国家课程方案要求学生在所有学习领域都获得一定学分，不能过早偏科，不能顾此失彼。国家课程方案中的课程结构是庞大而有内在逻辑联系的，所选择的课程模块能否合理搭配直接关系着学习的成效，因而课程模块的比例不能失调。

4. 适度性原则

学分不是越多越好。课程模块所涉及的面不是越广越好，因而不要贪多求全。

（二）引导学生掌握选课的策略

1. 教育学生正确认识和剖析自己

要求学生在学习基础、特长、兴趣和发展倾向等方面进行认真地自我审视和自我认定，理性地进行课程选择。避免所选课程内容随意、杂乱，平均分配学分等现象，避免只考虑目前兴趣而没有长远规划的现象，甚至由于畏难心理的作祟，只选择容易获得学分课程的现象等。班主任在指导中，还要特别教育学生尽可能忠实于自己的理想和兴趣，不要违心地服从家长的指令，不要毫无主见地随大流，不要盲目追求所谓热门的专业或职业。

2. 教育学生充分理解课程结构，掌握课程信息

首先，要求学生对课程总体结构、模块课程及其关系予以正确的理解，对学科内部的衔接关系、必修和选修的关系、模块与模块之间的关系、毕业学分与可选择学分的关系都要逐一理解。避免学生在选课中出现顺序颠倒、重复等情况，影响他们的学习状态和成绩。其次，还应引导他们了解学校课程设置情况。教育学生必须在学校限定时间开出的选修课程中选课。需要说明的是，随着新课程实施的深入，学生选课的范围也在不断扩展。例如，天津市教委规定，从 2008 年秋季开始，在市直属的五所重点中学开通"天津市普通高中选修课程空中课堂"，学生可以打破校际界限，实行跨学校选课，实现优质教育资源共享。学生在网上修得的学分，校际之间互相承认。而且，将在试点的基础上，下一步扩大到 60 所示范高中（《今晚报》2008 年 8 月 30 日）。第三，还应指导学生对各个课程模块的内容、教学形式以及任课老师等相关的信息都应该有一定的了解，不应遗漏任何一个环节。

3. 教育学生了解选课的时间和程序

学生新接触选课，有些具体问题也比较陌生，特别是时间和程序。班主任应根据学校的相关规定和要求，仔细讲述一些细节尤其是程序中的一些细节，

以免造成不应有的损失。

（三）当好参谋应注意的问题

指导学生选课是班主任的职责之一，但要注意两种倾向：一是包办代替，把自己的主观选择强加于学生；二是推卸责任，拒绝学生的一切意见征询。从一些班主任的经验看，指导学生选课应注意以下问题：

一是指导不包办。高中学生虽然基本成熟，但面临选课这样事关人生规划的问题，往往也感到困惑，需要向人倾诉自己的想法和迷茫，需要别人特别是班主任的支持和帮助。面对学生的求助，班主任不要推诿和回避，应根据自己的人生经历、相关政策要求和学生本人的实际情况给予必要的指导，但必须尊重学生自己的意愿，不能代替学生做主，不能把个人的见解和价值观选择强加于人。

二是建议不定论。学生提出自己的选课思路和想法征求班主任的意见，班主任不宜直接作出肯定和否定的结论。应根据自己的判断，提出一些建设性意见，供他们参考。不能否认，班主任在和学生相处一段时间以后，对每个人的基本状况都有一个大概的了解。但值得讨论的是，我们所了解的大多属于现实的和已经反映出来的情况，而对学生的潜能和未来的发展往往了解得不深。应建议学生在选课过程中把自己某方面的优势、潜能和未来设计作为选课因素一并考虑。但最后的结论仍由学生自己做主。

三是引导不做主。面对几十个学生的选课指导，对班主任是个严峻的挑战和考验。尤其当面对选课确实存在不合理因素的学生，就更加困难。难在对于学生的求助不能逃避拒绝，难在不能代替学生选择。对于这样的问题，应在引导上多下工夫。引导学生全面客观地认识和分析自己，正确估计自己的能力和特长；引导他们借鉴一些相关的事例，参照和自己情况类似学生的选择；引导他们和知己的同学沟通交流，征求家长或者亲友的意见；引导他们在思路开阔的前提下对自己的选课意向进行重新审视。

三、手里多握几把尺子——学分制下的学生评价

根据国家教育行政部门和实行高中新课改的地区的情况看，高中学生的综

合素质评价，包括学分认定、基础素养评价、学业水平考试、综合实践活动评价等多项内容，其中大部分属于班主任的职责。因此，班主任必须认真学习、理解和贯彻学生评价的相关政策要求，客观、公正地评价每一个学生。

（一）学生基础素养的评价

长期以来，对学生的评价过分强调其甄别与选拔的功能，自觉不自觉地把学习成绩和"分数"作为唯一尺度，扭曲了评价的目的，使评价走向了极端。而学生基础素养的评价主要应着眼于基础性、全面性和发展性，为学生进一步的学习和生活，更好地适应社会发展奠定基础。这就要求班主任转变观念，全面认识评价的多重价值，充分发挥评价的多种功能，把握评价的内容和标准，运用科学的方法，使评价与管理的过程有机结合起来。

1. 不能一个人说了算——评价主体多元化

新课程背景下的学生基础素养评价，必须改变单独由班主任评价学生的状态，应让任课教师、学生、同伴和家长等主体都参与到评价中，使评价成为多主体共同参与和协商的活动。班主任要注意尊重和发挥任课教师、学生在评价过程中的作用，收集来自家长的信息，变"一言堂"为"众言堂"，倡导广泛的交流与切磋，使评价由封闭走向开放，由班主任个人结论变为集体意见；使评价的结果接近客观、公正，容易被学生接受。

2. 怎样合适就怎样选择——评价方法多样化

依据要求，对学生基础素养的评价包括道德品质、公民素养、学习能力、交流与合作能力、运动与健康、审美与表现等六个方面。因此，面对新的要求，传统、单一的量化评价方法已明显地暴露出不客观、不科学的弊病，根本无法全面客观地评价学生的基础素养状况，所以，我们必须采用多样化的评价方法。从根本上说，对于学生的品德素质、公民素养等思想情感层面的内容和能力水平这些基础而又很重要的内容来说，量化的方法是最大的禁忌。因为我们不可能有充足的理由给学生甲的道德品质打 100 分，给学生乙的审美与表现定 59 分，给学生丙的交流与合作能力判 80 分……因此，必须研究、探索利于引导学生全面提高素质、张扬个性的其他方法，做到实事求是，怎样合适就怎样选择，努力促进学生的实践能力和创新精神的培养。以对实验地区的情况分析，应在学生参与评议和多方面听取合理建议的基础上，采用描述性评价和量

化等第相结合的方式比较适宜。

3. 多一把尺子，多一个好学生

对学生的基础素养进行评价，一般包括等第评价和描述性评语。等第评价应注意把握统一的标准和要求，否则就会从客观上弱化或抹杀其激励和促进的功能。比如，根据每个学生的具体表现，每学期期末从道德品质等六个方面经过广泛的评议和征求意见，为他们评定出不同的等第。值得注意的是，程序一定要民主、公正、公开、合理、严谨，切忌走过场和包办代替。但是，描述性评语要关注个体的差异以及对发展的不同需求，多用几把尺子测量，就多几个好学生，可为所有学生有个性有特色的发展提供广阔的空间。因为学生之间的差异是多因素的，并不是预设的几个方面完全可以涵盖的。班主任在描述性评语中依据学生的不同背景和特点，正确地反映每个学生的不同特点和发展潜力，并分别提出适合其发展并有激励作用的针对性建议。如果千篇一律，致使学生从评语中读不出"真实的我"，那就没有发挥出激励学生发展的作用。例如，有的班主任写完40多位学生的评语仅仅用了164个词汇，其中频率最高的是学习成绩、尊敬老师、团结同学、关心集体等。有的学生反映，这样的评语淡化了差异，也淡化了个性，好像他们是从一个模型中刻出来的，感觉"是我非我"。

4. 对发展中的学生，要用发展的眼光

基础素养评价的目的，是为了激励学生的发展，必须用发展的眼光看待学生。班主任必须清楚，高中学生尽管各方面相对理性一些，但他们作为成长和发展中的人，都要经历从不成熟甚至犯错误到逐步走向成熟的过程。无论是我们心目中的"优秀生"、"中等生"还是"差等生"，都有对成功的期盼和等待，都希望不断地突破和超越自我，希望有自己的亮点闪烁，希望别人特别是班主任多给予一些激励。所以，班主任应用发展的眼光看待学生，把评价过程变为激励过程，而且是对所有学生的激励过程。激励他们对学习和生活充满信心，对自己的未来充满希望；激励他们发挥个人的主观能动性和积极性，每天都是一个不同于昨天的自我。

5. 结果重要，过程也很重要

对学生基础素养的评价不仅要注重结果，更要注重发展和变化的过程，坚持结果和过程的辩证统一。因此，等第评价不仅仅是给学生一个等级，描述性评语也不仅仅是送给学生一段文字。要把形成性评价和终结性评价结合起来，使学生发展变化的过程成为评价的组成部分。学生既是发展中的人，又是变化中的人，在他们的发展和变化的过程中特别需要教师尤其是班主任的及时表扬、鼓励和指导点拨，以发扬优点、改正不足。从各地的经验看，不仅对学生的基础素养的评价坚持结果和过程并重的原则，即使在学术课程的学业成绩评定方面，也要进行两者结合的探讨。

如《齐齐哈尔市实验中学学生学分管理实施细则（试行)》中就明确规定：学分基本构成要素由学生参加学校开设的课程修习课时记录，学生参加学校开设的课程修习过程反映，修习完的课程考试成绩，以及学生参加各类竞赛（比赛）获奖的奖励的四个方面构成，并对这四个方面赋予不同的权重。学生只有前三个方面均达到合格的要求，才能获得相应模块的学分。

（二）综合实践活动中相关模块的评价

教室是课堂，社会也是课堂，而且是更广阔的课堂。在高中设置综合实践活动课程并作为学生的必修课，是新课程实施的一个亮点，目的就是突破封闭的学习模式，加强学生与社会生活的联系。这对培养学生的实践能力、探究和创新意识，发展综合运用知识的能力，都有一定的作用和价值。但是，综合实践活动中相关模块的评价，是评价中的一个新课题，许多问题还需要在实践中逐步完善。

1.研究性学习的评价

按照国家的相关规定，高中三年，学生在研究性学习方面必须获得 15 个学分，班主任应根据学校的相关规定，协同相关的教师认真进行策划设计和实施。由于研究性学习的评价主要以学分的形式来呈现，为便于考核评价，班主任可将整个学习研究过程分解为若干课题，根据课题的数量、难易程度，以及所需学习时间来确定学分。在实施新课程改革以前许多地区和学校就已经启动了一段时间的研究性学习，常规操作的路径比较顺畅，也积累了一定的经验，关键是在评价中体现其独特的教育要求和内容等方面的特色。

（1）对研究小组课题研究的评价。一般说来，对研究小组的课题研究，主要审查以下几方面的材料：开题报告和学习方案；课题研究学习活动的记录；课题研究中所收集的材料（包括原始材料）、处理过的资料，以及参考文献；

具体反映每一成员参与研究的感受、体会、课题小结研究学习成果（论文、研究报告、解决问题的方案、活动设计、实物设计等）。

（2）对学生个体的评价。对学生个体在研究性学习活动的评价，应包括以下几点：

学生参与研究性学习活动的态度。它可以通过活动过程中许多外显行为表现出来，如是否认真参加每一次课题组的活动，努力完成自己所承担的任务，做好资料的积累和分析处理工作；是否主动提出了研究的工作设想、建议，在学习中不怕困难和辛苦等。

学生在研究性学习活动中的合作精神。主要对学生参与小组以及班级活动中的合作态度和行为表现进行评价，如是否乐于帮助同学，主动和同学配合，认真倾听同学的观点和意见，对班级和小组的学习作出积极的贡献。

学生创新精神和实践能力的发展情况。考查学生在研究性学习活动中从发现和提出问题、分析问题到解决问题的全过程所显示出的探究精神和实际操作能力，如可以通过学生在研究性学习过程和结果中的实际表现予以全面和客观的评价，也可以通过学生参与全部研究性学习活动后的比较和几次活动的比较来评价其发展状态。

学生对学习方式和研究方法的掌握情况。主要评价学生对查阅资料、实地观察记录、调查研究、整理资料、处理数据、运用工具等方面的技能、方法的掌握和运用水平。（《综合实践活动课程设计与实施》郭元祥著，首都师范大学出版社）

（3）注重评价的反思性。常言说，没有反思的过程，只能说有经历而无体验。反思是学生对自己的研究过程进行的重新审视，是对研究结果的自我评估。班主任引导学生进行反思，就是让他们思考自己在这个过程中，体验感悟到什么，自己的兴奋点和兴趣点是什么，状态程度如何，以及如何改进自己的研究活动等等。类似的思考不仅可以提高学生研究的内在动机和自信心，激励他们更热情、更努力地参与研究，而且使学生学会对自己在研究中的行为以及研究的结果负责。因此，反思是个体获得自我感知的方式，是学生自主性的体现，是学生走向自律的必由之路。

2. 社会实践和社区服务的评价

关于社会实践，各地在具体的运作方面有不同的特点和要求。从天津市大部分区县实施的情况看，学生的社会实践一般都是由学校统一规划安排，班主任根据要求具体落实，每年集中组织一次。在这个过程中，班主任的主要工作是对学生参加社会实践的基本情况进行认真统计整理，对学生个人的社会实践记录（如出勤、纪律、心得体会日记等）进行查阅，并在梳理的基础上，将班级的整体情况上报学校相关部门。对于未在规定时间完成相关社会实践任务、获得相应学分、需参加下一届相关的社会实践的学生，应及时向主管部门反映，在适当的时机予以补修，以保证学生顺利毕业。

关于社区服务。根据规定，学生三年内应参加不少于 10 个工作日的社区服务，共获得 2 学分；参加社区服务少于 10 个工作日的，不给学分。社区服务的形式相对社会实践比较灵活，班主任应引导学生以小组或行政班的方式进行，也允许学生从学校提供的社区服务清单中根据实际自行申报服务内容。无论学生采取哪种形式参加社区服务，班主任都应认真审定他们所提供的相关材料，主要包括服务对象及联系方式、服务时间、服务项目、认定签名、服务体会等，以认定有效工作日，并上报主管部门。

（三）如何发挥成长记录袋的作用

高中新课程倡导质性的评价方法，重点要求记录学生行为表现、作品或者思考等表述性的内容，不仅具体直观地描述了学生发展的独特性和差异性，而且较好地全面反映了学生的发展状况。这种评价的方法对于新课程关注的学生全面发展具有非常重要的价值。因为质性的评价方法多以描述和记录为主，可以真实、深入地再现学生发展的过程。成长记录袋就是其中的一种好方法。

成长记录袋是当前学生评价改革中普遍使用的一种工具。一个真正能发挥激励作用的记录袋，应能够为学生的发展保存和提供重要的信息，给他们的成长过程留下明显的足迹，反映学生动态的完整的发展过程，使学生在成长的过程中体验快乐，品尝成功。从义务教育阶段使用成长记录袋的情况看，有几个问题值得高中的班主任借鉴。

一是定期展示。每个学生都想把自己最精彩的一面展示给老师和同学，都渴望得到大家的夸奖和赞扬。班主任应定期组织不同形式的活动，给学生提供展示的机会，让学生通过展示个人收集的作品，多角度反映学习和发展的过程，再现自己最佳的状态，展示取得值得炫耀的成绩。这样能使学生保持亢奋的学习状态和不断进取的精神。把"死"的资源盘活，把学生自我评价的方法用活。如果仅仅是一味地强调保存和使用，给人的感觉似乎就是多了一个书包，增加了一份负担。

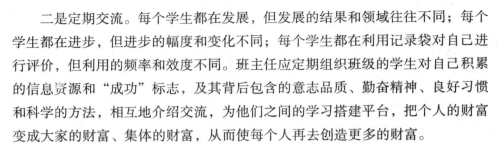

二是定期交流。每个学生都在发展，但发展的结果和领域往往不同；每个学生都在进步，但进步的幅度和变化不同；每个学生都在利用记录袋对自己进行评价，但利用的频率和效度不同。班主任应定期组织班级的学生对自己积累的信息资源和"成功"标志，及其背后包含的意志品质、勤奋精神、良好习惯和科学的方法，相互地介绍交流，为他们之间的学习搭建平台，把个人的财富变成大家的财富、集体的财富，从而使每个人再去创造更多的财富。

三是定期反思。让学生利用成长记录袋进行反思，是引导学生进行自我教育的手段和方法。它利于学生进行认识地调整、行为矫正和人格的自我完善，是对学生自我教育途径的丰富和发展，是促进教育实效增值的措施。这个过程，实际上要求学生以自己的行为轨迹为对象，对已经形成的事实进行重新审视和分析，以寻找更有效的成长路径，为他们逐步实现由"现实自我"到"理想自我"的转变提供修正变通的机会。此外，这还有助于学生将学习和生活中触摸和获得的模糊、零散、粗糙的感悟和体验，通过有意识地梳理和过滤，转化为清晰、系统、细致的认识，进而促进个人的精神成长。

（四）评价应注意的问题

评价学生的基础素养、研究性学习、社会实践和社区服务，无论对学生、对班主任还是对家长都是一个敏感的话题，需要我们不断探索和完善。现根据许多班主任的实践，以他们对学生的基础素养的评价为例，研究一些应值得注意的问题。

1. 努力走出评价的误区

由于多年传统评价观念和行为的影响，许多班主任的思想中总是或多或少存有一些陈旧意识的残余。我们应在新评价理念的引领下，勇于冲破原有思维和行为模式的束缚，努力走出评价的误区。这些误区主要体现在以下几方面：

（1）认识误区。基础素养评价，必须坚持全面性，统筹考虑各个方面的发展状况，决不能穿新鞋走老路，也不能以偏赅全。然而，在操作过程中，有的班主任以基础素养的内容和标准难以准确把握为由，仍然坚持用学分的积累和学术科目的成绩作为衡量学生发展状况的主要尺度，其他方面的描述或是轻描淡写或是基本雷同。还有的班主任认为，基础素养评价虽全面但不利于突出"学习中心"，担心对学生起到误导的作用，偏离"学习主题"，影响学生毕业和进一步的学习深造。

其实，高中学生正处于关键的时期，他们的身心是一个和谐的整体，德、智、体、美之间相互促进，相得益彰。例如，积极的情感、态度、价值观不仅贻误不了学习，反而是对学习的促进和推动。再如，运动与健康，不仅对学生的健康有利，对其他方面的发展同样有利。英国伦敦米德尔塞克斯大学进行了一项研究，内容是让志愿者做轻微或剧烈的运动，然后与不运动的同类人员测试对比。结果发现，不论哪种运动都会使人的创造力测试分数比不运动的人员高25%。研究还表明，运动使人思维敏捷、思路开阔、解决问题的能力增强。以上事例说明，全面的评价利于促使学生多元智能的发展。

（2）情感误区。某班主任因为学生的两次迟到和在课堂上曾顶撞过自己，在评价学生的时候写出以下结论："该生在纪律上不能严格要求自己，不尊敬老师……"结果不仅学生找到老师当面讨公平，还遭到家长的质问。还有一位班主任因为某学生的家长和自己的关系密切，本来学生的学习成绩进步不大，却结论为"大幅度提高，潜力无限"，弄得其他同学有意见，这位学生本人也很尴尬。

以上事例说明，由于基础素养的评价缺乏刚性的指标，理智是客观评价学生的重要因素。班主任应保持清醒的头脑和公平的态度，理智地对待每一个学生，客观地描述每一个学生的个性特点和发展潜能。不能以感情替代标准，仅凭自己的感觉和印象，感觉哪个学生好或从个人的角度和某个学生有"缘分"，就把他描述得完美无缺，使他们盲目感觉"自我优秀"；而对另一个学生印象不好，就把他刻画得一无是处，使他们失去自尊和希望。必须把握自己的情感天平，切忌随意摇摆和倾斜。

（3）操作误区。虽然学生的基础素养评价需要多元评价主体的参与和多样化的方法，但也不能生硬地照搬滥用。以评价方法为例，从一定的角度分析，考不是法宝，评也不完全是法宝，应因事项而定。如道德品质的评价则应采取个人自评、同学互评、集体讨论结合的方法比较恰当。而有的项目则需要评议和其他方法的结合。如"运动与健康"中的"热爱体育运动，养成体育锻炼的习惯"的评价，则需要广泛听取各方面的意见；而"一定的运动技能和强健的体魄"评价却需要参考一定的技术测量。多主体的参与也是如此。请家长参与，注意听取意见、收集信息，是开放性评价的一个标志，但不能事事都邀请家长参与。学生在校内的表现，一般情况下家长并不清楚的，硬要他们参与实际是难为他们。

2．善于把握基础素养评价中的"度"

世界中的任何事物都有它的度，一旦超越就容易走向极端，偏离预定的目标。高中学生基础素养的评价，认真参考借鉴了义务教育阶段学生评价中的经验教训，相对少了许多盲目性，但在以下问题上应需要理性一些：

（1）把握评价时机的"度"。对于学生的基础素养，定期的总结性评价是必要的，但随机的表现性评价（亦称及时性评价）也是有益的，关键是把握评价时机和情景的度，做到该评价时就评价，该激励时就激励。因为评价的目的不单是为了一个学期、学年末写出一段结论性文字，而是为了促进学生更好地成长。班主任和学生朝夕相处，对每个学生的日常表现是比较清楚的，不必非等到特定的时间"算总账"。应根据学生的不同情况进行适当的描述性评价，以促进和提醒学生。这种表现性评价可以是针对集体的，也可以是针对个人的。例如，对学生的交流合作能力的评价，如果发现某学生在一时段内进步较大，和同学相处得非常和谐，对老师很尊重，在班级的事务中表现积极主动，不足是对自己的行为约束还有欠缺。班主任应及时予以评价，这样有助于学生认识和了解自己的优势和不足，确定下一阶段的发展目标。倘若评价相对滞后，学生自己又没有意识到自己的不足，就可能自觉不自觉地延续下去，我们也会觉得惋惜和无奈。

（2）把握评价次数的"度"。按照相关精神，班主任每学期、学年末要对学生的基础素养进行阶段性评价。可有的班主任为给阶段性评价积累资料、做好铺垫，平时也对学生进行基础素养评价，而且依据标准严格按照程序操作，并且还要评定等级结果。从实行的情况看，效果并不是理想的。我们应明白，学生的基础性发展目标的评价和学科学习目标的评价是有区别的，不能把学科学习目标评价的运作方式迁移到基础性发展目标的评价中来。基础素养的评价是必要的，但频繁的评价却是不必要的。那样就会浪费许多的时间和精力，很可能导致走过场，引起副作用。如有的班主任为了给学期末的评价提供充分的材料，坚持一月评价一次学生的道德品质……连续评价了4个月，结果评得学生越来越不负责任，越来越懒散。对于这类项目，可以强化形成性评价，但形式应灵活。

（3）把握"学生成长记录袋"使用的"度"。"学生成长记录袋"是实施新课程的产物，有利于学生的自我反思和自我赏识。它为教师最大限度地提供了有关学生学习与发展的重要信息，有助于教师形成对学生的准确预期，并方便教师检查学生学习的过程和结果，利于教师将评价与教育、教学融合在一起，对原有的评价是一个突破和超越。值得讨论的问题：一是"学生成长记录袋"主要记录和保存那些反映学生成长进步的关键资料，使学生对自己的进步和不足一目了然；做到该装的装、该记的记，不该装的不装、不该记的不记；不能贪大求全，成为学生的第二个书包。对此，班主任最好有一个明确的引领。二是"学生成长记录袋"的使用过程必须体现学生的主体作用，班主任的引领，他们有权决定成长记录袋积存的内容，对于作品展示及其他相关材料，也应由学生自己负责判断提交作品或资料的质量和价值。这样，能使他们判断自己的进步与努力，反思存在的缺陷和不足，把好方法用"好"用"活"。

3．相关问题的讨论

新的形势和要求使广大教师产生了许多新困惑和新问题，对班主任而言，评价的问题主要反映在学生的基础素养方面。

（1）评价结果的呈现。从海南、山东、天津等省市的情况看，对学生基础素养的评价各有各的特色。例如，有的首先依据标准，经过严谨的评价程序，每学期末为每个学生评定一个等级，然后进行描述性评价，这样，既坚持统一的标准，又能反映学生的个性。有的则没有等第评价，认为学生处于发展之中，基础素养评价以等第呈现，容易对学生的精神成长产生消极影响，每学期末就以描述性评语的形式反映学生的基础素养状况。

（2）比例设定的问题。如果采用等第呈现的方式，面临着一个敏感的挑战。如果不设定优秀、良好、合格等不同等第的比例，本着实事求是的原则进行自评、学生互评等环节，结果是你好我好大家都好，等第形同虚设，走过场的现象十分突出。有的班主任反映，开始实施的时候同学们都很认真，比较客观地评价自我。后来，由于自评在整个评定中占有一定的比例，有的学生就有意提升个人的等第，有的学生在评议中采取不负责任的态度，给班主任、教师和学生代表组成的综合评定小组带来相当大的思想和工作压力。如果设定各个等第，特别是优秀的比例，班主任处理起来也有许多困难。有的班主任说，这种困难主要来自两方面。一是重点学校和一般学校、学校的实验班和普通班之间，学生的基础素养一般是有差距的。但是因为设定的优秀等第的比例都是30％，就出现了学生的基础素养不同而由于上述原因就造成等第相同的结果。二是一个班级几十个学生，有的学生之间的基础素养几乎没有差别，由于比例的限制，尽管有的人根本也不错，也不能评定为优秀，只能做工作让学生勉强接受。

（3）和高考挂钩的问题。有的班主任反映，学生的基础素养的评价工作量非常大，这不仅表现为期末的集中评定，还体现在日常工作中的观察和资料积累。但从大学招收学生的实际看，起作用的还是考试的分数，尽管有的学生在三年的学习中基础素养的各个方面6次评为优秀，描述性评价的结果也很好，在录取中或者体现不多或根本没有体现。因此，他们认为，没有必要费太多的工夫。但大多数班主任认为，基础素养的评价的目的主要是促使学生的全面和谐发展，着眼于他们的未来人生，如果在目前的情形下，高考中对此有更多甚至是定量的倾斜，容易引发更多的社会矛盾。

总之，学生的基础素养评价是一个复杂的问题，政策性、理论性、技术性都很强，探索的空间很大，改革中的问题只能在改革实践的深入中不断解决。

2. 新课程背景下班级管理的价值取向

——全面实施素质教育

　　人才的志向和兴趣有许多是在高中形成，如比尔·盖茨对电脑的兴趣在高中就初露端倪。2006 年，美国总统布什签署国家竞争力报告后，联邦教育部马上出台了落实布什总统报告的决策。美国教育部部长提出，高中教育不是个人问题、社会问题，而是国家安全问题，因为涉及人才的问题。因此，我们每一位班主任必须从为建设中国特色社会主义培养人才的高度认识班级管理的价值，全面实施素质教育，为每一个学生的成人和成才夯实基础。

　　天津市大港三中高二（8）班班主任于再江老师，以实施新课程为契机，在一年多的班主任工作实践中，认真贯彻课程改革理念和思路，坚持面向全体学生，面向学生的每个方面，促进了学生全面和谐地成长和发展，形成了生机勃勃的班级集体。于老师认为，班主任日复一日面临的是大量细小琐碎、机械重复的教育和日常管理，因此班主任的爱心、责任和机智就要善于从细微之处入手，有意识地把小事放大，在自然朴实的教育中培养学生文明的行为习惯和良好的思想品质。例如，学校规定在教室内不许吃零食，当他发现这种现象的时候，不是暴躁地批评，不是就事论事，而是以此为契机召开一次主题班会，并由那位吃零食的同学主持。通过情景的设置和环节的编排，让所有的学生认识到保持整洁有序班级环境的重要性。班会到此并没有结束，他又把教育延伸到了环境保护、勤俭节约、个人素质和同学们所肩负的社会责任。从身边事情切入，以小见大，改变了学生不良的行为习惯，升华了他们的思想境界。

　　于老师非常重视对学生进行正确的理想信念、世界观、人生观和价值观教育，但不是空洞抽象地讲道理，而是从学生的学习和生活中提取鲜活的材料，捕捉教育的时机。

自信，一般属于人生观范畴，对于90后的学生而言，是勇敢面对现实和未来的一个重要精神元素。于老师一直非常关注学生自信心的培养。2007年9月，高一（8）班建立之初，同学们报到后产生了这样的怀疑：学校高一年级总共有八个班级，高一（8）班是不是最差的呀，学校是不是按照成绩编排的班级序号？你看，为什么其他七个班级用的都是清一色的竹面铁制桌椅，唯独高一（8）班是绿色的木制桌椅，难道是歧视我们班吗？面对同学们的疑虑和悲观情绪，于老师说，谁也没有歧视我们，那是你们的习惯性思维，是自卑心理的折射。如果换一个角度，我们班用的桌椅和他们不一样说明我们有特色，特色也是一种活力和资本，一定要对自己有信心，对班级也要有信心。他经常教育学生，你是高一（8）班的一分子，你要为自己感到骄傲，为每一名同学感到骄傲，我们每个人都生活在高一（8）班的荣耀与希望之间，集体的荣耀来自于大家的责任与坚持，团队的希望来源于每一名同学的奉献与付出。一年多的工作，同学们上进的欲望越来越强，自信成为了他们的班级精神。

于老师非常关注学生的学习，但不是把眼睛仅仅盯在成绩上，而是重点放在学习目的、态度、意志的培养和训练上；放在强化大家的进取意识，激发集体士气，增强凝聚力上；放在化压力为动力，转被动为主动上。一次考试，由于种种原因，（8）班的总体成绩出现了滑坡现象，怎么办？同学们都很着急。他考虑再三，没有批评他们，也没有直接剖析这个问题，而是买了一本《羊皮卷》，让学习委员组织大家轮读。这是一本世界上最有影响力的励志书籍之一，它所蕴藏的力量改变了无数人的生活命运。它告诉人们，只要认真踏实地去做，成功并非遥不可及。只要你愿意、有决心、肯坚持，你就能达到所期望的目标。在坚持不懈的朗读中，同学们的内心平静了，刻苦学习的意志坚定了。班级的学习成绩此后一直走在年级的前列。

于老师在班级管理中，坚持使学生德、智、体、美和谐发展，坚持全面提高学生素质。一年多的时间，（8）班获得了校园艺术节团体总分第一名、第二届"班班唱"比赛全校第一名、季度板报评比全校第一名、校运会团体总分第一名、八字跳绳和三顶一跳绳全校第一名，"月常规考核优胜班集体"、"07年年终考核优胜班集体"、"08年天津市大港区'三好'班集体"、"新生军训优秀班集体"等多项荣誉称号。学生个人收获了进步，班级集体也收获了荣誉，但更重要的收获是：通过实施素质教育、贯彻课程改革的要求所带来的班主任思想上的收获、理念上的收获。

新课程的实施在继续，于老师的探索也在继续……

一、为了一切学生的发展

成功的富有价值的班级管理，不是培养几个尖子学生，不是造就几个奥赛的获奖者，不是为了少数学生的成功，而是"为了一切学生的发展"。高质量的班主任工作，追求的不仅是理想的指标数据，更应该是学生生动活泼地发展。每一位学生品行上不断提高、学习上不断上进、身心上不断发展，让一切学生从这里走向成功，应是班主任的教育信念和不懈的追求。

（一）让每个学生都拥有自信——精神关怀，一个不能少

班主任是学生精神成长的导师，要把精神关怀和鼓励送给每一个学生，以心灵感应心灵，使班级成为学生愉悦成长的精神家园。

1. 关怀不同家庭背景的学生

重庆市三峡师范学校的吴隽老师面对班级内的弱势群体，没有嫌弃、没有疏远，而是帮助他们勇敢面对现实，鼓励他们在人格上自尊、生活上自立、学习上自觉、行为上自律、工作上自强。吴老师对这个特殊学生群体的精神关怀，使班级里没有一个贫困生辍学，没有一个贫困生学习上掉队。吴老师的做法主要是通过"四个一"活动，帮助这些学生健康成长的。

进行一项调查——建立贫困生档案。吴老师制作了贫困生成长记录袋，内容包括贫困生的基本情况、贫困原因、贫困程度、受资助情况、学习情况、诚实守信情况、回报社会情况等，每学期更新一次，实行动态管理，对经济条件发生变化的学生及时调整相关的信息，对全班学生家庭情况做到心中有数。

开展一次谈心——引导学生正确认识贫困。吴老师除组织"校园贫富现象大家谈"的主题班会，引导学生一分为二地认识贫困以外，坚持与每一位贫困生一周进行一次谈心，走进学生的内心世界，与他们交朋友。老师告诉学生，人没有权利选择出生，但有权利选择自己的人生道路，教育孩子们用知识改变命运，用劳动创造财富，用汗水铺就人生。

成立一个组织——自强自立小组。针对一些学生孤独无助、苦闷彷徨的情

绪状态，班主任组织全班10名贫困生成立了"自强自立小组"，用集体的温暖缓解他们的思想波动。还坚持两周开展一次集体活动，通过学习经验交流、朗读比赛、登山活动等，增进同学之间的友谊，加深他们的了解。

营造一种氛围——相互关爱，和谐向上。吴老师在班级开展了"一帮一"援助行动，组织学习成绩好、综合素质高的学生、班干部与贫困生结对子，帮助他们在思想上积极向组织靠拢，在学习上刻苦努力，在生活上自强自立。要求贫困生坚持每学期都制订一份学习计划，每个月递交一份思想汇报，每学期至少给家长写一封信。

以上事例告诉我们，随着社会生活的变化，在各级各类学校的班级中都有数量不等的单亲家庭、困难家庭、流动家庭和留守家庭等特殊家庭的学生。相比之下，他们属于学生群体中的弱势群体。对于这些学生，班主任应了解和熟悉他们每个人的特点和潜能，善于分析和把握他们的思想、学习、身体、心理的发展状况，科学、综合地看待学生的全面发展，从多角度给予精神援助。注意倾听他们的声音，关注他们的烦恼，满足他们的合理需求，有针对性地教育和引导，为每一位学生的全面发展和精神成长创造条件和机会，把工作做到每一个学生的心坎上，做到精神关怀无空白。

2. 关怀不同层次的学生

"精神关怀，一个不能丢"要求班主任在班级管理中要关注品学兼优的学生，在充分肯定成绩的同时，对他们表现出的自满、自得的情绪状态予以真诚的点拨，使他们再接再厉，获取更大的进步。要关注各方面处于中间状态的学生，帮助他们克服得过且过、不求上进的思想，指导他们敢于超越自我、超越他人，树立克服困难的信心和勇气，将每天都看做是一个新的起点。对于品德学习都暂时处于后进的学生，要给予特别的精神关怀，帮助他们克服自卑心理、孤独寂寞的情绪状态，解决他们学习和生活中的实际问题，增强其学习和发展的信心，鼓励他们追求积极的人生。班主任只有把自己真挚的爱、诚恳的情倾注给学生，才能走进学生的情感世界，以情感赢得情感。

3. 关心需要特别关注的学生

社会生活的变革，高中学生思想活动的独立性、选择性、多变性和差异性明显增强，价值观呈现多元的趋势。值得注意的是，这种趋势已通过不同的方式渗透到班级生活之中，对学生的思想意识正在发挥着潜移默化的影响。

谈到这个问题，某学校高一（4）班班主任康老师感触最深。他们（4）班学生龚新（化名），学习非常努力刻苦，成绩特别优秀，而且严格要求自己，与老师同学的关系处理得也很好。可是，康老师总觉得他对集体的事情关心不够，在集体教育活动中也表现得很沉闷。后来，通过两件事，康老师发现对这个学生必须予以特别的精神关怀。一是在作文中他有这样一段叙述："我的爸爸在某某局机关工作，16 年来他兢兢业业、任劳任怨，和他资历和能力差不多的同事在职务上都得到升迁，唯独他，尽管和别人一样地努力，职务却原地不动。我问妈妈是什么原因，妈妈说因为我们没有给领导送礼。"二是在一次认识"特色社会主义的优越性"的主题班会上，同学们都从不同的角度阐述改革开放取得的伟大成就，举例说明我们国家发生的巨大变化。比较沉默的龚新却小声地问："既然我们有说不完的优越性，为什么一些人去美国等发达国家不回来？"据此，康老师多次对他进行耐心细致的教育引导和点拨，告诉他我们的现实社会不是理想的人间天堂，在发展的过程中存在这样那样的矛盾和问题是难免的，应辩证地分析形势、认识问题，应该坚定地相信我们的社会主义制度会越来越完善，我们的明天一定会比今天更好。通过及时的教育，他调整了情绪，转变了思想，精神也振奋起来。

康老师教育成功的这一事例给人的启发起码有两点：一是面对价值取向的多元化，思想教育的功能没有改变，必须进一步加强。我们可能无法改变现实，但可以坚持社会主流价值体系，对学生进行正确的价值引导。二是对于认识片面的学生，必须及时、诚恳、细致地进行精神救助，帮助他们走出认识的误区，充满信心地学习和生活。

（二）让每一颗金子都闪闪发光——帮助成功，一个不能少

哈佛大学 350 年校庆时，有人问学校最值得自豪的是什么，校长回答："哈佛最引以为自豪的不是培养了 6 位总统，36 位诺贝尔奖获得者，最重要的是给予每个学生以充分的选择机会和发展空间，让每一颗金子都闪闪发光。"衡量一个高中班主任工作是否成功的标准，并不完全在于他培养了几个读清华、北大的学生，并不完全在于他的班级的升学率有多高，而在于他是否用"心"去为每一个学生营造发展的空间，提供成功的机会，使所有的学生都获得了各自意义上的成功。让每个学生都从我这里走向成功，应是班主任的教育信念和不懈的追求。

1. 相信每个学生都有发展的潜能，成功的可能

事实上，由于各种因素的影响，人的智力的发展总是处于动态发展中。现在有的孩子学习成绩、品德行为表现良好，不能断定其将来一定有出息；而现在各方面表现平平的学生，将来不一定没有作为。例如，爱迪生就曾因为学习成绩不良而被拒之于学习的大门之外，巴顿将军被认为是学习上的无能者。古今中外，这种事例很多。牛顿小的时候智力很平常，小学校长提到班上成绩不好的孩子，总是少不了他，以至肖伯纳在一个剧本中取笑牛顿不能直截了当地算出"3×7"的积数。拿破仑读小学的时候不能拼写，语句不通顺，字也写得很糟糕，致使老师和家长都认为他没有出息。富兰克林在小学读书期间，算术常不及格。英国前任首相梅杰，16岁辍学，高中都没有毕业。波兰前总统瓦文萨只有小学文化。法国前总统密特朗，中学时候的数学和物理的成绩也不好。这些人在中小学阶段都被认为是平庸之辈，或者是不堪造就的人物，但是后来却成了影响世界历史发展的著名人物。

以上列举的虽属典型事例，但留给我们的思考却是深远的。学生进入高中以后，由于学习环境的变化，难免出现不适应的状况。作为班主任，不能仅仅依据学生学习成绩或某些方面的暂时落后，就把学生的发展看死了，认为他们前途无"亮"，无药可救，以至在教育和管理中对他们采取"冷落"的态度。应该坚定地相信：每个学生都有发展的潜能，都有成功的可能。只要我们的教育是成功的，学生的人生就可能成功。对于暂时后进的学生，永远都不要丧失信心，都不要轻易放弃。告诉他们成功在前面、希望在前面，给学生更多的激励。

2. 让所有的学生都有一份成功的自信

江苏省泰州市扬思中学，在他们学校的教学楼的楼顶上，挂了一个牌子，写着几个鲜红的大字"没有教不好的学生"，这实际上就是他们学校的一个办学理念。在这个学校的领导和教师看来，给予学生成功的自信比什么都重要。而到他们学校来读书求学的学生，无论多么差的学生，也都充满自信，"只要到了这个学校，我就能成为好学生"。正是这种学校和教师期望的效果，使许许多多的孩子最后成才。所以，他们的教育理念、教育经验、教育成效闻名全国。

扬思中学有许多值得学习和借鉴的经验，但最宝贵的就是他们对每一个学生不仅充满了教育的热情，而且对他们的成功也都充满了信心。大量的教育实践说明，每一个学生都有成功的愿望和可能，但人和人成功的道路不是相同的。班主任管理的责任和智慧就是善于从每一个学生的优势特长和潜能出发，面对有差异的学生，实施有差异的教育，帮助他们探寻一条适合发展和成功的路，帮助每一个学生走向成功。但是，长期以来，我们教育中存在的弊病之一，就是习惯让学生被动接受我们的教育，而不是让教育主动适应学生的发展。在具体的帮教过程中，班主任往往注重学习知识的补习，注重学习方法的指导，而忽视学生自信心的培养，忽视了情商的动力作用。结合新课程的实施，班主任应调整和改变工作思路，使所有的学生都能自信地学习，自信地生活，自信地面向未来。

（三）让每朵鲜花都如期绽放——期待进步，一个不能落

教育的价值在哪里？班主任工作的价值在哪里？请看下面的两则事例。

相关资料表明，有的学校或者班主任为了提高学校或班级的中考或高考升学率和平均成绩，不是在教育和管理上下工夫，而是在排挤后进生方面动脑筋。为此，他们采取各种各样的措施劝退或变相排挤比较落后的学生，动员他们放弃参加中考或高考的念头。极个别的学校为了达到上述目的，竟然公开地让教师做好劝退工作，而且劝退一个学生学校奖励教师150元，结果遭到了各方面的指责。还有个别的班主任，为了减轻自己的教育教学责任，想方设法让比较落后的学生转学转班，甚至以非义务教育阶段可以劝退学生为借口，动不动就以"别来了"、"如果再捣乱，就给你严重警告"威胁学生。如此"待遇"，导致那些差生认为：成功不属于他们，进步不属于他们，期待也不属于他们。在这里，教育被歪曲了，教师的价值被歪曲了，期待成了"弃待"。

某学校高二（3）班的班主任商老师，在自己的教育随笔上记录着这样一段文字：每一个学生都是一本书，都是一个独特的世界，每一个世界里都有太多的奥秘，需要教师精心阅读和思索。每一个学生都是一朵花，只要园丁精心地耕耘，热心地呵护，耐心地等待，就一定能够如期地绽放。这段文字实际是对商老师工作的真实写照。学生李某生活在一个重组的家庭，父亲对他很严厉，继母对他很苛刻，家庭的经济条件很差。不和谐的家庭不仅给他的心灵带来巨大的打击和创伤，也使他沾染上许多不良的习惯。由于迷恋网吧，没有钱他就偷，偷家里的、同学的，最后竟因为撬门行窃被邻居送到派出所拘留10

天。家长认为他没救了，让他干脆退学，同学认为他是害群之马，建议学校趁机开除。可是，商老师却说，是花就会开放，尽管他犯了错误，但我对他的期待没有改变。经过商老师长时间的教育，李某不仅顺利毕业，而且考入一所普通大学。

学生小刘因病住了1个月的医院，痊愈后想回到原学校继续学习。但是，由于落课太多，再加上基础比较薄弱，学校和班主任都希望他休学一段时间，明年继续读高一。可小刘不想耽误更多的时间，他的父亲无奈之下便找到商老师所在的学校领导，要求转学到商老师所带的班级读书。听到这个消息，许多同事都说，这个学生的基础本来就不好，又耽误了一段时间，你接受了他，势必影响班级的高考成绩和升学率。面对着教育价值和教育评估的考量，商老师毅然选择了前者。他认为，班主任工作的价值从某种角度上说就是满足学生的期待，现在学生和家长对我有期待，我也应该对学生的进步有期待。现在，这个学生在商老师的期待中各方面都有了明显的进步。

1. 期待是教育的动力

一个班级有几十个学生，无论是优秀生，还是后进生，都对未来充满希望，期待自己的成长和进步，同时也期待着他人特别是教师的肯定和激励。但是，一个学生的进步，除了自己要有坚强的意志、顽强的毅力和上进的勇气，他人特别是班主任的期待也很重要。期望理论给我们的启示是：有什么样的期待，往往就有什么样的结果。班主任在学生的心目中，是和亲人处于同等地位的依赖对象，他们特别希望从这里得到动力支持。班主任一个肯定的眼神、一句鼓励的话语、一次心灵的对话、一个引领的目标、一次及时的表扬，他们都会从中感受到期待，进而转化为进步的力量。

多一点期待就多一点收获，多一份期待就多一个进步的学生。在日常的教育中，有的班主任往往对优秀的学生期待多，对表现一般的学生期待少，甚至对暂时后进的学生根本就没有期待。乍看起来似乎合乎逻辑，实质是不公平教育态度的反映，是对一些学生的精神伤害，这可能在他们的心灵中留下阴影。我们应把期待送给每一个学生，伴随每一个孩子成长。

2. 正确对待期待中的反复

某学校高中二（2）班的班主任路老师，对这个问题有自己独到的见解。他认为在学生的成长过程中，老师对学生的期待不应是一次性的，而是不断地予以期待。他用自己的经历为自己的观点作了诠释。

2007年中考，学生强新（化名）因为一分之差，只能花钱进入重点中学学习。本来他的知识和能力都比较扎实，可是因为背着"择校"的包袱，学习成绩滑坡的现象非常突出。面对这个情况，路老师和他进行了一次又一次"心对心"的谈话，教育他丢下包袱，集中精力学习，争取不掉队。他表示绝不辜负老师的期待。他逐渐进入了状态，学习成绩也在提高。可是过了不久，心灵中的阴影又在作怪，数学模拟考试的成绩是63分，英语成绩勉强得了60分。路老师没有因为强新暂时辜负了他而放弃，而是一次次把自己的期待送给学生。整整一年的期待，无数次的心灵对话，终于使这个学生振作起来。现在的强新不仅学业成绩明显进步，而且在研究性学习、社区服务等其他领域也都有良好的表现。

二、为了发展学生的一切

班级不是"育分场"，而是"育人场"。班主任追求的不能仅是学生学习成绩的提升，而应是学生全面和谐地发展。所以，班主任不仅要关注学生的智商，也要关注他们的情商；不仅关注学生的身体，也要关注他们的心理；不仅要关注学生的现在，也要关注他们的未来；为学生提供发展的可能、奠定发展的基础。德、智、体、美之间，打好基础和张扬个性之间不是对立和矛盾，而是辩证统一。

北京的一位中学教师当班主任从学生初一开始直到高三毕业一直带一个班级，六年一循环。在此期间，他有意识地摸索培养学生全面发展的方法，进行素质教育实验。经过18年的摸索，他的体会就是：必须坚持德、智、体全面发展，而德是第一位的。他的做法是把德、智、体融为一体，使之统一在建设一个优秀班集体，为人民"炼一炉好钢"的实践中。每接一班新生，他都通过和同学、家长反复讨论，确定一个大家共同为之奋斗的建班方针：做诚实、正派、正直的人；做有远大理想的人；做有丰富情感的人。

他的实验取得了成效：所带三轮班级都是北京市优秀班集体。以第三轮为例，全班都是共青团员，班长是共产党员。这个班在离开中学后的三年中，社会上传来许多人们对这些学生爱国、品德高尚的称赞，表明他们的思想品德切切实实提高了。

智力素质方面，全班 40 人，六年前考初中的时候，大部分达不到区重点中学的最低分数线，但是六年中没有淘汰任何学习上后进的学生，全部考上大学。38 人上了重点大学本科，其中 22 人进北大、清华，占全班人数的 55%。

学生在身体和艺术素养上的进步同样明显。上高中后，学校运动会上一般团体总分在 30 分左右，而这个班级达到 126.5；合唱比赛每年都是第一。班上许多学生的钢琴、手风琴、小提琴、书法都在北京市表演比赛中拿奖。

（《素质教育观念学习提要》教育部基础教育司编）

这个事例虽然发生在实施新课程以前，但从落实素质教育要求的角度分析，对今天的班主任工作仍然具有指导意义。

（一）让每个成员都彰显生命的活力——全面发展，一项不能差

一个有生命活力的学生，应该是全面发展的学生，能够适应环境、适应社会的学生。只有这样，他们才能对生活和学习充满希望，对未来充满信心。

1. 学习管理依然很重要

有人片面地认为，新课程改革强调全面提高素质，学生只要具有创新精神和实践能力便可，学习成绩可以放松要求，甚至学习目的、态度、习惯的教育和培养也可以放松。还有的人认为，新课程改革主要是学习借鉴美国的教育理念和教育模式，人家美国学校重视其他方面，对学习就不较真。既然向人家学习，就应该全面彻底，这样才能和国际接轨。应该指出，无论在义务教育阶段或高中阶段，在实施新课程过程中，都应警惕这种"反智"倾向，紧紧把握课程改革的实质目的和方向。

读完下面的事例，也许一些人会改变以上的看法。

一年一度的美国总统奖，是美国高中应届毕业生梦寐以求的最高荣誉之一。根据规定，通过层层选拔后，每个州每年只有一个男生、一个女生可以获得美国总统奖。成绩优秀是角逐总统奖的首要条件。如马里兰州私立兰顿学校的 2003 年获得此奖的学生高中应届毕业生马雷，从小学开始，各科成绩就非常优秀。他参加了学校的数学俱乐部，10 年级的时候，已经学完了高中的全部数学课程。他 12 岁就开始学习中文，由于自己刻苦努力加上语言天赋，15 岁便成为被哥伦比亚在北京的中文语言研究院所录取的第一位高中生。（《中国

高中新课程在课程内容的选择和编制方面注意了体现时代性、基础性和选择性，目的是关注学生的生活经验，强调学生掌握必需的经验知识，培养他们灵活运用的能力，获取新知识的能力、分析和解决问题的能力，以及为适应社会对多样化人才的需求，满足不同学生发展的需要等方面。这意味着对班主任的学习管理提出了更高层次的要求。班主任应注意教育学生端正学习态度，养成良好学习习惯，掌握科学的学习方法，使他们真正成为学习的主体。要营造良好的班级气氛，形成温暖和谐的班级学习团体；要做到班级内部井然有序；要为学生提供丰富的学习机会和多样的学习形式。如果换一个角度分析问题，那就是，课程改革必须明确改什么，坚持什么，不能不加分析地乱改，把我们积累多年的成功经验也盲目改掉。

2. 思想品德的管理必须加强

前不久，北京市有关部门对中学生价值观进行了调查，调查的几组数字表明：热爱祖国、积极向上、团结友爱、文明礼貌是当今高中学生精神世界的主流。例如，信仰：大多数学生对中国特色社会主义道路的发展前景保持乐观态度，63.6%认为"前途光明"、"尽管道路艰难，但目标会实现"；爱国主义观念：90%的学生认为需要弘扬爱国主义精神；民主、平等和法制观念：93.4%的学生认为遵纪守法非常重要；个人与集体：89.5%的学生认为，集体和个人的利益发生冲突时应该以集体为重；个人与他人的关系：53%选择"互相帮助"。（《教育科学研究》2007 年第 4 期）但有个别现象也应引起注意。根据《中国青年报》报道：2007 年的春天，河南郑州爆出了一则新闻。一个大学生招聘会，来了三万多人，潮水般的人群挤倒了会场的两扇玻璃大门，把电梯挤得也变了形。人们不禁惊呼："大学生找工作，怎么这么难！"与此同时，一些企业却抱怨说："目前公司招人，比大学生找工作还要难！"为什么？一家知名的企业，有一年招收了 500 多名大学生，但因为他们受不了在一线磨炼的艰苦，先后走掉了 300 多人。有的企业负责人反映，有些新的员工，上班的第一天就迟到，大庭广众之下用公司的电脑玩游戏，丝毫没有觉得羞愧。（《中国青年报》中的《大学生毕业生就业，难在哪》，2007 年 1 月 5 日）

这个事例反映的是刚刚毕业的大学生的品德和习惯的状况，但其折射出来的现象和问题，却值得我们班主任深思：培养学生正确的理想信念，正确的世界观、人生观和价值观，遵纪守法意识，文明的行为习惯应是教育的永恒追

133 <<<

求。上海市社会科学院青少年研究所研究员徐浙宁，在上海市 986 户拥有未成年人的家庭中进行了一项调查，结果显示：46.1％的未成年人认为诚实就意味着吃亏。她在研究中发现，在当代家庭中，存在着严重的"智力教育超前"、"道德教育滞后"的现象。

大量的教育实践说明，教育尤其是高中阶段的教育，从来都是承担着双重的使命：不仅要以教育的方式使学生掌握前人的经验、常识以及各种特殊的知识与技能，而且要以教育的方式使学生掌握该时代的价值观念、道德规范和各种行为准则。即使是最为标榜"自由与个性"的美国在这一点上也不例外，像芝加哥大学、哈佛大学等著名学府，本科阶段的前两年，几乎都是所谓"通识教育"的核心课程，读的是柏拉图、亚里士多德、莎士比亚等西方经典，其目的也在于培养学生的精神人格和内在的价值尺度。（引自《人民教育》2007 第 23 期）

班主任进行思想品德的管理，重点是整合教育要素，努力形成一种比较稳定的机制。这种机制要有明确的目标、具体的要求、可行的措施和客观的评价，发挥对班级工作和学生健康成长的导向和动力作用。在管理过程中，班主任要特别注意充分发挥自己的人格魅力、情感教育的号召力和感染力，坚持以心育心，以情育情，以人格育人格。

3. 突出心理健康管理

内蒙古呼和浩特市的一个学校曾发生了这样一个悲剧：一个学生上吊自杀，自杀前写了一份遗书："爸爸妈妈：我走了，这次并不是无原因的，是因为我在学校淘气，把钢笔水甩在了语文老师的身上。我其实只甩了一次，但老师不信我，非说以前也是我甩的，我很委屈。还说如果我不承认，就和我没完没了，还说我是人渣，没有人性，我实在受不了。我夜里一闭眼，就看见他来骂我，如果他不相信我，我就只有拿死来证明。他让我失去了自尊，失去了人格，失去了我内心最宝贵的东西。"遗书中提到的这位语文老师当时 50 岁，从教 25 年，曾经获过两次呼和浩特市的"优秀教师"和一次"优秀班主任"荣誉称号。

事后，这位语文老师说："对孩子的死我太痛心了，谁也没有想到这个结果，花季啊，他怎么会不懂得尊重，不懂得生命的珍贵啊！""这几天来，我无时无刻不在反省自己，是否对学生要求过高，没有估计到孩子的心理承受能力，没有跟家长沟通，我真的很后悔，对不起家长。这场悲剧，给我这个有几十年教龄的老教师，不仅仅是一个深刻教训，而且敲响了一个警钟：教书育人千万要注意方法，对孩子要有爱心，教育工作要细致再细致，尽量想得周到一点。"

现在的高中学生面临升学和就业的压力，再加上"90后"孩子情感脆弱，性格软弱、意志懦弱的特点，使现在学生的心理承受能力、克服困难和抵抗挫折的能力普遍较低。虽然他们思考后分析问题相对比较理性，但面对迷茫和困惑，其自身是难以解决的，所以这种情况必须引起班主任的高度注意。对于这个问题，有的班主任持有不同的意见，认为学校既然配备了比较专业的辅导员和咨询师，再加上班主任对专业比较生疏，学生遇到问题可以直接和心理咨询师联系，班主任无须再承担管理责任。可是大多数人认为，班主任与学生接触较多，沟通便利，应把对学生身心健康成长的引领纳入自己的工作职责之内。但要和专职、专业的心理辅导教师在工作上有一定的区别，合理错开。同时，他们认为加强学生心理健康的管理要注意四点：

一是营造班级氛围。民主和谐的集体氛围，能使学生在班级中愉悦地学习，快乐地生活，能使学生向老师和同学倾诉和释放自己压抑的情绪，苦恼的问题。

二是团体心理辅导。对于绝大多数学生而言，他们缺乏的是应对困惑的态度和技巧，班主任应视具体情况对普遍性问题组织团体心理辅导，比如考试焦虑，可在合适的时机请专业教师及时予以点拨和指导。

三是形成整体效应。要通过活动、学科教学及其他途径，形成教育和管理的整体效应。

四是特别关注。对个别有心理障碍的学生予以特别的关注，并及时和相关的专业教师取得联系，或与家长协商采取其他有效的措施。

（二）让每个生命都释放独特的光彩——张扬个性，一个不能缺

2007年9月，日本举办了纪念世界民间联合国教科文运动60周年的大会，大会主题词引自日本一位女作家的诗句：大家不同，大家都好。这8个字对我们的启示是：每个学生都是一个鲜活的生命个体，且有独特性。正是这个原因，才构成了学生世界的丰富多彩。因为每一个学生的发展速度和发展轨迹不同，发展的目标也具有一定的个体性，班级管理在学生的个性发展方面，不应追求整齐划一，而应鼓励学生在全面发展的基础上，张扬自己的个性，发展正

当的兴趣和特长。

2006 年 9 月份，《上海科学》的副主编，在上海《早报》上发表了一篇文章，大概内容是讲述他儿子的学习经历，并以此质疑国内教育方式。他的儿子在上海的某学校学习，被认为是一个标准的差生，水泥脑袋。上课捣乱、说话，和老师唱反调，由于怎么也教不好，后来就被送去美国读书。到了美国以后，没想到他在制作动画、卡通方面获得了大奖。在上海读书的时候，学生上课说话，向老师提出不同的意见受到的是批评；而在美国，学生认为老师讲得不对，提出意见却受到表扬，被认为是天才。一个顽皮的孩子，在美国取得了这样的成绩，引起我们的反思。这篇文章发表后引起很大的反响，报社的同志还采访了学生原来的班主任。班主任说，这个孩子的确是很顽皮，但也认为他很聪明。我们在此不去讨论这个事例的普遍意义，但可以从中获得一些有益的启发。

1. 每个学生都是独特的

学生并不是单纯的抽象的学习者，而是有着丰富个性的完整的人，不仅具备全部的智慧力量和人格力量，而且体验着全部的教育生活。要把学生作为完整的人来对待，丰富学生的精神生活，给予学生全面展现个性力量的时间和空间。每个学生都有自身的独特性，独特性也意味着差异性。班主任不仅要认识到学生的差异，而且要承认学生的差异，使每个学生在原有基础上都得到完全、自由的发展。

2. 每个学生都有发展的独特性

让每个人的个性得到充分自由的发展，是马克思学说关于人的全面发展的重要观点。每一个学生由于家庭背景不同、兴趣爱好不同，形成了不同的个性。班主任如果在管理中坚持用一把尺子衡量所有的学生，拒绝教育对象的多样性，很容易扼杀学生个性的发展。大量的事实表明，一个拥有独特个性的人更容易体现出创造性，更能充分发挥自己的聪明才智。张扬个性就是要帮助学生发现自己、悦纳自己，给学生创造选择和表现的机会，使他们的个性得到充分自由的发展，让每一个学生体验成功的快乐，拥有一份成功的自信。"给孩子一些权利，让他自己去选择；给孩子一些机会，让他自己去体验；给孩子一些困难，让他自己去解决；给孩子一些问题，让他自己找答案；给孩子一些条件，让他自己去锻炼；给孩子一片空间；让他自己向前走。"（引自《素质教育观念学习纲要》教育部基础教育司编）

（三）让每个孩子都能把握自己的未来——主动成长，一个不能落

让学生主动成长，把握自己的未来，也是本次高中课程改革倡导的一个理念。这是因为，全面提高学生的素质不是空洞和抽象的，最终必须通过每个学生的素质反映出来，或者说每一个学生都是素质的承担者和体现者。离开学生的主动性、自觉性和积极性，任何教育理念、教育模式以及教育方法都不会取得最佳效果。因为教师不能替代学生思考和认知，不能替代学生感悟和体验，不能替代学生总结和反思。

某地区一所县城高一（6）班的班主任王老师，在班级的管理中，积极贯彻新课程理念，认真做好各项工作，但经过一个学期的工作却发现了许多意想不到的现象。例如，有的学生的作业不能准时完成；有的学生上课精力不集中、学习成绩明显滑坡；有的学生明明智力很高、但学习成绩平平，还有的竟然不顾学习的压力、经常去网吧玩游戏。据此，王老师以主动学习、主动完成作业、主动合作与交流、主动总结反思等几个反映学生主动发展的维度为中心，设计了一张问卷。结果有74%的学生选择了主动学习，37%的学生选择了主动合作与交流，26%的学生选择了主动反思……然后，他利用业余的时间分别和31个同学进行了谈话。学生张强（化名）入学时的中考成绩名列全班第六，可是仅仅半年的时间，竟然退步到数学成绩不及格的地步。他说出了这样的原因："初中三年的时间，我课上认真听讲，课下努力温习，按照老师的要求把每一个定理、公式，甚至典型的例题都记得滚瓜烂熟，但很少思考为什么，很少琢磨学习过程，从来就没有质疑过什么。到了高中，感到学习方法非常的不适应……"学生刘营（化名）说："初中的时候，我们班级有一个口号'为争取人人上高中，人人读重点而奋斗'，父母对我提出的要求也是必须考上高中，不然就没有任何出路。说实在的，当时我的学习目的并不是十分明确，不知道长大以后究竟干什么。进入高中以后，我觉得没有给当时的班主任丢脸，没有让家长的希望落空，反正现在的大学也比较好考，没有必要刻苦勤奋了，将来就听天由命吧。"

王老师经过书面调查和个别谈话，对学生目前的发展状态以及出现这种状态的原因进行了认真的分析总结。认为之所以出现这种情况，因素虽然是多方面的，但其中主导性因素是学生主动成长的意识淡化，对自己未来的人生缺乏

设计和规划，成长过程中借助外力推动的依赖心理比较突出。面对这种情况，他策划和实施了主题系列教育活动，召开了"我的未来我做主"的班会，开展了"成功人生背后"的社会调查，组织了"10年后再相会"的征文等。除了集体教育，他还针对一些学生的特殊情况，开展"问题有约"活动。3个月的时间，通过这种形式，王老师对11个学生进行了面对面的个别点拨，帮助他们调整了情绪，理顺了思路。

现在，他所带班级的学生基本个个都能主动地学习、思考、提问、质疑，开始提到的现象全部消失在主动学习的氛围中；学生在思想认识上产生了困惑，心理上有了障碍，交际中出现了隔阂，个个都能主动地向老师和同学倾诉，健康的舆论引导着他们主动成长。王老师深有感触地说，教知识、教方法固然重要，但比这更重要的是给予学生主动成长的信念、信心和意志，为他们指明一条主动发展的路径。

以上事例留给我们许多思考，但主要是以下两点：

1. 让所有的学生主动发展

一般说来，让少数学生主动发展并不难，难的是让所有的学生都具有自信，都能主动发展。尽管高中的学生正处于花一般的季节，富有敏捷的思维和彩色的梦想，但他们毕竟是发展中的人，是需要教师指导和引领的人，是不太成熟又期待成熟的人。作为班主任，应该承认每个学生都潜藏着巨大的发展能量，坚信每个学生都具有主动成长的愿望和动机。通过艰苦细致的工作，不断为他们注入成长的活力，盘活主动成长的每一根神经，促使每个学生主动和谐的成长。对于主动学习自觉性不高、主动修身意识不强的学生，应反复地教育引导，反复地进行心灵对话，调动一切主动上进的因素。

2. 让所有的学生自主成长

从心理学的角度分析，高中学生具有独立意识增强、思想活跃、重视自我形象等特点。班主任应把学生当做不以自己的意志为转移的客观存在，当做有思想、有灵感且具有自主发展能力的人来看待，使自己的教育和管理适应他们的兴趣要求和身心发展规律。一定要牢记，学生是学习的主体，是发展的主体，是责任的主体和权利的主体；我们的责任是引导他们学会对学习、对生活、对自己、对他人负责，促进学生的自主成长。

2006年北京电视台的"父母讲堂"栏目，曾播出这样一个故事。一位中学男生以往的学习成绩一直不好，尤其是数学的成绩最差，常常考 30 分，被老师认为是差生。可在一次期中考试的时候，他的数学成绩竟然考到 87 分，名列全班数学成绩的前几名。老师认为他有作弊的嫌疑，要求这个学生进行补考测试。学生为了证实自己的清白，在老师的监督下进行了所谓的补考测试。考试的结果出乎老师的意料，学生得了 83 分。事实证明学生并没有作弊，他的数学的学习水平确实有了提高。主持人问这个男生："你为什么能在期中考试前很短的时间，将数学成绩由 30 多分提到 87 分？"他说："以前，我不喜欢数学，觉得很难，从来没有仔细温习过。一次，我的好朋友胖子问了我一道数学题，居然有人向我讨教，我感到受宠似的，心想一定要做对，证明自己比他强。我很认真地一步一步讲给他听，居然把题给解出来了，我自己也感到很意外。当时我就想，也许数学并不像我想象的那样难，也许我还有点这方面的天赋。接下来，我在考试前的一段日子里，整天闷在房间里做题，动脑子思考。在我认真地对待下，一道道难题也不难了，而且我越学越有信心，越学越有兴趣。"（《中国德育》2007 年 8 期）

3. 新课程背景下的班级管理策略

—— 把班级还给学生

新的形势、新的课程实施，使班级管理面临新的形势和矛盾，使班主任面对着新的情况和问题。虽然一切都在改变，但班主任的专业信念不能变，执著的工作态度不能变，提高专业技能的追求不能变。研究和探讨班级管理策略，是班主任专业发展中必须面对的问题和挑战。只有讲究策略，才可以既能达到管理目的，又能体现管理过程的规范化、人性化、科学化，进而使班级秩序既井然有序，又充满朝气。

一、绘制共同的愿景——目标导向策略

目标就是旗帜，它以集体的期望为前提，凝聚着大家的意识倾向、发展需求和成就动机，是大家共同的价值取向和追求。一个班级只有确立了有效的班级目标，才能激励每一个学生的意志，调动每一个学生的积极性。其导向作用，在于通过目标的牵动和吸引，诱发人的发展潜力，调整行为趋向，促使人的活动能量最大限度地释放，引导班主任和学生把发展的可能性变为发展的现实性。

成都市礼仪职中民航专业的班主任徐宜曾明确向空乘大专班的学生说："从你们入校的这一刻起，老师和同学都以美慕的眼神注视着你们，因为你们进的是空乘大专班，希望你们能珍惜这份目光。"

随后，经过全体同学的讨论，确立了职校三年的远期目标、中期目标和一学期内的近期目标。远期目标：把班级建成优秀班集体，争取全班五十多名同

学三年后能以良好的成绩和道德素养顺利进入高一级学校。中期目标：把班级建成良好班集体，保质保量地完成年度德育及学习任务。近期目标：在学校开展的各项竞赛评比活动中，必保达标，争取优胜。

为了达到预期的目标，她又要求学生根据班级的学期目标制订了个人具体的学习及道德奋斗目标。她要求学生意识到：我们是礼仪职中的优秀班集体，每个学生应成为优秀的一员。随着时间的推移，她惊讶地发现，这种理念逐渐化成学生内在的潜意识。即使是班级中的后进生，也意识到自己是优秀集体中的一员，也应该优秀。在这种意识的支配下，学生们学习的内动力增强了，创优的积极性更高涨了。班级的每一次进步，学生们都为之欢呼；每一次失利，大家都会为之叹息。在这种人人参与的创优氛围中，班级的进步也就成为事物发展的必然。（《中国教育报》2006 年 7 月 13 日）

（一）目标应是大家的目标

目标既是大家的共同行动追求，应成为师生共同成长和发展的精神引擎。新课程强调要转变学生的学习方式，变被动接受为主动探究。同样，在班级目标形成的过程中应充分调动学生的积极性，把大家的发展欲望激发出来。如果仅仅是班主任个人的主观臆测、个人的奋斗方向、个人的价值追求，那么目标达成和实现的概率只是百分之几，目标只能是贴在墙上的标语，写在纸上的要求，说在嘴上的口号。它既不能成为师生共同的发展信念，也不能成为大家的共同行动。

（二）目标应是全面发展性目标

有的班级在醒目的地方写上这样的口号："我们不是贵族的后代，但要成为贵族的祖先。"我们对这则目标可以作如下的解读：发奋刻苦读书，进入名牌大学，成为人上人……急功近利、断章取义，歪曲了高中教育的培养目标，把班级这个培育人才的摇篮仅仅理解为造就大学生的摇篮。班级目标是学生发展的导向，不仅有学习导向，更应有理想信念的导向，正确的世界观、人生观、价值观的导向，还应有思维方式、行为方式的导向，学会人际交往的导向和身心健康成长的导向。

（三）目标应是过程的目标

班级目标的实现重结果，同时也要重过程。通俗地说，栽上目标树只是第一步，我们还需要持续地做大量后续的工作，否则就不会结出丰硕的果实。因为目标的实现是循序渐进、逐步达成的，形成于实施的整个过程之中；每个阶段都在不同的程度上达到目标，每个环节都在不同的侧面反映目标的实现。班主任应善于把长远的目标变为大家"跳一跳，够得着"的中期目标和近期目标，使学生行为持续处于亢奋的状态。为广泛调动学生积极性，还可把班级的目标分解为小组目标、个体目标，组合成一个整体统一、有合有分的目标链、责任链，以更好地聚合人心、人气和人力。

（四）目标应是具体的目标

名不见经传的日本马拉松选手，矮个子山田本一分别于 1984 年日本的东京和 1986 年意大利米兰的国际马拉松邀请赛上两次夺冠，令人大感不解。10 年以后，人们在他的自传中揭开了这个谜。每次比赛之前，他都要乘车把比赛的路线仔细地看一遍，并把沿途比较醒目的标志画下来。比如，第一个标志是一座高楼……这样一直画到赛程的终点。开始的时候，他就以 100 米跑的速度，奋力向第一个目标冲去，等到达第一个目标以后，他又以同样的速度向第二个目标冲去……40 多千米的路程被他分解为一个个小目标，他便轻松地跑完全程。起初，他把 40 多千米以外终点上的那面旗帜作为目标，结果跑了十几个千米就疲惫不堪，人们把他的目标分解的方法叫做"近期目标效应"。这个事例告诉我们，班主任在和同学们制订共同的班级目标的时候，不仅要进行合理的分解，而且要具体可行，使学生看得见、摸得着。

二、抓住比观念更重要的缰绳——制度规范策略

有人认为，既然高中实施新课程改革的核心理念是坚持"以人为本"，无论什么样的问题都应遵从学生的主张和意向，可以放松班级管理，可以弱化制度的规范和约束作用，把"以人为本"和制度建设对立、割裂开来。常言道，"没有规矩，不成方圆"，班级作为一个微型的社会，和成人社会有许多的同一

性，特别是思维活跃、比较理性的高中学生，他们的意识指向性和行为趋向性都呈现出多元的趋向。因此，培养他们的规则意识和良好习惯，建设良好的班风班纪，创设浓郁的制度环境依然很重要。坚持制度规范应注意以下问题：

（一）合法

班级制度的制定、建设和完善，都要体现一定的法律规范，反映一定的规章准则。为此，班主任应根据国家制定的《中小学生守则》和《中学生日常行为规范》以及学校的相关要求，结合班级的实际，制订具体要求和细则，以形成稳定的班级秩序，保障全体学生的学习和生活的权益，体现"以法治班"的思路。否则，势必和既定的具有法律效应的教育要求相抵触、相冲突，造成不良影响。比如，某省某中学，为了杜绝学生带手机，作出这样的规定：学生上学带手机，如果被学校发现，当场没收摔坏，而且手机成本由学校和家长共同承担。在执行的过程中，学生反映这种做法太武断、老师们认为长此以往学校赔不起，有识之士评论此举没有法律依据，只能终止。还有的学校规定，如果男女学生在校园单独相处并有肢体接触，一旦被发现，就责成回家反省一星期。以上这些制度，虽然制订和执行的主体都是学校，但对班主任同样具有借鉴意义。

（二）合情

制度面前人人平等，对所有的学生都应一视同仁。从这个角度讲，它是无情的；但在执行的过程中，又具有一定的道德空间，班主任的工作应该是有情的。例如，根据规定，学生三年内应参加不少于 10 个工作日的社区服务，才能获得 2 个学分；如果参加社区服务少于 10 个工作日的，就不给学分。

某地实验中学的班主任王老师遇到了这样一个问题。他们班学生小 A，父亲常年有病在家，还定期住院治疗，母亲一个人依靠做钟点工的收入支撑着这个家。由于白天需要伺候病人，她只能等到小 A 放学回家和节假日的时候外出赚钱补贴家中开销。可是，为便于统一管理，保证把服务落在实处，王老师他们班参加社区服务的时间一般都是安排在节假日，或以班或以小组的方式进行。这样，小 A 就失去了和大家共同参与的机会，心里非常着急，生怕自己达不到要求，影响毕业和升学，思想包袱很重。王老师发现后，积极帮助他想办法，多处联系服务的渠道。经过他人提供线索，最后和医院取得联系，在他父亲住院的时候，他一边照料父亲，一边做同一病房另一病人的义务护工。小A非常珍惜老师的信任和安排，既尽到了照顾父亲的责任，又在服务他人中升华了情感。所以他逢人就说，王老师是个既坚持原则，又体谅学生的好老师。

（三）合理

高中学生看待问题比较理性，维护公平和正义的意识比较强。他们尊重制度的权威性和严肃性，同时对班级生活中的一切现象比较敏感。如果班主任在实施制度规范策略的过程中，情感的天平时有倾斜，价值尺度具有多重性，就容易使学生对班主任工作的公平性、制度的严肃性产生质疑，给自己制造不必要的障碍。南方某城市第三中学高一（5）班班主任邢老师对这一点的体会最深。

2007年9月份，刑老师担任了班主任之后，发动同学们制订了一系列的班级制度。学生自觉遵守规定，班级秩序良好，连续两个月被学校命名为"风纪貌"优秀班级。可是，12月进行评比的时候，他们班的三项指标却在年级10个班中排在第7位，其中班纪排在第10位。经过了解，许多学生认为出现这种结果的原因是多方面的，其中之一是老师在贯彻制度方面的公信度下降，没有做到"一碗水端平"，导致大家情绪波动，凝聚力下滑。有的学生举例说，团支部书记在校园内骑自行车违反了校纪班规，摆放的时候不按要求。对于这种行为，老师认为可以谅解，因为早自习秩序需要他来维持。学习委员因为收缴语文作业不参加课间操，老师却视而不见。有的学生说，干部带头破坏制度，应受到批评。合理就应一视同仁，而不应偏袒……邢老师意识到自己的失误，在班会上进行了自我检讨，表示今后一定维护制度的严肃性和权威性，一切遵循合理的原则，不辜负大家的期待。他的表态引来一阵热烈的掌声，班级又恢复了以往的朝气。

似乎是微不足道的问题，但蕴涵着深刻的教育命题。班级制度的生命力就在于"理"，制订要合理，贯彻过程中的各个环节要合理，班主任在细节的处理上要合理。"理"是维系制度公平性的支点，没有它，制度就可能贬值。

三、搭建互动的平台——民主协商策略

班级是学生的班级，学生是班级的主人。教育和管理中遇到什么问题，班主任要善于与学生商量研究，不要目中无人，个人苦思冥想，应群策群力，共同面对问题和困难。

有位班主任，教了20多年书，可是一到"排座位"，他总是很犯难。因为每次都会带来或多或少的麻烦和争议。于是，他就把这个问题交给了学生讨论。他问大家："你们如果是老师应该怎么排啊？"学生们说："排座位一定要有规则。""你们的规则是什么？"大家便各抒己见。班长说："应该照顾近视的同学，他们确实有困难，应该得到关心照顾，坐在前排。"学习委员说："应考虑学习成绩，学习成绩好的和学习差的坐一起，可以互相帮助。"纪律委员说："男女生应该搭配座，女生讲卫生，男生纪律差，这样两个问题都可以解决。"有同学说："如果没有特殊情况，应该按高矮排，大家都可以看到黑板，相互不影响。"有的说："应该考虑一下性格，性格开朗的应该和内向的排在一块。"有的建议："应该每半个月换一次，让同学眼睛能适当调试。"还有的说："我们不能一概而论，有的同学有斜视，就应该老在一边，这样就能够矫正他的视力。"班主任听了发言以后，感觉很惭愧，认为在细节上，学生比老师想得要周全。

（一）多一些民主，多一些解决问题的思路

表面上看，这件事情似乎仅仅是个技术问题，但实质上是个教育问题，是个管理观念问题。在班级的管理中，多一些学生参与，就多一些智慧和力量；多一些民主参与，就多一些解决问题的思路和方法。现在的学生思维活跃、获取信息的能力强，从特定的意义上分析，他们知识的集合、能力的集合、方法的集合，往往大于班主任个人的认识视野和能力范畴。班主任应在实施民主协商策略中，和他们多些情感对接、思维连线、换位思考、心灵沟通，采纳合理的意见和建议，把自己的管理权利缩小，把管理的效益放大。凡是学生自己能办的事情，就应大胆地交给他们，解放自己，锻炼学生。

（二）多一些互动，多一些教育的智慧

新课程把教学的过程看成是教师与学生互动、共同发展的过程。在这个过程中，双方分享彼此的经验和认识，交流感情、体验和观念，从而达成共识，共同进步。同样，建设和管理班级，也应该是班主任、学生交流互动的平台。老师不要以权威自居，事事自作主张，完全不把学生的意见放在眼里。在对话交流、讨论互动中相互理解、相互悦纳、相互回应，做到"大家的事大家办，大家的任务共同担"。因此，在目标的提出、制度的制定、组织核心的产生、活动的开展、文化的建设等方面，要加强和学生沟通，在互动中体验教育的幸福，增强教育的智慧。一位优秀班主任经过不懈的探索，总结出班级管理的"20个金点子"。许多年轻班主任都好奇是从哪里来的，便认真地向他请教。他说，既不是头脑中固有的，也不是完全从书本上借鉴的，而是来自班级管理的实践，来自与学生经常性地互动与沟通。

（三）多一些信任，多一些教育的收获

坚持民主管理的基本前提是信任和依靠学生，相信他们自我教育、自我管理的能力，相信他们在正确的引导下，能够解决个人的问题和集体的问题。高中的学生处于个体发展的成熟期，自我教育、自我管理、自我评价的能力明显提高，"自我"概念已基本形成。在班级管理中，班主任应注意培养学生的自主精神，分解教育责任，构建学生自我教育链条，实现"管是为了不管"的目标。许多优秀班主任在谈到班级管理的经验和体会时都这样认为：有效的机制是学生自我管理体系，有益的收获是提高了学生自我管理能力，有为的管理是"无为而治"，有偿的教育是着眼学生的未来。对学生多一些信任，就多一些教育的收获；对学生多一些依靠，就多一些管理的力量。

四、凝聚教育的合力——合作协调策略

班级是开放的班级，切忌单兵作战、封锁门户。从大教育观和班级观的角度分析，任课教师、学生的家长都是班级的成员和教育者，对班级管理负有一定的责任和义务。班主任应完善协调合作策略，主动和他们研究商量，主动寻

求支持帮助，变通管理思路，扩展管理渠道，丰富管理阅历。在方法上，定期通报和分析班级的状况和发展态势，请大家把脉会诊、献计献策，以更好地借助众人的智慧和才能。这样，可以整合一切管理因素，扩大管理队伍，提高管理效能。

2007年7月，某学校高二（4）班被授予"市级优秀班集体"的称号，班主任翟老师捧着奖状激动地说："这个荣誉不仅属于我和我的学生，还属于我们所有的任课教师和86位学生家长，没有他们的参与和支持，就没有我们班的今天。"翟老师所在的学校在城乡结合处，学生教育和管理的难度都很大，社会上评价说，"这所学校的学生不土不洋，不城不乡，既缺乏城市孩子的教养，又没有农村孩子的淳朴，谁当班主任就是自找苦吃"。面对着43位来自不同家庭背景的学生，尤其是班级接二连三地发生波动的时候，他曾经犹豫过，也打算向领导提出辞职的申请，专心教好一门课程。可是又舍不得离开这群既可气又可爱的学生，舍不得放弃这个锻炼青年教师的灿烂岗位。于是，他改变了工作思路，决心依靠任课教师集体和全体学生家长的支持，共同做好班级的管理。外语老师告诉他有7个人没有交作业，他就利用课间去督促；语文老师提出课堂的秩序比较混乱，他就利用放学后的时间专门讲10分钟的纪律；物理老师说有学生做实验不专心，他就跑到实验室亲自观察……从早到完，忙得团团转。结果班级面貌依旧，教育不见起色，就连自己担任的数学课，成绩也平平无光。后来，在校长的支持下，这个班级的所有任课教师成立了以班主任为核心的班级教导会，形成一个共识：班级管理共同做，大家都是班主任。从此，他们定期召开联系会议，共同分析学生的学习、品德、纪律状况，一起讨论从根本上解决矛盾的措施和方法，分工合作，齐心承担学生的教育和管理。现在，班级出现了问题，他不是四处"救火"；遇到困难，他不是个人苦思冥想，而是依靠集体的力量，依靠各个任课教师的聪明才智。班级的精神状态、学习状态和纪律状态都发生了很大的变化。他深有感触地说："教育的力量在于整合，管理的智慧在于凝聚。"

他对学生家庭背景的了解，不是完全依赖那几页"学生基本情况统计表"，而是基于和家长经常性的沟通。每个学期，他都要坚持做到召开一次家长会议，组织两次家长委员会会议，普遍发送一封信，并且有计划深入到户进行家访。寒假后开学，学生刘新（化名）各科的作业都没有完成，当面问话他不回答，个别谈话他一言不发，他批评了几句，没想到这个小伙子竟然哭了起来。

带着疑惑，翟老师进行了家访。原来，刘新的母亲身体不好，一到冷天就不能外出。父亲干个体，平时经营百货，春节时申请执照经营鞭炮。由于销路较好，一个人忙不过来。所以整个寒假的白天，刘新不是跟着父亲卖货，就是进货。晚上结账后，他才能做作业。他父亲诚恳地说："刘新没有完成作业是我的责任，是我拖累了孩子，请老师原谅他。以后，我决不会影响他的学习，请您放心。"翟老师了解情况后，问他为什么不把事情说明，他说怕同学瞧不起自己的家庭背景。从此，刘新再没有发生不完成作业的情况，各方面的进步都比较大。

（一）整合才更富有智慧

班主任是班级学生工作的主要责任人，但不是唯一责任人，是班级教育的主导因素，但不是唯一因素。除尽到自己的教育职责以外，还负有整合协调本班各科教师共同做好管理和教育的责任。在新课程的实施过程中，班主任会经常面临新的问题和矛盾，产生新的困惑和苦恼，所以应该学会整合教育因素，依靠集体的教育力量解决问题，依靠集体的智慧化解矛盾。比如，在对学生选课的指导、人生规划的指导等方面，要主动地和其他教师进行沟通和交流，诚恳听取他们对学生集体和学生个体的情况分析和意见引领，形成教育集体的共识，提高指导和引领的有效性。

为了协调和整合教师集体，共同做好学生的管理和教育，班主任在工作过程中应注意避免两个极端：

一是凡事都商量。班级管理的明显特点是全面而琐碎，可谓"麻雀虽小，五脏俱全"。从教育的要求上，涉及学生德、智、体、美全面发展，不能疏忽任何一个方面；从工作的内容上，牵涉到与学校各职能部门的联系，不能轻视任何一项要求；从管理的过程上，关系到学生的课内课外、校内校外，不能放松任何一个环节。如果凡事都要请大家商量，处处依靠集体的力量，似乎作风很民主，但频繁的协调容易对其他教师的教学造成不必要的干扰，弱化自己的责任意识和在管理中的主导地位。

二是凡事不商量。有的班主任认为，班级管理纯粹是自己的职责和任务，与他人不相干，无论大事小事喜欢自作主张。工作中信息不收集，意见和建议不听取，教师之间不沟通，班级问题不商量。结果，教师集体在管理的目标和方法上一人一把号，各吹各的调。教育的因素不但没有得到整合，反而产生许多矛盾和内耗。

（二）协调才更富有成效

班级的共青团组织，是学生自己的组织，是学生进行自我教育的重要形式和载体。班主任应积极支持他们通过开展具有组织特色、教育意义的活动，活跃班级文化，丰富学生的生活。但在教育的内容上班主任要注意协调，使班级教育和共青团组织教育相互促进、优势互补，不能重复累加，随意浪费教育成本的投入，不负责任地消耗学生的时间和精力。班级教育的内容和共青团组织教育的内容有许多同一性，班主任应发挥主导作用，在统一教育计划的基础上，以提高教育实效为准则，使班级和团队的教育活动能合并的尽量地合并，实在不能合并的最好适度错位，既发挥团组织在学生教育中的优势，又减轻了学生的负担。

（三）结合才更富有力量

家长是孩子的第一任教师，家庭是最初的道德课堂。家庭教育具有早期性与奠基性、自然性与随意性、长期性与连续性等特点，是学校和班级教育的起点和基础，对学校和班级教育有辅助和补充的功能。因此，作为沟通学校教育和家庭教育纽带的班主任，促使两方面教育的有机结合是自己义不容辞的责任，特别要在教育目的、理念和方法的接轨和融合方面着力进行工作。要通过多种形式普及家庭教育的知识，推广家庭教育的成功经验，帮助家长树立正确的家庭教育观念，掌握科学的教育方法。要引导家长避免和克服简单、粗暴的教育方法，指导他们多与子女进行情感的沟通和交流，多从孩子的角度想问题，使两种教育环境下的教育方法基本协调一致，产生协同效应。

实现家庭教育和学校教育的结合，除了通过召开家长会议、发送信件、拨打电话、接受访问等途径保持密切的联系外，还有一个重要的途径就是家访。因为只有深入到学生的生活环境之中，才能详尽地了解他们的家庭背景和学习环境，才能使教育得以延伸和持续，才能提高教育的针对性和结合的有效性。当然，高中学生居住比较分散，给班主任的家访工作带来一定的困难和问题，但可有目的、有重点、有选择地进行家访。

五、架起心灵的桥梁——情感融合策略

如果说教育是心灵的艺术，班主任就应以心育心；如果说教育是情感的艺术，班主任就应以情育情。只有双方的心灵之间架起一道桥梁，形成一个情感共同体，教育才会有效，管理才能顺利。

西部地区某县有一所规模较大的农村高级中学，高二有八个平行班级。尽管大家在班级的管理方法上有所不同，但班主任都有一个共同的追求：只有学生的高考升学率高，才能证明自己的能力强，才会得到学生和家长的尊重和认可。其中高二（3）班的班主任在这方面更为突出，就连教室的布置也反映出浓郁的升学色彩。比如，黑板的前上方悬挂着几个醒目的大字"爱拼才会赢"，时刻提醒孩子们努力刻苦地学习和拼搏。在他的心中，学生就是学习的机器，升学就是一切，只有升学率高才是硬道理。为了学生升学，不需要和学生交流沟通，不需要师生之间的情感融合。结果，他在管理中重重跌了一跤。

按照高二第二学期的计划，"五四"青年节，班级应组织一次文艺联欢会，以活跃班级的文化生活，调节紧张的学习气氛。进入4月份，班长和团支部书记便找到班主任商量节目排练的事宜，希望在时间方面有一个统筹的考虑。可是，班主任突然改变了主意，擅自决定取消节目的排练和演出。他的理由是，我们班级在第一学期期末考试的时候，各个学科的总成绩排在第二，本学期要想争取第一，必须抓紧学习，在时间上要比其他班级抢先一步。尽管班、团干部一再提醒和建议应和大家商量讨论一下，他的态度仍然非常强硬。哪知道，他的这个主观武断的决定，极大挫伤了学生的积极性，造成了师生之间严重的情感对立和情绪冲突。大家认为，老师是在欺骗同学的情感，愚弄大家，结果，不仅在排练省下来的时间不能很好地学习，就连课堂学习的主动性也有了细微的变化。期末考试的时候，班主任还在打着如意算盘，他想我花费的时间比别人多，我们班级的成绩一定排在第一。可是，考试的结果一公布，令他大失所望，不但总成绩的名次没有前进，反而从正数第二下降到倒数第二。

他越想越不通，抱怨好心没好报。为什么主观了一点就得不到学生的理解？带着疑虑，他组织召开了座谈会。讨论中，学生们也敞开了心胸，有的说，我们除了学习上的需要，还有被理解、被尊重等情感上的需要，您只考虑自己需要什么，却不考虑我们需要什么。有的说，学习争第一，没有什么不对，可是班级的生活应是丰富多彩的，如果气氛总是压抑沉闷，学习的效率也不会高。有的说，民主管理班级，就得依靠大家的智慧和力量，我们觉得组织文艺演出是一次情绪调整，不仅影响不了学习，还会增加学习的兴趣和动力。班主任认真听完大家的发言，深深感到情感融合的重要性、心灵沟通的必要性。

进入高三以后，学习虽然非常紧张，但是在讨论学期计划的时候，大家还是建议元旦应组织一个联欢晚会。进入12月份，班主任首先召集了班干部会议，征求大家的意见，元旦文艺演出是不是继续组织。干部们说，既然这是大家共同的愿望，我们必须落实。虽然我们正处于学习的关键时期，但只要认真筹划，也不会对学习造成影响和干扰。当老师宣布这个决定的时候，迎来的是连续3分钟的掌声。班主任和干部决定，集体的节目就是一个大合唱，要唱出我们的班级精神，唱出年轻人的朝气蓬勃，其余的小节目由在文艺方面有专长的学生自己找时间单独准备。元旦的晚上，没有一个学生请假，大家动手把教室布置得五彩缤纷，在文艺节目演出过程中，大家非常的开心，歌声和笑声荡漾在整个教室之中。班主任想，这是两年多以来看到孩子们最高兴的时刻，这是情感融合的结果……期末考试，他们班的成绩名列第一。后来，他在教育反思中写了如下感悟：情感融合是密切师生关系的润滑剂，是实施民主管理的助推器，是教育教学成功的基本前提，是建设和谐班级的必要保证。

这个事例使我们认识到关系融洽、情感和谐在班级管理中的价值，并启发我们在认识和行为方面进行必要的转变。

（一）多一些调查研究

教育的目的是什么？是仅仅追求几个理想的指标数据，还是促进学生主动、活泼地发展？是让学生被动地接受我们的教育？还是我们的教育应适应学生的需要和发展？班级究竟是"育人场"，还是"育分场"？对于这些牵涉到教育本质和理念的问题，我们不能仅仅从理论上寻求支持，重要的是深入到学生的心灵去寻找答案。一般说来，最有效的教育，是促进学生全面发展的教育，也是学生成长过程中最需要的教育。应通过不同的形式进行调查研究，注意倾听学生的声音，关注他们的烦恼，满足他们的合理需求，有针对性地教育和引导。如果我们违背国家的教育要求，背离学生身心发展的规律，一味把自己的主观意愿强加给学生，势必引起学生心理的逆反和情绪的对抗。

（二）多一些换位思考

曾有人说，随着社会发展节奏的加快，三年的时间就可以形成一条代沟。按照这个说法，现在的班主任，即使是"80后"的班主任也和学生之间大约存在三条以上的代沟。这就造成了老师和学生之间认识、分析问题的角度差异和思维方式的不同。师生之间的情感融合，班主任应是主导的一方，应在实际工作中多一些换位思考。

一些班主任总是抱怨说，现在的学生和自己这个年龄的时候相比，各方面都不一样。其实这是正常的现象，是社会进步的表现。生活在变、社会在变、教师自身也在变，学生们怎么可能不变？面对时间的跨越和变化的事实，如果我们仍用多年以前的价值标准和行为准则评析现在的学生，那么问题不是出在学生身上，而是出在我们自己身上。所以，我们应该承认变化、承认差异，用发展的观点看学生，用学生的观点看学生。

学生是发展中的人，成熟中的人，他们看问题的角度和发展意识有自己特定的视角，不可能完全遵循教师的认识和行为轨迹。以班主任和学生的对话为例，实际上是用我们的"过去时"和学生的"现在时"和"将来时"对话。我们多年的人生感悟，他们不可能在很短的时间内吸收和消化。班主任要进行"思维回归"，把自己放逐到青年时期的情境中，想想我们的过去，也许会理解他们的现在，也许会从他们现在的身上寻找到自己当年的影子。换一种心态和角度看问题，也许会感觉到，今天的他或她，就是昨天的你。蹲下来看学生，把视线由垂直调换为平行，就能相互融合、和谐共处。

（三）多一些心灵对话

在实施新课程中，教育的复杂性使班级管理面临着许多尴尬和无奈。比如，高中学生的身体成熟很早，但心理很脆弱，只能表扬，不能批评，只能赏识，不能责备。学生价值观多元化趋势明显，只能在坚持社会主流价值体系的前提下，对其他价值观点予以理解和点拨，指导他们进行正确的价值选择，不能鲜明地批驳。受新一轮"读书无用论"的影响，一些学生缺乏明确的学习目标和良好的学习习惯，班主任对他们只能耐心地劝说和疏导，不能采取其他强硬的管理措施。最典型的是，海南一中学校校长面对千余师生下跪，"求你们

了，不要再玩闹了，好好学习"。(《海南经济报》2007年9月24日报道)

面对大量新的情况和问题，尽管也有其他的措施和方法来解决，但最好最有效的方法，就是心灵的对话与沟通。因为心灵中的问题，只能靠心灵真诚和纯洁去感化、影响和救助。心灵对话是心与心的碰撞，心与心的交融，强调人文关怀。新时期青年学生的价值取向、职业选择、兴趣爱好等方面，都在社会进程中悄然地发生变化。面对这些出乎预料的变化，甚至"出格"、"越轨"的行为，班主任不能总是期待学生在个人设定的框框内成长发展，应主动走进学生的心灵世界。仔细思考一下，为什么开展"学英模"活动，他们对光辉的榜样学不好；反过来不让追星，却对周杰伦等紧追不放。这其中有学生崇拜偶像的问题，有学生盲目追求时尚的问题，同时也有教育的人文关怀欠缺、没有读懂学生尤其是没有读懂学生心理世界的问题。

任何有效的教育都离不开感情，离不开宽容和理解。多一些心灵的对话，就是多一些情感对接，多一些思维连线，让教育和学生零距离接触，让管理贴近学生的心，破解学生心灵中的一个个密码，引导学生追求积极的人生。感情的力量对任何学生都是有效的，任何有效的教育都离不开感情。班主任要做到：学生渴望成功送去鼓舞，遭遇挫折送去信心，面临困难送去关怀，要求进步送去激励。让学生依恋德育，对德育产生永久的渴望，使学生在智慧的德育中享受快乐的生活，憧憬美好的未来。多一点关怀，多一点理解，多一点心灵对话，德育就会"活"在学生心里。

第四章 新课程背景下的班集体活动——面向学生生活的全部

新课程改革的重要理念是重视人的素质的可持续发展，特别是对学生健全人格的培养。班集体活动是实施素质教育，培养学生健全人格的重要手段。然而，传统的班集体活动与课堂教学活动有一个共同的问题就是重视道德认知，相对忽视道德情感、意志和行为的培养。在新课程改革的背景下，班集体活动应在传统与创新、继承与批判的剧烈碰撞中寻求发展的道路，以学生生活的全部世界为素材，以培养学生创新精神和实践能力为主要目标，组织好班集体活动。

1. 新课程背景下的班集体活动观

——观念是行为的先导

在新课程背景下，班主任能否组织受学生欢迎的班集体活动的关键是观念问题。因为，观念是行为的先导，只有树立起正确的活动观，班集体活动的创新才能实现。下面的案例可以说明这个问题。

上海市松江区大港学校窦广娟老师带的班，在一次"如何走向高三"的讨论中，学生们遇到了两个影响学习的"拦路虎"：一是青春期对于异性的向往，二是沉迷于网络的问题。这两个问题也一直困惑着窦老师……

班会课的时间快到了，按原计划准备召开以"感恩"为主题的班会。可是，这时学生们一致要求：在这次班会上解决他们遇到的两个难题。窦老师心想这两个问题不解决，会直接妨碍高三阶段的学习和生活，于是就愉快地同意了。下面是窦老师叙述的班会的进行情况。

班会就要开始了，我走进教室，只见"秘密花园"四个大字，写在黑板上。我坐在了班长路敏辉的旁边。这时，主持人马跃打开他手中的一本书，动情地读了其中的一个故事，读完后，又表演了一个小品并组织大家谈感想。

路敏辉这时沉不住气了，冲到讲台前代替了马跃。大约他真的觉得第一次主持班会的马跃确实是跑题了吧？作为一班之长兼马跃好友的他有责任出面挽救一下。被动的马跃往下走的同时还没忘记补上一句串联词："下面让我们的班长谈谈对这个小品的感受！"

"我想谈的并不是如何孝顺父母的问题，而是作为正值青春期的我们该如何处理好自己感情的问题。我觉得……"这时，下面的同学却不再安静，一些同学的口中还有节奏地喊着："小——雪——小——雪！"

我虽茫然，也知道这里面的故事很复杂，是我该出手的时候了。于是我笑吟吟地走上讲台，用手势止住大家的叫声，一边转过身问："敏辉，我听到大家在喊一个名字，能解释一下吗？如果没有为难你的话。"

他低下头。

半晌不语，又突然昂起头来，释然地笑笑："那好，作为班长，我一定要带好这个头了。小雪是我初中的女朋友……"话一出口，教室里出奇的安静，大家都在等待着一个浪漫的爱情故事。

"有一次我想带她去看电影，到了影院，我发现口袋里的钱根本不够买两张票的……那个晚上我失眠了。这件事促使我思考一个问题，那就是爱情靠什么来保证。我第一次明白人不能生活在真空中，爱情一定要有所附加。当然，如果找个理由从妈妈那里骗点钱来，电影票的问题是不难解决的，可我不想那么卑鄙。我清楚地知道经济基础决定上层建筑的哲学原理，但不是从书本中，而是在生活里。"好一个深刻的敏辉！我暗自高兴，全班同学也报以热烈的掌声。

"还有一次，小雪非常认真地问我一个严肃的问题，就是我为什么爱她？"敏辉是不是沉湎于稚嫩的爱情里出不来了？我多少有点担心。"那你告诉她因为爱所以爱，不就可以了吗！"下面一位同学在调侃。敏辉似乎没听见，继续他的爱情之旅的回忆："我当时没有回答她，但事后我真的进行了灵魂上的深刻反思。我为什么爱小雪呢？是……那时我根本不爱学习，空虚的生活中，小雪是我唯一的快乐。但我怎么能保证小雪也是快乐的呢？我连给她买张电影票这样简单的事情都不能凭自己的力量做到，我有什么资格成为小雪的男朋友呢？"教室里一片沉默，学生的神情变得严肃起来。

"这两件事情让我知道作为一个男人，在这大千世界里付出怎样的努力才能为自己的生存和发展获得保障。让我更加深刻地认识到爱情不是我们生命中的全部，人生应该有更高层次的东西值得我们追求，在自己的人生还不完备的时候，我们没有资格去奢谈爱情。这个时候如果放纵自己去追求所谓的爱情，那是对另一个生命的不尊重，也是对自己生命的极大浪费。"我看到敏辉的手攥成了拳头，同学们的掌声此起彼伏。

看到火候已到，我想对他们进行另一个层面的精神引导的时候到了，我顺手拿起一个黑板擦当做话筒，装作记者的模样对敏辉进行采访："如果不违背你的原则的话，你能如实回答以下的问题吗？"我煞有介事地问。"可以。"

"据你所言，我可不可以这样理解，小雪的故事已经成为过去？"

"是。"口气非常坚决。

"那么，在高中的三年里，你是否有过像爱小雪一样爱着的女孩？哪怕只是暗恋？"我不仅步步紧逼，而且还将了他一军。

"只能说是有好感而已，并保存在自己的内心。"

"我们姑且把这个女孩称做小白。如果在大学你又遇到一个女孩——我们暂且叫她小黑——她的才华、美貌与思想正是你理想中的知心爱人，她还能提供给你生命的所有保障，为了你，她可以牺牲一切。你会因为曾经对小雪和小白的感情而放弃唾手可得的幸福吗？"我故意把小黑说得完美，是为了给敏辉设一个陷阱，好让他顺利进入我下面的问题。

"不会。"敏辉老老实实地回答。

"也就是说，在你短短的青春岁月中，不一定只爱一个人，是吗？"还没有等我说完，敏辉就把话抢了过去："谈到这里，我想起了老师给我们讲过的那个'绿云牡丹'的故事。老师说每个人的生命中都有一朵'绿云牡丹'，不过见到她之前，命运之神会端来多种色香味俱全的小菜，每个小菜你只要尝过一口就会很饱，等真正的'绿云牡丹'上来，你反而没有吃她的胃口，只能对着这样的美味而悔恨。"

大家一起陷入了沉思，谁都不讲一句话。我更是感动，万万想不到我的学生在人生的课堂上已经积累了如此丰富的经验，更想不到他们对爱情的解读竟会如此之成熟，如此之透彻。最让我吃惊的是：他们居然可以自我教育，自我提升，自我超越。

此时主持人马跃又走上讲台，讲述起他的秘密："大家只知道我现在的学习很好是不是？其实，在小学和初中的时候，我根本就不学习。因此到了初中毕业，除了职校，我就没有学校可去了。妈妈千辛万苦帮我找到了咱们这个学校。我至今仍记得三年前的那一天，妈妈替我交了学费回到家里，正式把我叫到她身边，用她那冰冷的手捧起我茫然无知的脸，逼我直视她的目光，然后流着泪问我想不想和别的孩子一样考上大学？……"

马跃哽咽着说不下去了……前排的女同学把一袋餐巾纸递给他，马跃没有去接，而是继续说道："那一刻，我一动不动地站在那里，既不敢哭也不敢向她保证什么。我知道我的行为已经深深伤害了母亲，从她的眼神中我读到了一个母亲对不肖之子的彻底绝望，也读出了她在绝望之后依然残存的希望之火，我突然觉得那一刻我长大了，我觉得我必须用实际行动去维护我和母亲的尊严，我不能再让一个母亲为儿子的前途命运担忧了。"我注意到马跃的眼眶又湿润了，一些女同学正在擦着眼泪。

"为了给我赚到交学费的钱，父亲离开我们一个人到北京去打工了，母亲在家里没日没夜地三班倒打工赚钱。每个周末回家，我不能和你们一样马上见到父母，但我知道天黑时母亲就会回来的。所以我无论多么疲乏，到家都会把房间收拾干净，然后做好晚饭，边写作业边等妈妈下班回家，无论多久我都会等。我必须给妈妈一个好心情，让妈妈体尝到有儿子的快乐。虽然爸爸不在我们身边，但我一样可以作为一个男子汉来保护我的妈妈。"

"你从来没想过女孩的事情吗？"不知谁冒出了这样一句。

"不是没有，但我认为，要是连这个给你生命的女人的幸福你都不能保证，谈别的不是太苍白无力了吗！妈妈是我生命中的第一个女人，我一定要先对得起她，才可能对得起下一个……"

马跃的泪水又一次落在讲台的白色桌面上，台下掌声雷动，连我自己的眼睛也不知不觉湿润了。一直以来，在我们这些中年人的眼里，这一代的独生子女无异于垮掉的一代。我固执地以为中华民族的传统美德在他们身上几乎荡然无存了，但我错了，而且错得很彻底。我真想冲过去紧紧抱住马跃，替他妈妈深情地叫一声"我的好儿子"！不知趣的下课铃声响起。我知道每个同学的内心都像那地下的岩浆猛烈地运行着。我简短地为班会收好尾，给同学们布置了一篇周记，让他们谈谈对本次班会的感受。

这次活动之所以取得良好的效果，起重要作用的是班主任有正确的观念。

一、不是为了约束，而是为了解放——目的观

旧有的班集体活动的目的观，是以规范与约束为主要特征，重视向学生灌输一些道德知识和规范要求，把学生视为被动接受教育的客体，让他们必须无条件服从教师。有一些班主任，不管开展什么活动，总是强调学生应该怎么做，不应该怎么做，把我们的教育变成约束学生的言行，结果使学生产生了逆反心理。窦老师这次班会活动充分体现了活动的目的完全是为了解放学生的自我反思能力，引导学生在活动中自我教育、自我超越、自我完善。

班集体活动作为学生有意识、有目的地改造主客观世界的活动，其行为动

作的指向应该是十分明确的。因此，在举行班集体活动时，关键是班主任要树立正确的目的观——不是为了约束，而是为了解放。

活动的教育性，决定了班集体活动的目的性，即提高学生的思想道德素质，培养学生的创新精神和实践能力，促进学生"全面发展基础上的个性发展"。树立正确的目的观，还应注意以下几个问题：

（一）不要忘记素质教育的基本目标和德育工作的主要任务

众所周知，素质教育目标和德育工作任务代表了社会主义祖国对学生的要求，这也是开展班集体活动的最根本的依据。班主任应该带领学生按照这些社会要求，有目的地确定班集体活动的目标、内容、形式，创造条件，组织好丰富多彩的班集体活动，提高班集体活动的水平，并随时调节学生参与活动的主观态度，积极有效地促进他们社会化个性的成熟。

（二）不要脱离学生学习、思想和生活实际

像窦老师那样，了解学生身心发展的状态和水平，把握班集体活动及学生发展的客观规律是遵循目的性原则的前提。高中学生的兴趣爱好、智力水平、品德认识、需要与动机与初中学生相比，有明显区别。因此，班主任在设计班集体活动、安排活动内容、选择活动形式的时候，都要考虑适合他们特定的身心发展水平，否则，就会影响学生个性的发展和素质的全面提高。同时，要指导学生按照班集体目标制订每次的班集体活动目标，明确班集体活动的发展方向，以求焕发出生动活泼的集体创造精神。与此同时，班主任还要引导每个学生从自身实际出发，在活动中确定好自己的角色，制订出个人目标，使活动的总目标和个人目标尽可能达到整合，使两者发挥合力作用。只有这样才能强化班集体活动的目的性。

（三）不要忽略班集体活动与社会背景的一致性

改革开放与市场经济的发展，要求我们不仅要一如既往地坚持以经济建设为中心，而且一定要把社会主义精神文明建设提到突出的地位。为新世纪中华民族振兴输送具有正确道德观念和国民意识，充满民族责任感和义务感，并立志报效祖国的社会主义建设者和接班人，是班集体活动的终极目标。

在一个多元化的、变化的社会中，每个人都必须不断调整自己的观念，来适应变化了的环境。原来居于支配地位的道德观念受到了来自不同方面的道德观念的挑战，许多人生享乐方式悄然兴起。不同社会成员的道德取向纷乱复杂，使学校这一特殊的一元化道德导向阵地开始面临着前所未有的挑战，并影响着学生道德意识和道德行为的统一和道德品质的锤炼和形成。开展班集体活动，如果不考虑这种社会背景和形势，其目的就难以实现。正因为如此，我们在开展班集体活动时，一定要结合社会上的热点问题，开展具有针对性的活动。如天津市大港一中结合社会热点问题，在高中开展的"周末论坛"活动，就是很好的经验。他们的做法是：

第一步，由学生会干部通过问卷调查，收集学生们关心的热门话题，经过筛选整理确定《周末论坛》的主题。依据是要反映时代气息，适应社会生活的新变化，紧贴广大学生的发展要求，突出政治教育。如"你怎样看待以美国为首的北约轰炸我驻南使馆的野蛮行径"、"怎样看待反腐倡廉取得的伟大成果"、"日本篡改历史教科书的背景"等等。除此之外，也有反映校园生活的有关话题。

第二步，将已经确定的热门话题，通过《周末论坛》和大家见面，要求各班同学畅所欲言，实话实说，敢于亮出观点，敢于发表意见。学校不打棍子，不揪辫子。同学们在争辩中意见相悖，甚至观点错误，教师也不急于干预，而是通过策略的提问引导他们多角度思考，启发他们自己寻求正确的答案。

第三步，对于分歧较大、同学们自己解决不了的问题，学校通过一定的方式，予以指导和点拨，用事实和道理让学生弄明白。如学校决定用一周的时间，组织学生集中参加学农劳动，这一决定成了学生们的热点话题。讨论会上，有的学生认为有利于培养吃苦耐劳的精神，有的学生则认为会影响考试成绩。于是，他们通过专栏，组织了第二次讨论。全校通过动员会，班级主题会等方式进行了多层次的疏导，统一了学生的认识，为完成教育目标奠定了思想基础。

二、把活动的主动权还给学生——主体观

活动的主体观是指班集体活动要充分发挥教师特别是班主任（教育主体）的主导作用，并尊重学生（学习主体）在活动中的主体地位，发挥他们的能动

性和积极性，达到两个主体的互动。正是因为窦老师具有正确的主体观，才能把活动的主动权交给学生，而又没有放弃班主任在班集体活动中教育主体的主导作用，对活动进行了卓有成效的引导，使师生完全融入活动之中。树立正确的主体观，还应注意以下三个问题：

（一）学生是班集体活动的真正主人

马克思主义哲学认为：主体是指从事实践活动和认识活动的具有意义的、有特性的人，客体是进入人的活动领域，成为人的活动对象的事物。主体和客体最本质的区别在于客体是被动的、消极的，而主体是主动的、积极的、具有创造性的。这种主动的、积极的和创新性的特性，即人的主体性，包括自主性、自为性、主动性和创造性。另外，从学生的个体来说，"他的行动的一切活力都一定要通过他的头脑，一定要转变成他的愿望和动机，才能使他行动起来"。因此，学生只有作为活动的真正主人，充分发挥其在活动中的主体作用，才能受到真正的教育。

可见，开展班集体活动，仅靠班主任和任课教师的主观努力是不行的，必须把班集体活动的主动权交给学生，这也是符合高中生自身特点的。他们的自主意识在不断增强，他们具有独立的个性，不盲从、不苟同，希望自己的事情自己处理、自己的事情自己干。从教育的特质来看，在班集体活动中，充分发挥学生的主观能动性，更有利于促进他们身心的健康发展，也有利于培养他们的创新精神和实践能力。

（二）尊重学生在活动中的主体地位

皮亚杰在批评学校不尊重学生的主体地位时说过："传统教育方法与新的教育方法的对立，乃是被动性与主动性的对立。"（《教育科学与儿童心理学》，皮亚杰著，文化教育出版社，1981 年）在他看来，学生活动的自主性是其认识发展，尤其是个性形成的关键。他还说："传统学校无论在理智方面还是在道德方面，都把一切社会化的过程归结为一种约束机制。"他认为，学生在他们自己的社会（班集体），特别是在他们的集体活动中，有一定的规则，"他们对于这种规则比对成人所发出的命令还要更加坚强地和自觉地予以尊重"。这种活动最有利于促进儿童养成"批判态度、客观性和推理思考的行为方式"。（《教育科学与儿童心理学》，皮亚杰著，文化教育出版社，1981）可见，在班集体活动中，只有当学生以主人翁的姿态出现的时候，班集体活动才是生机勃勃的；学生对自身的思想品德的要求才会更高，更严格；他们的思想境界才能提升，他们的创造性个性品质、创新精神和实践能力才能得到充分的发展。尊重学生的主体地位，班主任就不能以教育的权威者出现，而应当是活动的平等参与者和引路人，像窦老师那样。只有这样，学生才能摆脱来自班主任有意无意的束缚，摆脱对老师的依赖，成为真正的道德生活的主体。

（三）激励学生主动参与班集体活动

在班集体活动中，班主任必须激励学生积极主动地参与班集体活动，因为班集体活动能够满足学生的多种积极的心理需求。活动是学生人际交往的主要形式，是战胜挫折、体验成功喜悦的实验场，是展示才华发展创造性品质的舞台。学生以主人翁精神参与班集体活动是"现实主体"的一个基本内涵。因为只有主动参与才能成为真正的主体，不主动参与还谈什么主体。学生只有主动参与各项活动，真正成为活动的策划者、组织者、实践者，才能真正成为班集体活动的主体，才能充分展现主动性、独立性、敢为性和创造性。

总之，正确的主体观，实际也包括发挥教师特别是班主任的主导作用。顺利地开展班集体活动，是离不开教师特别是班主任的指导的。在班集体活动的结构要素中，最积极、最活跃的要素是"群体主体"，指的就是班主任（包括任课教师）和学生。班主任在班集体建设和开展班集体活动中是"教育主体"，发挥着主导作用，其主要任务是调动学生主动参与班集体活动的积极性，使学生在班集体活动的过程中，自己制订计划方案，自己组织贯彻实施计划方案，自己组织活动的总结与评价。在这个全过程中，班主任（教师）作为"教育主体"，学生作为"学习主体"，他们之间应该是相互促进、教学相长的关系。

三、人人是创造之人——创新观

以素质教育观为核心的新课程理念，是以德育为核心，培养学生创新精神和实践能力。而创新必然来源于实践活动。因此，组织开展受学生欢迎的班集体活动，班主任必须树立正确的班集体活动创新观，把培养学生良好的思想品德、创新精神和实践能力作为班集体活动的终极目标和价值取向，即把创新意识、创新思维、创新行为、创新能力的培养放在活动的突出位置。新课程倡导的"互助、合作、探究"的学习方式，为我们充分认识创新教育与班集体活动的本质联系提供参照，打开了我们创新活动的思路，即通过活动唤醒学生沉睡的潜能、激活封存的记忆、开启幽闭的心智、激活创新意识。

教育家陶行知先生说："处处是创造之地，天天是创造之时，人人是创造之人。"要实现学生的创新，就要实现以下两个转变：一是班集体活动要实现由封闭式向开放式转变，二是班集体活动中学生要由客体向主体转变。

总之，整个活动过程都要由学生自己去准备、自己去组织、自己去实施、自己去总结，只有学生主动参与班集体活动的全过程，才能实现自我培养创造性，自我发挥创造精神。

2. 新课程背景下班集体活动的创新

——与时俱进

要过河就得有船或桥，班集体活动要走创新之路，就要抓住关键问题，找到解决问题的具体办法。在这方面，我们许多班主任确实积累了丰富的经验，请看天津市第一中学郭慕之老师撰写的《轻舞飞扬——e时代的我们》：

一、活动目标

（一）认知目标：认识计算机、网络与中学生的关系。

（二）情感目标：辩证看待网络，正确认识其虚拟性，不沉溺于其中，并能够自觉抵制网络的不良影响。

（三）行为目标：展示新时代中学生丰富多彩的网络生活与实践成果。

二、活动内容

（一）活动年级

高中一年级。

（二）主要环节

1. 展示学生网络成果：借助网络支持和大屏幕演示，展示学生丰富多彩的网络生活与实践成果。进而显示出：（1）计算机、网络作为现代技术手段的高效、快捷、方便。（2）通过实践成果，说明网络已成为当代中学生生活的一部分。（3）网络丰富了学生的课余生活，有助于他们增进友谊、学习知识。

2. 提出诸多负面事件，质疑网络作用：通过讨论网络的负面影响，让学生充分认识网络，为下一步正确认识、正确使用网络的讨论奠定基础。

3. 讨论网络本质，树立正确网络观：在充分演示、讨论的基础上，客观公正地认识网络的本质。

4. 讨论网络秩序的维护：确立"维护网络秩序，人人有责"的观念，并提出一些行之有效的具体措施。

三、活动准备

（一）收集、整理班级电子图文信息，建立班级相册、班级 flash 动画展示、电子学习助手、班级主页等等。

（二）收集计算机、网络负面影响的报道，并进行资料分类整理。

（三）技术支持：多媒体演示教室一间（在线计算机一台，多媒体大屏幕一部），黑板一块，观众座位若干。班级乐队全程配合，演奏背景音乐。

四、活动过程

（一）网络并不远，就在你我身边——网络魅力展示

1. 记录精彩每一刻——班级相册展示

由通过扫描或数码照相存入的相片集结成册，内容包括：（1）每位同学最满意的个人照片及一句格言，每位教师的照片及寄语。（2）班级第一次出操、第一次升旗、第一次集体劳动等具有纪念意义的精彩瞬间。（3）重大集体活动，如军训、学农、运动会等相关照片。

2. 高一（3）班，我们永远的家——班级 Flash 动画展示

以 Flash 动画软件制作而成，从德、智、体各个方面概括介绍班级情况。

3. 一人有"难"（"难题"的"难"），八方支援——电子学习助手

以 Word 文档、PowerPoint 演示文稿的形式，总结各学科知识的难点、重点。

4. 网络零距离，天涯若比邻——现场互动交流

通过 QQ、E-mail，现场与远在千里之外的亲人、朋友联系；通过摄像头，不仅闻其声，而且见其人。

5. 知识的海洋任我游——现场网络资源搜索

由观众提出有待查询的知识点，现场搜索。

6. 英雄若问出处，我家原在网上——班级主页系统展示

通过展示，说明以上 1 至 5 均属班级主页，是整体，而非部分。

（二）虚拟的世界中，我不辨南北东西——质疑网络

主持人首先提出北京"蓝极速"网吧纵火案，由此引发对网络负面影响的讨论。讨论主要集中在以下几个方面：

1. 不是我不想走，实在是欲罢不能——对沉迷网络游戏的讨论。

2. 还我明亮的眼睛，还我健康的体魄——对损害身体健康的讨论。

3. 虚拟世界中，我是谁，你又是谁——对网恋，网上散布谣言，传播淫秽、反动信息，网络购物骗买骗卖现象的讨论，实质是对网络道德、责任的讨论。

在观众讨论的同时，用多媒体将观众收集的视听信息播放在大屏幕上。所有讨论内容由主持人进行分类整理，并将之概括演示在黑板上。

〔三〕谁之过，网络还是我？——网络本质讨论

主持人：网络到底带来了些什么？为什么有人凭借它走向成功、走向辉煌，也有人因之而走向堕落、走向毁灭？由此引发对网络本质的讨论。由主持人对讨论走向进行把握，对讨论结果进行总结。由一位文字录入速度较快的同学，将讨论结果录入机器，并用大屏幕展示出来。

讨论结果集中为：

1. 网络本善良：网络是一种媒介、一种手段、一种工具，是为我们架起的一座与外界沟通的桥梁，本身无所谓对错。

2. 虚拟的世界中，我们仍旧是现实的：网络虽然是一个与现实生活截然不同的虚拟世界，但仍离不开现实的道德与规范。

3. 网络面前，人人平等：网络为每个人提供了相等的资源，从中获益还是受害，全在自己把握。

（四）将网络规则进行到底——维护网络秩序讨论

网络秩序，从我做起；网络秩序，人人有责。面对网络，应该做到：

1. 提高自身素质，抵制网络诱惑。

2. 发现不良信息，通知朋友共同抵制，并报告有关部门。

五、课后随笔

（一）班会价值论证

网络已深入我们每个人生活的各个方面，但它到底会成为汩汩长流的智慧源泉，抑或是上天"赐予"人类的"潘多拉盒子"，却是因人而异的。因此，只有使学生正确认识网络的本质才能让他们具有拒绝和自觉抵制诱惑的免疫力。而此班会恰恰为学生提供了一个通过自我教育、互相切磋最终树立正确网络观的机会。

（二）班会作用评价

本班会充分发挥学生的聪明才智，由他们自己收集、整理资料，运用相关

知识建立网站，进而自行质疑解难。这样获得的结论，对他们才有说服力；这样的创造过程、协作过程才能进一步调动他们的积极性、激发他们的创造性，进一步树立起社会责任感和使命感。因此，本班会不仅使学生学会正确认识、使用网络，而且为高中学段起始年级的班级建设打下了良好的基础。

郭慕之老师这个案例告诉我们，网络教育活动大有作为，并围绕主题选择活动内容、活动形式都为我们提供了宝贵经验。

网络发展之迅速真的是超乎想象，青少年大都已经成为"网上一代"。网络所拥有的信息的丰富性、传播的快捷性、交流的互动性、时空的无限性、网络文化的多元性，真的给我们带来无限的益处，但是，由于网上黄、赌、毒的泛滥，也大大危害着广大青少年。我们该怎么办？青少年沉迷网络，已经是不能不思考、不能不解决的问题了，作为高中学段的班主任要时刻把握学生的网上行为，并在以下几个方面多组织一些网络教育活动。

（1）组织学生学习"青少年网络文明公约"，规范学生上网行为。

（2）开展网络道德研讨活动。

（3）运用电子信箱（E-mail）实现师生之间平等真实的对话。

（4）运用网络模拟功能模拟生活中的德育情境，做到寓教于乐。

（5）运用电子公告板（BBS）和聊天室，创设德育活动的场所。

那么，究竟该如何搞好高中段的班集体活动，实现班集体活动的创新呢？

一、活动主题——从实践中提炼

组织班集体活动要把主要精力放在活动的主题、活动的内容、活动的形式和环境氛围的统筹安排上，任何班集体活动都是这四者的有机统一。下面分别加以阐述。

（一）活动的主题

班集体活动的主题是统领整个活动的灵魂，好似一条红线贯穿于活动的始终，影响着活动内容的确定、活动形式的选择和活动环境氛围的营造。活动主题，是经过高度概括和凝炼而产生的"口号或警句"，一般用来反映活动的实质，调动学生参与活动的积极性，给他们留下深刻的印象，并发挥着导向与鼓舞作用。如"轻舞飞扬——e时代的我们"、"为中华之崛起而读书"、"社会实践活动，我一马当先"、"竞选班干部我能行"这些主题形象而生动。对于高中生来说，这些富有哲理、具有青春气息、能激励学生奋进的主题，会使他们激动不已，积极参与。

主题的提炼一要针对活动的指导思想、目的要求和宗旨进行反复地研究，从中提炼、概括出符合活动要求的恰如其分的主题来；二要用艺术的语言加以概括。

（二）活动主题的特点

主题提炼得如何，关键要看我们对班集体活动的指导思想、目的要求、基本宗旨的研究与理解是否深刻，理解深刻方向就把握得准，否则，恰如其分的主题是提炼不出来的。班主任应当在此基础上凸显主题的四个特点：

1. 健康性

主题是班集体活动的灵魂。健康性是活动主题最基本的前提和要求，只有主题健康的班集体活动，才能引领学生积极向上，进步发展，否则就会产生误导。班主任是不可能有意用错误或不健康的主题误导学生的，但是，在整体活动的某些环节中，一些不适合的内容或节目却时有所闻。这样不仅使活动主题的健康性大打折扣，而且还对学生产生不良影响。如活动中唱的是哥呀、妹呀的爱情歌曲和学生"吃得苦中苦，方为人上人"的发言之类的内容，确实会产生误导。班主任若不能及时纠正，就会对学生产生不良影响。

在一次"集中精力迎接高考"的主题班会上，那位班主任在总结学生早恋危害时说："只要考上名牌大学，将来就能有好工作，就能挣大钱，到那时候什么好姑娘找不到，何必现在瞎忙活。"这里，那位班主任显然有意无意地向学生灌输了一种"书中自有黄金屋，书中自有颜如玉"的不健康思想。班主任在对活动进行总结时要做好准备，不能信口开河。当然这种情况的出现不能说和班主任的思想一点关系没有，因为班主任思想境界的高低不仅直接影响他能否提炼出健康的活动主题，也影响着他能否掌握好班集体活动的大方向。

2. 准确性

主题是班集体活动的方向，必须准确，不能模棱两可、不能似是而非、不能因学生的错误联想。主题好比一首乐曲的基调，发挥着"定音"的作用，主题不准会导致活动偏离方向。可见，提炼主题要做到准确，关键是班主任对教育方针、对德育大纲、对《中共中央国务院关于进一步加强和改进未成年人思想道德建设的若干意见》和素质教育各项要求的正确理解。在学校"读书节"活动中，各班肯定要开展相应的主题教育活动，如果我们在黑板上赫然写上这样的标题："书中自有……"显然，这和我们的德育思想是有偏差的，很容易使人联想到读书的目的是为了"做官发财，妻妾成群"。但如果我们选择了"书山有路……"这样的题目，就比较准确，而且能够培养学生勤奋读书的好品质。

3. 鲜明性

主题是班集体活动的一面旗帜，必须体现素质教育的要求、体现社会对学生的合理期望和时代的特点。班主任主张什么、提倡什么和反对什么都应该旗帜鲜明，即活动的主题必须有鲜明的思想性和时代性，必须与改革开放的伟大时代合拍。需要注意的是，我们也不能为追求鲜明而忽视实在性，提出一些不符合实际的主题或空洞的豪言壮语。也就是说主题的鲜明性（时代性）与我们的班集体活动的实际需要是不矛盾的，所提出的口号、目标应当切实可行。如学生进入高中后，如果不经过调试，很难一下子找到适合自己的学习方法，掌握一定的学习规律，于是一些同学的学习成绩出现大幅度下滑。如果他们不能清醒地认识自己，在一两次考试失败以后，开始自暴自弃，也会使班集体学习成绩和纪律都不理想。为了让同学们更好地认识自己的价值，认识到学习对于自己前途的重要，班主任可以及时召开"告别昨天"的主题班会。

4. 新颖性

为了使活动的主题具有鼓舞人的作用，使其能够充分调动学生主动参与班集体活动的积极性和创造性，活动主题必须新颖。提炼新颖的主题需要班主任具有创造性思维和较高的文化素养，需要考虑学生的好奇心、求知欲，尽量达到"寓教于乐，启迪智慧"的预期。主题既然是"口号或警句"，那么它必然是具有哲理性和艺术性的语言，决不是信手拈来的一句话。

新颖性和哲理性、艺术性是分不开的。因此，不管主题的内容，还是形式，都必须经过艺术的加工和锤炼，做到简练、新颖、易记、上口，还要充分表达出班主任的意图。如"奉献与索取"、"尊师与非师"、"寻找完美的自我"、"愿集体充满温馨"等等。

要想使班集体活动主题达到"四性"，需要班主任加强自身修养，不断提高自己的思想水平和文学修养。

（三）活动主题的提炼

提炼班集体活动主题应从以下几方面努力：

1. 从新世纪对人才的需要出发提炼主题

进入 21 世纪后，社会对人才的要求从以前重视单一的知识素质转变为知识素质、心理素质与道德素质并重。其中，人们对他人的思想道德、心理素质的要求也越来越高。所以，学校作为专门培养人的机构，要想培养学生成才，必先教其成人。因此，班集体活动的主题选择与提炼必须从思想道德、文化科学、心理健康等方面去提炼。如围绕"做 21 世纪的雄鹰"这一主线可确定下列主题："学英雄事迹走英雄道路"、"爱惜光阴，就是珍惜生命"、"做人比做学问更重要"……

2. 从精神文明建设中提炼主题

《公民道德建设实施纲要》的公布，进一步推动了精神文明建设，我们要以此为契机联系中华民族的传统美德，深入挖掘班集体活动的主题。中华民族是一个拥有五千年灿烂文化的民族，在源远流长、博大精深的文化遗产中，不仅包括了哲学、社会科学、文学艺术、科学技术等方面的成就，而且蕴涵着崇高的民族精神、民族气节和优良道德。这笔丰厚的文化遗产是中华民族的精神支柱，是对青少年进行爱国主义教育和品德教育的宝贵源泉。如"先天下之忧而忧，后天下之乐而乐"、"富贵不能淫，贫贱不能移，威武不能屈"、"天下兴亡、匹夫有责"、"静以修身，俭以养德，淡泊明志，宁静致远"等许多观点，都有着重要的教育意义。加强对高中学生进行中华民族传统美德教育，提高思想道德品质，使爱国主义教育与优秀文化和传统美德教育有机结合起来。这是班集体活动的一个永恒的主题。围绕"讲文明、树新风"为主线，开展主题教育活动，可以提炼出"呼唤文明"、"我是撒播文明种子的自愿者"等主题，使学生养成文明礼貌的好习惯。

3. 从社会大背景中提炼主题

班集体活动不能脱离改革开放的伟大时代，不能脱离风云变幻的国际形势，不能脱离社会上的偶发事件和热点问题，不能无视家乡和祖国社会主义建设的翻天覆地的变化。如改革开放是我国的一项基本国策和强国之路，从党的十一届三中全会至今，我国社会主义现代化建设取得了令人瞩目的成就，祖国的面貌日新月异。我们不仅要让学生认清祖国的历史，更要让学生了解祖国的现在，展望祖国的未来，这是开展爱国主义教育活动最生动、最现实、最有效的教材。

进行改革开放的成就教育，可增强学生的自豪感，激发学生的学习动机。同时，要加强时事形势教育，让学生跟上时代步伐，把握时代脉搏，关心国内、国际大事，关注国家命运前途。为此，可提炼出如下活动的主题，如"台湾——祖国的神圣领土"、"祖国从希望的田野上崛起"、"我们挑战21世纪"……这些主题都具有强烈的时代气息，而且表达了青少年投身到祖国建设，为祖国繁荣昌盛贡献力量的决心和信心。

4. 从学生和班集体发展水平与素质教育要求的差距中提炼主题

高中学生随着年龄的增长，生理和心理也发生着很大变化。有的学生以为自己长大了，开始"反抗"家长和老师，对他们的教诲产生逆反心理，而自我约束力又跟不上，于是上课说话、抄袭作业、逃避值日、盲目攀比等现象开始抬头，两极分化严重。为了帮助学生认识自己，一位班主任经过充分准备，组织召开了"他律、自律、慎独"主题班会，这是非常有新意的。

5. 从重大历史事件和纪念日中提炼主题

我国人民的爱国主义精神是在中华民族漫长的历史过程中产生和发展起来的。班主任要从历史特别是近代史、现代史的重大事件和纪念日中的丰富而深刻的素材中，提炼深刻而具有激励性的主题，使学生了解中华民族反抗强暴、抵御外辱、自强不息、浴血奋斗的民族精神和崇高气节；了解中国共产党领导全国人民为建立新中国而英勇奋斗的光辉业绩。如从鸦片战争、甲午中日战争、"五四"运动、"九一八"事变、"七七"事变、"一二·九"运动、红军长征和"五一"、"七一"、"八一"、"十一"等重大历史事件及纪念日中提炼主题，不失时机地对学生进行民族荣辱感的教育。如庆祝教师节活动，班主任应该借此机会，团结本班的任课教师。因此，可以组织"园丁颂"主题班会。

6. 从社会主义和集体主义教育中提炼主题

只有社会主义才能救中国，只有社会主义才能建设新中国。中国革命和社会主义现代化建设的实践经验证明了这一点。虽然我们老一代都对此深信不疑，但是对中小学生来说却不一定如此。因此，对他们进行社会主义思想教育是十分必要的，引导他们树立科学的人生观、世界观，树立远大的共产主义理想。如"让民族精神代代相传"的主题系列活动就非常好。

开展集体主义教育，激发学生爱祖国、爱家乡、爱集体的崇高情感，培养学生文明礼貌，遵守公德，爱护公物，为人民服务的道德品质，是爱国主义教育的核心内容，也是班集体活动的主要任务。因此，教育我们的年轻一代，使社会主义事业代代相传，让集体主义思想永放光芒，这其中大有文章可做。如"我爱我家"这个主题班会，就是进行集体主义教育的一个很典型的例子。

7. 从伟大人物的事迹中提炼主题

开展榜样教育，加强典型宣传，发挥榜样的示范导向作用，是在班集体活动中对青少年学生进行爱国主义教育的重要内容和有效方式，也是我们提炼主题的丰富资源。中国历史上出现过无数著名的民族英雄、革命先烈和爱国志士。从屈原、苏武、岳飞、文天祥到林则徐、秋瑾、孙中山、鲁迅、李大钊、毛泽东、周恩来、刘少奇、朱德等中华伟人，无不有着可歌可泣的爱国壮举；新中国建设的各条战线上，有着王进喜、雷锋、焦裕禄、孔繁森等英雄楷模；在全国人民和衷共济、抗击"非典"、抗震救灾的战斗中又涌现出许许多多的英雄模范人物。他们的事迹感人至深，是青少年学生学习的典范。宣传他们崇高的民族气节和爱国主义精神，弘扬爱国献身精神，是班集体活动一个不可或缺的主题。

8. 从学校的中心工作中提炼主题

提炼班集体活动的主题要根据学校的工作计划和期初、期中、期末等不同阶段的工作侧重点，配合学校开展工作。如学校开学初期提出创建文明的活动，班集体活动就可以围绕学校"创文明学校，做文明师生"这一主题开展丰富多彩的班集体活动；在对学生进行毕业教育时，则以"志在蓝天效中华"为主题开展班集体活动；在开展植树造林活动时，可以开展以"绿化校园，美化环境"为主题的主题班会；在期末考试动员时，可以召开"让我们响亮地回答"为主题的誓师会。提炼活动主题，要围绕学校中心工作开展，紧扣师生的心弦，起到宣传发动、孕育氛围的作用。

9. 从学生身上反映的情况中提炼主题

从学生的日常工作、学习、生活中，可提炼出许多班集体活动的主题。有的刻苦学习，勤奋工作；有的见义勇为，助人为乐；有的勇夺赛场奖牌为班级赢得荣誉。发掘学生的闪光点，抓住教育契机，及时地在班集体活动中总结、表扬、宣传，将会收到良好的教育效果。同时，要把握学生的思想脉搏，针对学生中存在的问题，积极引导，及时解决。特别是学生中带有的倾向性问题，更需要班主任准确地把握。学生中的意志薄弱问题、早恋问题、师生关系问题、轻视劳动问题、超前消费问题及难以预料的偶发事件都可以从中提炼出班集体活动的主题。如一位班主任发现随着人民生活水平的日益提高，学生中相互攀比和浪费现象十分严重，穿名牌、生日互赠贵重礼品等现象十分普遍。为了帮助学生养成勤俭节约的传统美德，这位班主任以"合理消费"为主题召开了一次班会，并特邀部分家长参加，家长们的现身说法对学生触动很大。最近一个班中的某学生家中遭变故，面临辍学困难，全班师生自发掀起了献爱心活动，捐款达一万三千余元。班主任立即抓住师生身上这些可贵的品质，进行了以"爱的奉献"为主题的班会活动，对学生的教育很大。

二、活动内容——围绕主题选择

活动主题确定以后，还要按照活动主题对内容的要求进一步确定活动内容。做到内容必须紧扣主题、服务主题；必须从实际出发充分考虑学生的思想基础、活动能力、文化素质和兴趣爱好；必须选好角度，增加深度。活动的内容是班集体活动的主体部分，必须精心选择。复杂多变的国际风云、日新月异的国家建设、千差万别的学生个性，也为我们活动内容提出了非常大的空间和多样性的素材。只要我们善于研究不断变化的新事物、新问题和学生的新特点，就会使活动内容具有时代气息，满足学生的心理需求。山东省兖州市第二中学张明全老师为我们提供了以"我很重要"为主题的班会活动：

（一）活动目的

1.培养和增强学生的自信心。

2.使学生认识到自己存在的重要性。

3.学会欣赏自己、欣赏他人，感受自我欣赏和被他人欣赏的快乐。

（二）活动过程

1.主题引入

播放课件："二战"后，日本一家濒临倒闭的食品公司为了缩减开支，决定裁员三分之一。有三种人是裁员对象：清洁工、司机、无技术的仓库管理人员。经理找他们谈话，说明裁员的意图。

清洁工说："我们很重要。如果没有清洁、有序的工作环境，你们怎么能够安心地投入工作？"

司机说："我们很重要。这么多产品没有司机怎么能迅速销往市场？"

仓管员说："我们很重要。如果没有我们，这些食品岂不要被流浪街头的乞丐偷光！"

经理觉得他们说的话都很有道理，权衡再三，决定不裁员。

第二天，员工们看到厂门口悬挂着一块大匾，上面写着"我很重要"。这句话调动了全体员工的积极性，几年后该公司成为有名的大公司。

学生讨论：这个故事给我们什么样的启发？（讨论略）

教师总结：任何时候都不要看轻自己，自信是成功的基石。在关键时刻，要敢于说"我很重要"，由此引出活动主题"我很重要"。

活动三环节

第一环节：认识自我，我很重要。全班分成十二组，每组四至五人，每个成员以自己亲身经历过的一件事来说明自己的优点和重要性。

要求：态度诚恳，目光坚定，声音洪亮；用心体会自己赞美自己时的感受。

第二环节：认识他人，他人也很重要。每个成员依据他人做过的一件事或言行来赞美他人，同时接受他人的赞美，活动时要起立，紧握对方的双手，目光真诚地注视对方，发自内心地称赞对方。要求学生既要做到实事求是地评价他人，也要尊重他人的评价；注意用心体会赞美别人和被别人赞美时的感受。

第三环节：静听散文《我很重要》，用心体会。首先请学生们轻轻闭上眼睛，尔后播放毕淑敏的配乐散文《我很重要》，要求他们用心听，用心感受。

然后各组选出一名代表宣讲自己的想法和感受。

播放课件："美好与自信，都源于你对人生一往情深的欣赏。""发现你自己，你就是你。在这个世界上，你是一种独特的存在。"全体师生起立，目视正前方，大呼三遍：我很重要。

教师总结：同学们在以后的学习、生活和工作中，要学会欣赏自己、重视自己，同时要学会欣赏他人。课后请每一位同学列出自己所有的优点，思考"我很重要"的理由，认真写出这次活动的感受。

最后，播放歌曲《不要认为自己没有用》，在激扬高亢的歌声中结束本次活动。

（三）活动结果（略）

（一）活动内容的特点

根据上述案例，先说说活动内容的特点：

1. 竞争性

高中生有争强好胜的特点，"我很重要"这一主题唤醒了学生的竞争意识和好表现的共性心理。因此，开展竞争与竞赛为内容和形式的活动，气氛马上就能被调动起来。如围绕某一主题召开"辩论会"，就能很快激发起学生的参与意识、竞争行为。在这样特定的热烈、思辨的氛围中，他们的惧怕心理会一扫而光，而且能够提高他们尊重他人、探讨问题的能力。

2. 鲜活性

内容的鲜活性可以吸引学生。班集体活动的内容要丰富多彩，要追求内容的变化和转换，要在变换中求鲜活，特别要增加那些新时期出现的新事物和学生关注的热点问题，这样的内容既新鲜又富有时代精神。

3. 新奇性

班集体活动内容的奇特、新颖，会使学生兴奋，使之久久不忘、回味无穷。新颖并不是让我们去"猎奇"。

某高三（5）班在元旦开展了一个奇特、新颖的活动，即在元旦的零点时分去慰问战斗在一线的工人，被称之为"零点行动"。他们带着自己对工人的崇敬之情，手捧鲜花，来到钢花飞溅的车间，送上他们亲手制作的贺年卡，表达了向工人学习的迫切心情，并在车间里、在工人师傅面前举行了一个宣誓仪式，和工人师傅一起聆听新年的钟声。这样的活动至今仍是早已跨入高等学府的原高三（5）班学生们的美谈。

4. 内容要具有审美性

审美性是班集体活动高层次的追求。内容的审美性包括对自然美的追求、对生活美的创造和对情感美的向往感悟。因此，班集体活动要增加人与自然、人与社会、人与人之间关系的内容。有的班主任曾带领全班同学开展了"追求

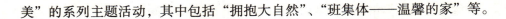
美"的系列主题活动，其中包括"拥抱大自然"、"班集体——温馨的家"等。

（二）活动内容选择的基本思路

由于时代在不断发展，国际和国内的政治、经济、文化都在发生着巨大的变化，各种新事物、新思想、新人物层出不穷。因此，班集体活动的内容也应随着时代的变化而变化。下面谈一下班集体活动内容创新的基本思路：

1. 紧跟时代步伐

班集体活动不能脱离火热的社会生活，否则，它将是无源之水，无本之木。目前我国正处在迎接知识经济挑战，迎接国际间的激烈竞争，进一步扩大和深化改革开放的时代，各项事业都在发生着日新月异的变化。从国际上讲，尽管现在已不是冷战时代，但国际斗争仍然十分复杂，敌对势力支持少数"藏独"分子的分裂活动，并在我国的人权问题上刻意攻击造谣；日本编写歪曲历史、无视中国与亚洲人民的历史教科书……这些内容都是开展班集体活动时对学生进行爱国主义教育和国际主义教育的生动教材。

从现代化所需要的人才看，他们应当具有善于发现、判断、分析、解决问题的能力，具有悟性与灵性、具有极高的觉察力与判断力、具有创造激情与冒险精神以及团结合作精神。要培养这样多层次的有较高政治觉悟的创新型人才，就不能把学生禁锢到校园生活的小圈子里，必须紧跟时代的步伐，把班集体活动的视角转向社会、转向世界，与国内外重大的时事政治紧密结合，使其具有时代性和全球性。如当世界因美国"9·11"事件而震惊的时候，我们许多班主任都及时抓住时机，鼓励学生关注事态的发展，指导他们从报纸、网络等媒体上收集信息，并在班级宣传栏内开辟了"'9·11'论坛"，为学生提供充分发表观点的阵地，并召开了"9·11"讨论会，以此激发学生敢于思考、善于思考的潜能。

举世瞩目的奥运会 2008 年将在北京举行，是本世纪初的一大新闻亮点，也是对学生进行爱国主义教育的极好机会。我们的一位班主任便开展了"屹立在东方的巨龙"主题系列活动。首先，确定了遵循主体原则，发挥学生的主观能动性和团结协作精神，以小组为单位收集奥运筹备工作的伟大成就、奥运火炬传递盛况和体育健儿备战奥运的精神，制作自命题简报。接着召开了"奥运会，北京准备好了"和"祖国未来展望"主题班会，会上展示学生的作品，同时畅想未来，为祖国勾画出了繁荣昌盛的宏伟蓝图，鼓励学生树立报效祖国的远大理想。继而结合学校工作，开展"我为奥运作贡献"的志愿者活动。

这一系列活动不但提高了学生的能力，而且增强了学生的民族自豪感，为他们形成良好的道德情感，培养爱国主义的思想打下了坚实的基础。北京奥运使广大师生群情激越，感到无比的骄傲和自豪。

2. 把握学生思想脉搏

当今的学生，生活在五光十色的社会里，面对眼花缭乱的社会现象，必须从主观上作出鉴别和筛选、判断和取舍。这就需要班主任在日益开放的环境中，抓住每一个教育契机，及时地开展班集体活动，引导学生提高辨别是非的能力，培养学生拥有健康的心态和健全的人格。

"刘海洋事件"发生后，面对备受推崇的清华学子竟做出如此荒谬、残忍的事情，全社会都为之痛心疾首。同时，这件事也引发了人们对其病态心理的反思，一些班主任抓住这一机会组织学生阅读报纸杂志上的有关报道，了解事件的全过程，引导学生思考"刘海洋事件"暴露出来的诸多问题。继而，组织专题讨论会，让大家畅所欲言谈看法，说体会，特别是对其行为暴露出来的人格缺陷进行评述。最后大家达成共识："做人比做学问更重要"。

这样的活动不仅为学生提供了独立思考的机会，还为他们形成健全人格营造了积极的环境。

目前学生着装上的攀比现象非常严重，而且越来越社会化。常言道，爱美之心人皆有之。但是班主任要因势利导，可以开展"中学生真正的风采"、"美的真谛"、"我与她不同"（"她"指社会时髦女性）等主题班会、讨论会、演讲会，让学生敞开心扉，大胆谈自己的观点，使他们在活动中形成正确的审美观点，懂得真正的美乃是内在美与外在美的和谐统一。外在美会因内在美的缺乏而暗淡无光，甚至变得丑陋，只有内在美才能经得起生活实践的考验。这样的活动使学生从心底升腾起对美的正确认识和追求，达到标本兼治的目的。

实践证明，把握学生思想脉搏，开展贴近学生思想实际的班集体活动是学生健康发展的动力和基础。

3. 变革传统活动

班集体活动的创新也是一种继承传统、超越传统的过程。传统的爱国主义教育、艰苦朴素教育、道德教育仍然是德育工作的主要任务和班集体活动的永恒主题，不仅不能丢弃，反而要进一步发扬光大。结合社会变革和学生心理特点，从未来对人才的需要出发，选择新角度，补充新内容，使传统活动能够适应变化了的新形势和学生的新特点。除此之外，教育心理学还告诉我们，青少年的注意力不够持久、不够稳定，他们容易被一些新奇的事物所吸引，因此，我们组织班集体活动时应当对传统的活动内容和形式进行变革，以增强活动的实效。

　　一位班主任在最近开展的一次"中秋节月光晚会"班集体活动中，他一改过去吃月饼、做游戏、搞联欢的传统做法，代之以全新的设计：从嫦娥奔月的故事讲到阿波罗登月的趣闻和太空旅游已成现实；从中秋佳节倍思亲，联系到"一国两制"，台湾回归祖国，进而批判陈水扁鼓吹的"台独"言论，而且还观看了杨立伟遨游太空的录像。由于内容的更新、形式的奇特，全班同学兴趣盎然。这次活动不仅使他们了解了人类征服太空的伟大贡献，而且，加深了他们对台湾同胞的思念之情，同时也使他们更加痛恨分裂祖国的"台独分子"。

　　勤劳节俭、艰苦奋斗是我们中华民族的光荣传统。这种传统不管是过去、现在还是未来，都将是推动时代发展、人民生活水平提高的精神力量和可靠保证。在班集体活动中，开展艰苦奋斗教育显然也是一个长期不变的主题。特别是受观念多元、经济多元、文化多元的影响，个人主义、拜金主义和享乐主义严重毒害着青少年。在城镇的青少年中超前消费现象非常普遍，在一些学生看来，生活就是享受、金钱就是一切。什么劳动光荣、劳动创造世界的观念在他们思想上几乎是空白，更谈不上热爱劳动人民、珍惜劳动成果。由此看来，艰苦奋斗教育是必须坚持不懈的。但是，如果我们还是采用"忆苦思甜"的方法，显然是不行的，我们可以开展"两代人话艰苦奋斗"的活动。首先，班主任要正视生活的富裕化、现代化对青少年意志的消极作用，组织学生了解父母艰苦的劳动和挣钱的不易，帮助父母干些力所能及的家务劳动，为父母分忧，进而对学生进行劳动教育，带领学生去学农、学军，到基地进行学农劳动和军事训练，培养学生的意志品质。对那些生活优越的学生，要进行自力更生教育，培养"富而节俭"的自觉意识，做到生活上不攀比，不超前消费。这样的活动更符合时代的要求。

　　选择新角度，纳入新内容。培养青少年的现代化素质，造就未来社会需要的四有新人，需要我们建立起新的教育时空观念，从未来社会对人才的需要出发，从新的角度赋予传统活动以新的时代内容，使其更能适应变化的新情况、新形势。

4．开拓新领域

目前，中小学的班集体活动大多集中在德育活动、文化体育活动上，有些领域非常薄弱，如班级科技活动和网络教育活动就是如此。班集体活动的创新，在这些领域应该说是大有作为的。陶行知在评论当时的"教育界无限枯寂的生活"时，曾尖锐地指出："那是因为当事的人，封于故步，不能自新所致。"我们应以史为鉴，在创新班级集体活动时要在扩大视野、开拓新领域上多下工夫。我们广大班主任能否以这种精神，把科技活动、网络教育活动和禁毒教育活动的文章做大一点、做深一点，创造出我们的新经验呢？回答是肯定的。

（1）班集体科技活动

班集体科技活动是指以班集体为单位组织的科学技术教育，引导学生学习科学技术，培养学生科学的人文精神、创新精神和实践能力的教育活动。应该说它是课堂教学的延伸和发展。这项活动不仅可以开阔学生的知识视野，开发学生的智力潜能，更重要的是它可以使学生树立相信科学、尊重真理的科学的世界观和价值观。对于培养学生实事求是的科学作风、严谨细致的科学态度、坚韧不拔的意志品质以及推进素质教育，都具有重要的意义。虽然学生通过课堂教学掌握了一定的科学文化知识，但并不一定能够形成科学的世界观和价值观，只有把知识运用于科技活动的实践，才能真正体会到知识就是力量和知识的实践功能，从而深刻地领悟其中蕴涵的思想和价值理念。

科技讲座活动。班主任和任课教师可结合课堂教学中涉及的某一专题，通过讲座形式向学生进行专题知识的传授，以丰富学生的科学知识，引导学生树立科学的世界观、价值观。科技讲座的内容很多，如科学史话、科学家的故事、专题科技和科技信息发布等等。科技讲座要根据学生的年龄特点和知识水平选择不同的主题，对中学生讲的内容就需要深一些，如环境保护问题、人工降雨问题、沙尘暴的形成与根治问题，或结合他们理化生所学知识选择专题。科技知识讲座一定要配合多媒体演示，发挥形象直观的作用。

科技考察活动。班集体要有目的、有计划地带领学生参观科研院所、科技展览、自然博物馆、科技博物馆、少年科技中心、气象台、高校科研所等。参观前要做好行为规范的指导，参观中要做好讲解，参观后要指导学生撰写科技小论文。与此同时，可组织高中学生和初中高年级学生开展自然资源考察、生态资源考察等科技活动。

科技实践活动。有条件的学校要建立科技实践基地或在校内建立科技俱乐部。班主任可利用学校基地和学校开展的科技月（科技周）活动组织学生积极参与小制作、小发明、小种植等科学实验活动。

天津市中山中学早在20世纪80年代就取得了天津市蔬菜研究所、黄瓜研究所、天津市污水处理站等科研单位的支持建起科技实践基地，并聘请蔬菜所于莹娟教授、南大物理系谭成章教授等10名专家学者为学生的科技辅导员，指导学生开展科学实验。中山中学的学生"科技俱乐部"是开展科技活动的重要基地。俱乐部包括科技研究部、电子无线电部、陶艺、车模、舰模、航模环保和手工制作若干个组，由22名有专长的老师作为科技辅导员，充分发挥了"大手拉小手"，培养学生科技素质的作用。

在这项活动中每个班都有自己的代表队定期到两个基地参加科技实践活动。

（2）禁毒教育活动亟待加强

近些年来，一些不法分子在利益的驱动下，与国外一些贩毒分子勾结，大肆进行毒品走私活动。在国内，吸毒者也呈上升趋势，而且青少年吸毒者也在不断增加。这就给中小学教育提出了一个严峻的课题。因此，中小学要大力开展禁毒教育活动。

①说案例析危害活动。请法官来校介绍案例，分析危害，教育学生远离毒品、珍惜生命用自己的实际行动创造美好人生。

②参观活动。带领学生参观"远离毒品珍惜生命"图片展览，并开展"看展览、谈体会"征文活动。

③演讲活动。即开展"坚决与毒品作斗争"演讲比赛。

④召开"远离毒品，永葆美好生活"的主题班会。

⑤组织学生走上街头开展禁毒宣传活动等等。

三、活动形式——为内容服务

班集体活动形式的创新，能使传统活动不断推陈出新，是搞好传统教育活动的一个重要手段。如共青团教育活动，过去我们多采用板报宣传、挂图、演讲、"一帮一"等活动形式。后来，我们辅导学生将团的基本知识编成歌谣、对口词、相声、小品等，使传统的"说教"发展成融知识性、趣味性、思想性、创造性为一体的新形式，寓教于乐。新颖的形式引起了学生的强烈兴趣，他们着魔般地积极投入活动。在娱乐中，他们不仅掌握了共青团的基本知识，而且激发了创造的灵感，活动也收到了良好的效果。

在活动形式创新的过程中，有人明确提出了多开展一些"体验式"（有人称之为"感悟式"）的活动。他们要求学生去看、去做、去体验，并让他们把自己的所思、所为、所感记录下来，这样才能使活动真正地深入学生的内心。如重庆永川中学李天鹏老师介绍了他们学校开展的"走进人大，感受人大"的德育系列活动，有效地说明了这一点。

"走进人大，感受人大"的主题教育活动历时十六天。为了提高活动的真实性和实效性，我校和永川市人大共同制订了活动的实施方案，从"人大代表"的产生到"地方法规"的出台，全程模拟召开人民代表大会的程序、办法、实景，印制了学习资料和会议资料，制作了选民登记表、选票、代表证、席位牌、会标等。

宣传动员，培训选民。以班为单位划分"选区"进行"选民登记"，选举产生"人大代表"并公告全校，模拟召开"人民代表大会"，选举产生"人大常委会"。收集、挑选、确定"人大常委会"会议议题，组织拟任"常委"开展"永川市校园周边环境治理"、"永川市饮水卫生安全"等专题调研，形成调研报告或大会发言。召开"人大常委会"修订、形成两个地方"法规"。然后以班为单位，召开"代表"向选民述职大会，最后召开主题教育活动总结大会。活动效果大大超出预期。

李天鹏先生在总结活动时说："学生是成长的主体，生活是教育的源泉，体验是价值的反思，德育必须与真实的生活融为一体。由于学生的全员参与，才能在真实的情景中培养真实的德行。"

活动和体验是班集体活动最核心的两个要素。班集体活动的首要目的不是解决知与不知的问题，而是要通过设定一种情境，开展富有启发性的活动，创造个体内心的认识冲突，唤醒学生内心深处潜意识存在的心理体验，来达到影响其心理健康，提高心理素质的目的。对于个体来说，多么精彩的讲授也无法代替个人的亲身感悟和体验，哪怕是一点点启发，也能留下深刻的记忆。因此，从这个意义上讲，班集体活动的许多形式如游戏、心理短剧、角色扮演、情景模拟、问题讨论、行为训练都可以提供这种引发体验和感悟的情境。可见，关注活动形式的创新是多么重要。

推陈出新，更新活动形式是承前与启后的统一，必须使形式服务于正确的目的，不能为兴趣而兴趣，为更新而更新。如星期一升国旗活动的形式不能变，但许多学校把升旗仪式和学生们的学习生活联系起来，赋予生活德育的新理念，使传统活动具有新的活力。具体做法是：在升国旗前播放爱国主义教育和遵守纪律方面的歌曲，挑选优秀学生佩戴红花升国旗，表扬一周内的好人好事，宣讲一周内的国内外大事等。这样，传统的爱国主义教育就与学生的生活实际结合起来，同社会的变革和一个时期的活动主题结合起来了。这对培养学生进一步树立热爱祖国、建设祖国的理想和信念有着重要作用。由此可见，我们对传统活动的形式，既不能生搬硬套，也不能全盘否定，必须坚持承前与启后的统一。在活动形式上，既有吸收，更有创新，以便更好地反映和表现传统的教育内容。

为了给活动主题和内容寻找一个完美的表现方式，必须重视活动形式的策划。可见班集体活动的创意与策划，内容与形式哪个也不能偏废。关于形式的策划一般要考虑以下几点：

（一）活动形式创新的几个原则

1. 求新

学生喜欢什么样的活动形式呢？主要是看形式是否与众不同。如在对学生进行"挫折教育"时，天津市十佳班主任栾爱晴开展"骑自行车游外环线，欣赏外环线美景"的活动，深受学生的欢迎。在他们行进中，突然风雨交加，尽管全班同学面对重重困难的挑战，但是师生们斗志昂扬，表现出不怕挫折、团结互助的精神。后来同学们把这次活动称之为"风雨外环路"。可见，形式新颖、不落俗套的活动，最受学生欢迎。因此，活动形式的创意要坚持求异、求新。

2. 求变

俗话说变则新，不变则腐。任何一种新颖的形式，随着时间的推移和反复使用也会变得陈旧，因此求变是活动形式创意的一条原则。要使活动形式不断变化，花样翻新。如许多班级年年都要开展"学雷锋献爱心"系列活动，有的班深入到社会做好事，有的班到养老院慰问照顾孤寡老人，给他们读报、表演节目，内容丰富多彩，形式也在不断变化。

无锡有一所学校，在3月末，召开了一次"在3月的日历上"的总结性主题班会。教室前悬挂着自制的3月份的日历，学生们历数他们每一天"学雷锋献爱心"的感人事迹，表现出无比的自豪。最后，在"学习雷锋好榜样"主题歌的烘托下，从教室门外推进一位双目失明的老人，这位老人也是他们长期照顾的退休老教师。同学们立即围拢上来，有的给老人讲故事，有的给老人揉背，有的向老人汇报他们的进步。这时老人流下了热泪，孩子们的眼里也闪烁着激动的泪花。这样的班集体活动，不仅主题鲜明，再现了这个班"学雷锋献爱心"系列活动的情况，而且形式新颖，使环境氛围和谐一致，集真、善、美于一体。

3. 求优

求优就是活动形式要力争达到最佳程度。求优不仅是提炼主题，确定内容和营造氛围的目标追求，也是策划活动形式的目标追求。活动形式要达到最佳水平，是有标准的，首先要看活动形式是否能够为突出活动的内容服务；其次是要看这种形式是否受学生欢迎，是否能调动起学生参与的积极性；第三是活动形式是否新颖并具有独创性。

4. 求多

求多就是形式多样，同一活动主题，由于内容的不同，形式应当随之变化。如在搞"学法、知法、守法、护法"主题系列活动时，可以有"学习会"，"案例讨论会"、"法律工作者报告会"、"模拟法庭"等。当然"多"也要适度，不能脱离学生实际而去单纯追求形式。

（二）活动形式创新的几种方法

班集体活动的创新不是简单的方法问题，首先要看有没有创新精神。只有班主任和全班学生不因循守旧，不唯书唯上，能够广泛吸收不同的见解，又具有极强的洞察力和较强的创造性思维能力，才能独辟蹊径，寻找出行之有效的班集体活动创新的方法。另外，班集体活动的创新不只是班主任个人的事情，还必须调动学生的积极性，发挥学生聪明才智。

少年儿童教育专家张先翱教授曾归纳出十种创新活动的方法。在借鉴张教授十种方法的基础上，笔者将就班集体活动创新的方法谈谈个人的见解：

1. 模仿出新法

有人会说"模仿"算什么创新，充其量是一种继承。其实不然，中小学生是班集体活动的主人，他们的创造力尚处在低级阶段，所以，他们模仿别人的活动，对其本人来说也是第一次，也是前所未有的。他们就是通过这样一个又一个的第一次，一次又一次的前所未有，逐渐培养创造力的。与此同时，他们必将和班主任一道创新班集体活动。如20世纪五六十年代就非常普及的"童话故事"、野炊等活动，如今对他们来说却是全新的。引导孩子学习、模仿、继承如此丰富的活动经验，对于培养和发展他们的创造能力，无疑有着既实际又重大的意义。从班主任的角度来说，"模仿"也是必要的，但是，"缺乏个性的照搬式"自然是不能赞成的。因此，笔者在这里把"模仿出新"作为一种方法提了出来，意思就是任何事物都是在继承中求发展，在继承中求超越的。班集体活动也毫不例外。

学生的创新是一点一滴的，在学习模仿的基础上稍有改进，在我们看来也许是微不足道的，但在他们看来却近乎"伟大"了。比如，学生中举行一个童话故事会，很成功。第二次他们又锦上添花，开了个化妆故事会，气氛更为热烈、活泼。第三次又改进了，举行"半个故事会"，故事只讲半个，在最精彩处打住，谁想要知道后半个故事，就去借阅那本书，故事会又成了"好书介绍会"了。对于学生这样点滴改进要十分珍惜，视为"伟大"的创造。而班主任在创新班集体活动时，同样也是从"模仿"（一般情况是这样）开始的。但他们在参考其他的活动时，应当时刻不忘创新。班主任运用模仿出新法，可以在原有基础上，或充实新内容，或变换新形式，或选择新角度，或在班集体活动中随机应变，不断深化活动的主题。

2. 联想出新法

联想出新法是从扩大班集体活动的范围，增加班集体活动的含金量上进行创新的方法。联想是由一个事物而想到与它有关的事物。班主任几乎都注意到，家长在给自己的孩子起名字时都寄寓着家长的殷切期望。如振国、振东、光华、国强、鹏宇、建中、学伟等许多名字都具有理想色彩。因此，举行一个"名字中的理想"班集体活动是饶有兴味并深受学生欢迎的，且具有很强的激励作用。但是我们不能只停留在由学生自己介绍自己的姓名后，谈谈父母为什么给自己起这个名字的层次上。班主任应当以此为起点进行联想，由名想到姓，把同姓学生临时组成小组，收集古今同姓名人的事迹，举行一次"我们家族名人多"的班集体活动。再由姓联想到生肖属相，如今年属蛇的同学，举行一个"下一个蛇年来相会"的畅想活动，畅想自己二十四岁时将怎样为振兴中华作贡献。由生肖属相又可以联想到生日，搞一次"我生日这一天"古今中外发生过什么有意义的事情。这样不断扩大主题的深度，增加活动的含金量是非常有必要的，当然这也要掌握好度。联想出新法用途极大，而且容易掌握。例如，在"活动内容"一节中，笔者举的那个"中秋节月光晚会"的例子，组织者若不运用联想的方法是不可能产生这样好的班集体活动的。

3. 学习发现法

学习发现法是创新班集体活动的一个重要方法。对此种方法，笔者认为班主任要做到以下两个方面：

一是要研究班集体活动的历史和现状，继承传统超越传统。既要学习别人开展班集体活动的经验，做到学习他人、超越他人，又要总结反思自己开展班集体活动成功的经验和失败的教训，做到战胜自我、超越自我。超越就是学习的过程、创新的过程。不学习研究班集体活动的历史，不把握班集体活动的现状，就不能继往开来；不学习他人开展班集体活动的经验，就不能丰富自己，就不能找准创新班集体活动的方向；不能战胜自我，老是满足现状、固步自封，就不会向更新、更高的目标攀登。这一切都需要经过持续不断的学习，才能发现问题、提出问题，并在实践中去探索解决问题的方法。

二是要树立"重新学习"的新理念，特别是在学习型社会里，学习将是事业发展的前提，也是班集体活动创新的前提。只有学习，才能发现问题；只有学习，了解班集体活动的最新的前沿信息，提高理论素养，才能更好地指导自己去创新班集体活动。

4. 组合创新法

张先翱教授说："把原有的两种以上的事物，经过加工组合而生另一种新的事物，叫做结合创新。这在科学发明、日常生活中屡见不鲜。女上衣与裙子组合变成了连衣裙。西红柿与马铃薯嫁接，出现了'两层楼作物'，上面结西红柿，地下长土豆。"笔者这里说的组合创新法与张教授的"结合创新"基本上是一致的。如为了体现"从小抓起与从我做起"这一主题，可以把班集体活动与指导家庭教育组合在一起。近几年来，在学生品德教育方面一再强调要

"从小抓起"、"从娃娃抓起"，这无疑是正确的。从小抓起自然是要由教师和学生家长这些大人们去抓。可是有些家长自身的品德和教育方法就亟待提高。所以，我们本着教育者先受教育的思想，把抓学生教育与指导家庭教育嫁接在一起，形成师生与家长共同参与的班集体活动和家长会活动。

5. 超越传统法

任何创新都是对传统的超越，班集体活动创新就是在传统教育活动与传统活动形式的基础上去补充新的内容，去变换新的形式，去选择新的角度，去寻求新的活动方案。这种方法突出思维的求异性，打破旧有的思维定式，更多地体现了思维的独特性和创造性。如当家理财、主持家务历来是家长的事，但是我们破除了这种旧观念，在学生中开展了"今日我当家"活动。每个学生在一个星期天当一天家，由他来计划这一天的开支，负责买菜，主持家务。四川成都龙江路小学的一个班在早上6点举行了一次"早晨6点钟的时候"主题班会，分别去访问炊事员、公共汽车司机、环卫工人等劳动工作者，从而具体地了解到他们的辛勤劳动，解决了学生冬天"赖被窝"上学迟到的问题。还有，历来是只许老师批评学生，不允许学生批评老师的，优秀班主任杨照就破除了这个传统，每学期开展一次请学生为自己写评语活动（无记名式），然后召开一次班主任述职主题班会，开展批评与自我批评，体现了师生民主的好风气。这样的活动不仅融洽了师生关系，而且班主任严于律己的行为也为学生树立了榜样。

爱国主义教育往往净讲祖国、家乡好，当然这完全是正确的，而且笔者还主编了一本《中国真棒》的学生读物，为班集体活动提供了丰富的资料。但是，也不能忽视去寻找祖国近百年历史上耻辱的痕迹，因为"忘记过去就意味着背叛"。因此，利用"国耻纪念日"，开展纪念性班集体活动，从另一方面去激励他们发奋努力，振兴中华，也是深受学生欢迎的行之有效的方法。如"二十一条"签订纪念日（5月9日）、卢沟桥事件纪念日（7月7日）、《南京条约》纪念日（8月29日）、"九·一八"事变纪念日（9月18日）、圆明园被焚纪念日（10月18日）等等都是可以激发学生爱国主义精神的素材。

6. 纵横挖掘法

当班集体活动的主题确定之后，围绕主题，从纵向进行深入挖掘，从中发现新思想、新内容、新形式、新方法。从2002年春节起，各种"中国结"一下子又红遍了大江南北。特别是在抗击"非典"期间,广大人民为了表达对白衣战士的感谢、崇敬与祝福,纷纷给他们送去美丽的"中国结"。在医护人员的休息室里、在病房里,在隔离区的周围到处可见红彤彤的"中国结"。此时,我们有许多班主任老师开展了"情系中国结"主题教育活动。为了让学生了解"中国结"所包含的文化底蕴、民族情结,他们指导学生多渠道去了解"中国结"形成的历史和不同"中国结"所包含的文化内涵。在此基础上,深化了学生对中国民间艺术的认识,使他们了解了中国传统文化的博大精深,激发了他们的自豪感和爱国情。他们还通过有关部门把自己编制的色彩鲜艳、寓意深刻的"中国结"送给战斗在"非典"一线的白衣战士和他们的家庭。

7. 系列深化法

系列深化的方法就是确定一个教育主题,抓住不放,采用系列活动的方法步步深入,环环紧扣,使上一个活动是下一个活动的铺垫,下一个活动是上一个活动的深化。这也是班集体活动创新的最常用的方法。

如围绕"我爱我的妈妈"这一主题,第一次活动让大家回忆妈妈对自己的关怀和热爱,使学生心中产生感激妈妈的养育之恩的情感。

第二次活动是让学生去调查了解妈妈在工作岗位上的好的表现,从妈妈的优秀事迹中,孩子们懂得了:妈妈不仅爱我,爱我们的家,妈妈还爱工厂、爱学校、爱医院、爱人民、爱社会主义事业,所以妈妈是一位伟大的妈妈。

第三次活动是了解班里几位学生的妈妈少年入队、青年入团、中年入党的光荣经历,为学生树立学习榜样。

三个活动构成一个系列,步步深入,深化了教育主题,取得了良好的教育效果。

这七种方法不是各自分开的,往往是你中有我,我中有你。它们是活跃和创新班集体活动的有效方法。

四、活动氛围——从多方面营造

在谈这个问题之前,我们先了解一下山东省平度师范学校祁尧娟老师召开的"塌方拷问"主题班会。

晚上 7 点 50 分,我把全班 46 位学生带进了提前布置好的教室。大家围坐在一起，中间桌子上放着一截点燃的蜡烛头、两块面包和一瓶矿泉水。

在摇曳不定的烛光下，我用低沉而悲伤的声音告诉学生：煤矿塌方了，我们被困在狭窄的地下巷道里，等待营救，现在仅剩两块面包和一瓶矿泉水。你认为应该把食物和水留给谁？看着桌子上的两块面包，面对即将熄灭的烛光，教室内一片沉寂。

生的希望留给谁？

短暂的沉寂之后，大家开始发言。

12位同学表示，面包和水要留给自己，因为人都是自私的，尤其在生死关头，谁会把生存的希望让给别人？

8位同学认为，把食物和水平分，一人一份，给每个人均等的生存机会。这样大家可以互相勉励，共渡难关，集体求生。

5位同学真诚地说，把食物让给和自己闹过矛盾的人，用生命的代价向他们表示深深的歉意，帮助他们活下来，让他们全心全力地帮助别人，为他人服务。

还有一位同学讲，食物应留给最优秀的人，因为他们活下来，会为社会作出更大的贡献。

3位女生留着眼泪，哽咽着说："食物和水要留给自己最知己的人，原因是他（她）曾给过自己那么多的关爱，因此把生的希望让给关爱自己和自己爱的人。"

剩下的同学，有的坚持谁也不吃，作为一种生存的希望，放在那里，鼓舞大家，坚持到底；有的认为应该把食物留给从小就缺少关爱或比自己小的人，让他们多体会一些人间真情……

灯突然亮了，大家不约而同地"啊"了一声，仿佛从梦中醒来。然后，你看看我，我看看你，像真的经历了一场生死考验。

我顺势引导：经历了刚才这种场面后，你如何看待生命、人与人之间的关系？一石激起千层浪，讨论再一次进入高潮。有人说，我们应该珍惜时间、珍惜生命，努力向上，做一个对社会有用的人；有人说，今后和别人相处，会更加宽容，绝不再斤斤计较；有人补充说，同学之间没有化解不了的矛盾，能够一同生活在阳光下，非常不容易，一定要好好珍惜，互相关爱……精彩的话语，发自心底，引来了阵阵掌声。同学们一致表示要珍爱生命，关心他人。

突然有人喊道："老师，他在祈祷！"大家的目光一齐聚到一位男生身上，只见他双手合在胸前，样子十分虔诚。"你在祈祷什么？"有同学大声问。他认真地说："我在为大家祈祷，感谢父母给了我们生命，今后我会真心地关爱每一个人，更加珍惜同学之间的友谊。"他的真诚和虔诚感动了每一位同学，深深地震撼了大家的心灵，有的同学眼里蓄满了泪水，有的同学把手握在了一起。

不知不觉中，活动结束了。在这场虚拟的生死抉择的情境中，大家都非常投入，用心去体会死亡、生命、人与人之间的关系，在痛楚的矛盾中反思、交流，对生命、对生活有了一个全新的认识。

"塌方拷问"在一曲《明天会更好》中结束。下课了，几个女生仍沉浸在"塌方"的情境中。教室里留下浓浓的关爱之情。

班集体活动氛围是指班集体活动所处的环境的"气氛和情调"。这种"气氛和情调"能被参与活动的学生所感知，从而产生一种相应的情绪、态度和行为，这就是我们所说的环境熏陶。环境熏陶主要讲的是环境对人的教育作用，这是一种"无言之教"。笔者在《班集体激励论》（天津教育出版社 1998 年 9 月第 1版）一书中曾说过这样三句话：

第一句是"班级环境优化的标志是看其是否具有浓厚的教育氛围"；

第二句是"最能影响人的感情和情绪的莫过于氛围"；

第三句是"环境只有与营造的氛围结合，环境才能活起来"。

实践也充分证明，只有形成了积极的班级氛围，才能发挥其感染人、激励人和教育人的作用。为什么在一个大森林中，每棵树都长得又高又直呢？那是因为它们相互之间争取阳光的结果。人们把这种现象称之为"森林效应"。这种"效应"在教育领域的应用，就是要创造一种适合学生成长的良好的班集体活动的环境，营造一种积极向上的氛围。从教育心理学的角度说，班集体活动的环境氛围有一种独特的心理效应，这种心理效应是指班级环境中能够给人某种强烈的精神感受的气氛和情调。

不同的活动对活动环境氛围的要求也是不一样的，例如，围绕某一主题开展的辩论会、讨论会，环境的布置就要具有竞争、严肃、求真的氛围；班集体联欢活动，环境的布置应当具有欢乐的氛围；班集体迎春晚会的环境应该是祥和、热烈的氛围；清明节扫墓活动的环境是肃穆的氛围；在声讨以美国为首的北约野蛮轰炸我驻南斯拉夫大使馆时，环境的布置就应当具有同仇敌忾的氛围……

因此，营造活动氛围也是班主任进行班集体活动创新必须十分重视的问题。只有针对不同的活动主题、内容和形式，从多方面营造相应的环境氛围，才能发挥其感染人、教育人的作用，对学生的道德内化才能发生潜移默化的作用，并产生强大的推动力。"塌方拷问"这个班会就将这一点体现得十分充分。

从多方面营造班集体活动氛围，起码可以从以下四个方面作出不懈的努力：

环境布置要突出熏陶性；

发言内容要突出鼓动性；

声像利用要突出烘托性；

师生互动要突出情感性。

这四条是班主任在营造班集体活动氛围时应当着力下工夫的地方，千万不可等闲视之。

3. 新课程背景下的班级文化建设

——文化育人

一、班级文化——班集体活动的产物

文化是人类社会特有的现象，是人类在社会实践中创造的物质财富和精神财富的总和。可以说，没有人类的实践活动就没有人类的文化。班级文化也是如此，它是班集体成员实践活动的结果。这种活动作用于师生所处的班级环境，便产生了物质文化；作用于班级这个"准社会"，便产生了制度文化；作用于班集体成员本身，便产生了精神文化。

因此，我们可以这样理解班级文化：指班级成员在班主任引导下朝着班级目标迈进的实践活动中所创造的成果。班级文化也存在着由显性到隐性，由浅入深的不同层次，包括物质层、制度层、精神层，即物质文化、制度文化和精神文化。这三者构成了一个班级的隐性德育"场"，对学生产生陶冶的作用，发挥着育人的功能。

但是，班级文化不是这三项的累加，而是由物质层面（浅层）、制度层面（中层）和精神层面（高层）组成的整体。它们之间是相互渗透、相互制约、相互补充的一个整体。因此，班主任要根据这种理论带领全班师生有计划、有目标地通过各种丰富多彩的实践活动建设好班级文化。

例如，浙江省温州中学成旭梅老师，在班集体建设中采用了"班级命名办法"。为了落实"办法"，成老师还提出了《高二（14）班文化建设计划》，并对《计划》要达到的目标和实施计划的活动要求作了简要的说明，对我们班级文化建设具有很好的启发作用。现录于后，以供读者参考。

<h3 style="text-align:center">高二（14）班文化建设计划</h3>

（一）班级凝聚力与核心竞争力的建构

1.班训的拟定与阐释。以清华校训为班训："自强不息，厚德载物"，立志高远，旨在建设人文班级。

2.班干部的民主选拔与培养。

3.迎新联欢班会。

（二）读书活动

1.宗旨："读好书、修素心、做好人。"

2.捐书、购书柜。

3.晚自习前5分钟进行"一日一书、一日一见闻"评点。

4.书评：阅读与写作是生活的体悟，试将读书感悟转化为思想。

（三）影评周活动

师生共同推荐优秀励志影片与优秀文艺片，学生自由写影评并在班会上交流。

推荐影片：《阿甘正传》《美丽人生》《基廷先生》《放牛班的春天》《辛德勒名单》《拯救大兵瑞恩》《肖申克的救赎》《飞越疯人院》《铁皮鼓》《红高粱》等。

（四）民主氛围的营造

活动自主，让同学们各展特长，如：

1.班干部实行民主推荐与民主选拔相结合。

2.班会课自主安排健康有意义的活动。

3.黑板报在总负责人的协调下轮流出刊。

4.在学校与社会实践活动中，班主任主导与学生自主相结合。

（五）师生沟通平台的建立

1.从"抓住老师就是抓住成绩"到"抓住老师就是抓住人生"的全方位教育新思维的认知与确立。

2.认真落实"导师制"，通过面对面或书面形式经常开展师生之间的沟通交流，使老师与学生之间达成和谐，达到最佳生活与学习状态。

班级文化建设方案蕴涵着这样的指导思想："创造具有生命意识的班级文化为班级文化建设之首"。班级的读书活动和影评周活动正是在这种需求下产生的。

班会课上，学生们由"韩白之争"和电影《基廷先生》谈学习的价值；由贾樟柯电影《小武》《三峡好人》和贾平凹小说《高兴》谈"底层"的价值；由"超女快男"现象和电影《阿甘正传》《拯救大兵瑞恩》谈时尚精神与人生价值；由电影《拯救大兵瑞恩》《辛德勒名单》和李存葆小说《高山下的花环》谈个体生命的重量与宏大时代的关系……在这些价值的多元探讨中，学生直面了价值的多维冲击。

关于价值观的班级文化建设具体而实在，真正触及了价值的深层含义，使个人的生存意义和集体存在意志之间达到了发自内心的平衡。这样，由具有强制约束力的制度管理走向具有内在趋向性的民主管理，最终走向"无为而治"的人本管理这一终极目标，也就有了实现的可能。这些活动使学生真正领会了班训"自强不息，厚德载物"的深厚内涵。

一旦班级精神确立并深入人心，班集体建设的目标也就基本达到了。

我们不难看出，成旭梅老师的这个《计划》是把活动贯穿始终的。没有活动也就没有班级文化。天津市汉沽区后沽中学的班级文化建设，也充分体现了"班级文化是班集体活动的产物"这个观点。如他们为了美化班级，使其成为布局合理、生机盎然、整洁优美、宁静有序、蓬勃向上、健康和谐的班级，就开展了一系列的活动：以"校园艺术节"为主题，举办小工艺品制作、剪贴画、书法作品比赛；以"爱家乡，迎奥运"为主题，举办绘画美术作品和摄影艺术作品展览，评出佳作装点教室；深入劳动技术教育中心参加实践活动，学习雕塑、编织、插花、刻板字等，并将自己的作品选挂在教室墙上或摆放在窗台之上装点教室；开展"班级优秀板报"评选活动，使板报周周更新、期期图文并茂；开展"我为班级装点出一份力"的活动，号召团员"人人都养一盆花，美化环境靠大家"。这些活动不仅创造了优美的班级环境，而且透射出来的独特的班级精神文化的感染力、凝聚力和震撼力。

二、班级文化的核心功能——育人

（一）物质文化及育人功能

物质文化即指班级所在的空间环境——教室，及其能够充分利用起来的各种文化设施，并根据班主任、全班学生的美学思想，布置、装点起来的，具有熏陶力、感染力的环境氛围和情调。物质文化是显性的、浅层的班级文化层面。但是，在布置时，必须突出时代性和人文理念，必须着眼于总体布局的和谐统一，必须着眼于环境文化氛围对学生的熏陶和感染。使物质层面不仅具有实用价值，而且对学生的思想品德和良好的行为习惯具有规范和约束的作用，对学生审美能力的提高具有促进作用，对学生精神的熏陶有潜移默化作用。

魏书生坚持的班级物质文化主要有以下内容：班级要做到"八有"——要有花、鱼、窗帘、纸篓、痰盂及洗手、饮水、理发用具。这八种用品由学生捐献或班费购买，且有专人管理，不仅方便学生、美化环境、陶冶情操，而且可以在自主管理中强化学生的集体主义观念。班级日报，由学生按学号轮流办，反映本班的学习生活情况。座右铭，让学生在自治的"五面体"上贴上自己最崇拜人的名字或照片，自己要追赶的同学的名字以及针对自己思想弱点写的一句医治这一弱点的格言。每天点亮一盏思想的明灯，每天在黑板的右上角针对班级现状抄上一条富有教育意义的格言。

这些物质文化元素本身就体现了民主与科学的管理宗旨，更是魏书生班级价值观的体现，并对班级精神文化起到促进作用。

尽管物质文化属于显性的、视觉层面的文化，却是学生道德情感、道德行为赖以形成的"隐性德育场"。只要将其涂上浓浓的文化色彩，突出其文化品位、时代气息和人文精神，就能营造出一种和谐统一的文化环境，真正使每一块墙壁都"会说话"。这种德育"场"的形成，将对陶冶学生人格、熏陶学生情感、净化学生的心灵、唤起学生高尚情感起到重要作用。

高雅整洁、文化品位高的班级物质文化，可以使学生保持良好的心境，有助于他们树立正确的审美观、价值观和道德观。在这样的环境中生活的学生，其归属感、荣誉感、责任感会油然而生。这种群体心理气氛能够形成群体生活的规范力量，使每个学生产生一种具有心理制约作用的行为风尚，使得班级的凝聚力大大增强。

我们都有这样的亲身感受：当你走进一所环境整洁、优美的学校（班级），你会产生一种美好愉悦的心情，这时，你即使有随地吐痰、乱扔果皮纸屑的坏习惯，在这样的环境中也会尽量克制，这就是环境的约束功能。当然，要想充分发挥班级环境的德育功能，还必须发动学生参与班级环境的建设。只有他们主动参与净化、绿化、美化班级活动，才能使他们更加懂得自我约束，提高自我教育的能力。正如苏霍姆林斯基所说："用环境、用学生自己创造的周围环境，用丰富多彩的集体生活的一切东西进行教育，这是教育过程中最微妙的领域之一。"

(二) 制度文化及其育人功能

制度文化即指建立各种规章制度，包括一个正式群体的职能、职责，以及一日常规、课堂规范和奖惩制度等等，缺少这些就难以形成良好的班风、学风，就难以规范学生的各种行为。制度不等于制度文化，而是指制度制定过程中师生参与的广度与深度，全班学生是否对制度价值有了深刻的理解和广泛的认同，是否成了学生自觉的行动。只有各项制度符合学生的需要，真正发挥了规范作用才能称其为制度文化，才具有德育功能。

魏书生班级管理的宗旨是民主与科学。他的民主管理就是要实现学生一定程度的思想解放和个性自由，确立学生的主体地位，为学生主动发展创造条件。并在此基础上实现制度、计划、规定等方面的管理，强调责任与义务，即"以法治班"。他把"德治"和"法治"有机的统一起来，把曾经使用过的有益方法制度化。例如，以"治病救人周"为代表的特色活动周，让学生放声高呼"我能成功"为精神充电，课前高唱一支歌；以"高效学习日"为代表的提高学习效益的活动等等。这些活动经验在他所带的一届又一届班级中传承，形成了制度、班规，学生不照做就要受到惩罚。魏书生说："尽可能将一时一地曾经做过的有益认识教育与行为训练，用'法'的形式固定下来，使其形成制度、法制，今后在某时某地也必须实行。"如对"课前一支歌"，班规和班法就有非常明确的规定。

班上的各种重大事情需要学生集体决定，学生自己投过票或举过手表示赞同的事不能违背。因此，"法治"作为一种班级制度文化本身就很好地体现了班级精神文化，其背后蕴藏着丰富的"德治"内涵。

"依法治班"是校园里最响亮的口号之一。要实现"依法治班"，自然需要依照国家法律和教育法规、政策制定科学的班级规章，并根据这些规章制订"简明的、人道的"班级管理制度。

众所周知，班级各项规章、制度、是维系教师和学生工作、学习、生活，以及维持他们之间和谐关系的保证，应当体现师生特别是学生共同的要求、适应他们思想品德发展的需要。它不应当只是班主任简单的"约法三章"，并以此作为约束学生的工具，而应当是全体师生共同讨论的结果，这样，师生对规章制度才能自觉遵守。它不仅代表班主任的管理意志和价值观，也代表了广大师生特别是学生广泛的意志和价值观。要想充分发挥制度文化的育人功能，必须做好两项工作。

一是班主任应当广泛宣传素质教育的目标要求，《德育规程》、《中学生日常规范》和学校各项规章制度对学生素质发展的价值和意义，在此基础上坚持走群众路线，调动广大师生，特别是学生积极参与制订班级各项规章制度。这样做不仅体现班主任以人为本的管理观、教育民主的思想作风和工作作风，也能使学生把遵守规章制度作为自己思想品德发展的自觉需要。可见，制度文化是班级内部所形成的，能够为全体师生认同和自觉遵守的价值观、行为准则、思想作风和行为规范的总和。制度文化具有丰富的管理文化的内涵，即对人的关怀和尊重，对人的发展的高度重视，是人文精神与科学精神完美统一的结晶。它既规范着师生的行为方式，也促进着学生素质的持续发展，而且较之物质文化对学生思想品德发展的作用更为重要。

二是从管理学角度分析，制度管理本来就是人的管理，人的因素必然成为有效管理的核心因素。而这种管理的真正目的不是培养只知道服从的人，而是培养具有高尚人格尊严和全面发展的创新型人才。因此，班主任应当坚持"以德为先""人为为人"。"以德为先"是"人本观"在班主任身上的集中反映。班主任不重视"修己"，没有服人之德，就达不到管理的目的。"人为为人"说的是管理者在实施管理的过程中，要为学生提供优质服务，使自己的管理行为有利于调动学生参与管理的积极性和创造性，使学生成为真正的主人，而不是被动接受管理的客体。正如陶行知先生所说："学生自己所立共同之法，比学校里所立的更加近情，更加易行，而这种法律的力量，也更加深入人心。"（见《陶行知文集》第21页）

（三）精神文化及其育人功能

精神文化是由班级内部各种心理环境因素构成的一种无形的教育环境，主要包括班风、教风、班主任与任课教师的师德风范和人际关系等，并形成了大家共同追求的目标价值体系、道德情感和行为方式。这里也包括班里的个性文化活动（有学者将其称为行为文化）及形成的精神氛围。

班级精神文化主要体现在班级目标、班级道德、班级舆论、班级活动、人际关系和班风等等，这些方面也体现了班级成员的思想观念、价值取向和行为方式。而精神文化的感染（陶冶）功能是潜移默化的。

魏书生的班级精神文化包括三项内容：

第一是班级目标。班级目标是班级文化的重要构成因素，是关于培养什么样的人的观念。魏书生的班级目标不是把学生当做没有理想、没有情感的受管理者，而是把他们当做有理想、有意志、有情感的主动发展的个体。培养主动发展的学生，是魏书生班级管理思想的核心，也是他带班的主要目标。

第二是班级价值观。班级价值观是班级文化的核心，从主体上划分班级价值观可分为班主任的班级价值观和学生的群体价值观。围绕培养主动发展的学生这一班级目标，魏书生的班级价值观包括的要素有：一是学生主体观。魏书生主张，要培养主动发展的学生就应把学生放在主体地位。在教学中，他时时处处坚持"将学生培养成语文学习的主人"，在班级管理中他坚持"干部能做的事老师不做，普通学生能做的事干部不做"。班主任只是学生的顾问、教练和导演。二是教师服务观。为了保障学生的主体地位魏书生反对班主任的个人中心意识，反对把自己摆在保姆、警察或监工的位置。他主张教师应为学生服务，做学生的公仆，与学生建立民主平等的师生关系。三是学生助手观。他把学生放在助手或副班主任的位置，不但有利于树立学生的主体地位，也能调动学生自我管理的积极性。四是主动发展观。在学生发展问题上他坚持学生是主动发展的个体的信念，主张用孩子心灵深处的能源，去照亮孩子的精神世界。

第三是班级管理宗旨即民主与科学。魏书生认为，民主管理就是要实现学生一定程度的思想解放与个性自由，确立学生的主体地位，为学生主动发展创造条件，这实际上就是"以德治班"。科学管理的内涵是十分丰富的，在魏书生的班级管理中主要是指制度、计划、规定等方面的管理，强调的是责任与义务，也就是所谓的"以法治班"。"德治"与"法治"是有机统一的，都是在班级价值观的影响下为实现班级目标服务的。

班级精神文化是由学校和班级内部各种社会心理环境因素构成的一种无形的德育环境，主要包括学校的优良文化传统、校风、班风、班主任工作作风、教育者的言行等大家共同追求的目标价值体系、道德情感、行为模式。其中价值观是精神文化的核心内容，也是班级文化的核心内容。因此，也有人把精神文化，称之为"观念文化"或"认识文化"，它的形成与发展是在长期的教育实践中积淀起来的，反映出教育观念、历史传统和被"群体主体"认可、遵循的思想意识、生活信念和价值取向，是物质文化和制度文化的高层次发展。

良好的学校精神文化具有催人奋发向上、积极进取、开拓创新的教育力量，能帮助学生树立以社会主义理想、道德为核心内容，以培养高尚品格为目标的校园精神，形成健康向上的良好氛围。这种氛围不仅具有"指向性"，更具有"弥散性"，它不同于正面灌输式德育，而是形成一种无形的潜移默化的德育场，存在于学生之中，无时不在、无处不有。要想充分发挥学校精神文化的德育功能，应当做好以下几件事：

首先，要弘扬传统精神。可通过校史展览、校庆日、开学和毕业典礼，以及请校友返校等活动。讲校史、说传统，使学生从入学就能了解学校的光荣历史、优良传统和学校精神，增强归属感、光荣感和责任心，激励学生发扬传统、立志成才。

其次，抓好校风建设。校风是一所学校全体师生共同努力而形成的典型的、一贯的思想和行为风气。它是由认识、情感、意志、行为等多种心理因素构成的无形的力量，对每个学生都具有同化作用和影响力，促进学生良好思想品德的形成与发展。校风建设的关键是确立高品位的目标，发挥目标的导向作用；二是抓好舆论建设。校风建设需要正确的舆论扶持，学校的各种文化阵地和舆论阵地要充分利用，以便发挥舆论的保障作用。班主任要按照校风建设的要求抓好班风建设。

最后，要搞好校园（班级）文化活动。丰富多彩的文化活动，不仅可以展示学生的才艺，更能展示学生的精神风貌，是学校（班级）精神文化的外在表现。从文化主体看，学生、教师是学校文化中最活跃的成员，随时沟通着学校与社会的联系，不断丰富学校的文化内容，优化着学校文化质量。他们是发展学校文化的主力，本文在第一个问题中已作陈述，这里就不再赘言了。

三、班级文化建设的追求

天津市南大附中的赵卉老师向我们介绍了她的班级文化建设的经验。

我所带的高一（4）班是由50个人组成的，他们来自9个不同的地区。我根据这个班的实际情况和学生们的心理需要，开始带领他们共同营造"团结进取，温馨如家"的良好的班级文化氛围。

教室是学生学习、生活、交际的主要场所，是老师授课育人的阵地，是师生情感交流的地方。整洁、明亮、温馨的教室环境可以激发斗志，陶冶情操，让有限的教室空间成为无限的教育资源。因此，班级文化建设要首先抓好环境布置。于是，我在教室前门后，贴上我班同学精心设计的带有全家福照片的小屋门标；窗台上的两盆小花沐浴着温暖的阳光，散发着温馨的家的气息；左后墙上挂着一个精美的"心灵絮语"的交流箱，是我和学生沟通的桥梁、交流的纽带；在后黑板上方有我班同学家长题写的座右铭"心如止水，胸怀宏志"，营造了浓厚的学习氛围；丰富多彩的板报每次都给同学们带来惊喜。

每个学期开学前，我都会根据本学期的特点，配合学校将要开展的一系列活动，和班内美化小组的成员共同讨论制订办报方案，然后将全班50人分成10个小组轮流办报。每个小组成员根据提前制订的宣传重点，自主命题、自主设计，一版版鲜活的板报应运而生。如"家有好男儿""迷彩天使""让生命充满爱""心存感恩""铭记责任"……板报小样由美化小组留底，组与组之间进行评比，调动了同学们的积极性。在板报的下面贴有我班在"百日庆典"时同学对班级的祝福，如"花开不是为了凋谢，而是为了结果"，"结果也不是为了终结，而是为了新生"，"让我们的生活充满微笑吧，这甜蜜的微笑，将预示着我们的未来无限美好！"……备投上放着承载着我们"百日庆典"那天共同愿望的许愿瓶。左面的墙上贴有同学们自办的展牌"我们的骄傲"，时时为大家指明努力的方向，督促全体同学共同进步、勇创佳绩。当然，教室的布置不是固定不变的，随时间的变化、事情的变化可以及时变化环境的布置，如主题班会后，我们将班级誓言粘贴在墙壁上；"百日庆典"后，我们将有纪念意义的东西放在醒目的位置，时时提醒、激励大家拼搏进取。但是，在教室的布置的过程中，每一张装饰画、每一条标语、每一个细节都要慎重考虑，使教室内外充满一种整洁、舒适、宁静、典雅、和谐的书香气氛，这样温馨的环境，让学生们在家的氛围内健康成长。

"没有规矩，不成方圆"，因此，根据校纪校规和我班的实际情况，经过大家的民主讨论之后，我班制订和实施了学习、纪律、卫生、班风四大准则，并且辅之以品德考核及纪律量化标准，使对学生日常行为规范的评价规范化、具体化和制度化。班级制度文化的本质内涵是"实施、监督和制衡"，是要培养学生的法制意识和法治精神，养成学生遵纪守法的自觉性。有了制度作保障，班级的各方面都有了很大的进步。

班级精神文化是指班级成员认同的价值观念、道德标准、行为方式等等，是班级文化的核心和灵魂。班级精神文明建设中特别注重培养学生对"家"的认同感和归属感。学生能否接受这个班，取决于这个班集体能否满足他在生理和心理发展过程中的需要，是否受到必要的尊重，是否被别人认可。针对这种实际情况，我在班内开展了丰富多彩的活动，例如：羽毛球比赛、足球比赛、中秋节庆祝会、"百日庆典"、圣诞晚会、元旦晚会等等。这些活动使许多学习上不出类拔萃的学生，能在他所擅长的领域向班上同学展示他的才华，从而增进了同学间的相互了解，培养了他们对班级的亲近感和"家"的归属感。班级精神文明建设不仅要有积极活泼的班风，而且要培养学生对班集体的责任感和义务感，使每个学生在集体中都有一定的任务，都有自己满意的角色，这样才能调动每一个学生的积极性和主动性。我在班内开展了一系列有关爱心教育的主题班会活动。后来，十一放假回校时，全班同学自发地从家中带来当地的小吃和特产，为我班的两名藏族学生开了一个小型的联欢会。

经过一年来师生的共同努力和所有任课教师的大力配合，我班被评为"天津市区级优秀班集体"，在学校的五项评比中一直保持着优异的成绩。班内同学获得区舞蹈大赛第一名，校园歌手大赛第二名，校园艺术节二等奖，校科技节一等奖，校舞蹈大赛第三名，船模比赛一等奖等等。区运会上获高中男子1500米第六名；校运会上获女子组1500米第一名，男子组1500米第二名；长绳比赛中获男子、女子团体冠军；踢毽比赛中获女子个人一等奖；校运会精神文明团体奖等等。同时，学生的学习成绩也迅速提高。

班集体是"文以化人"的各种因素的集合。班主任必须充分挖掘和发挥班级文化的潜移默化功能。

赵卉老师关于班级文化建设的做法值得我们学习，而且给了我们如下的启示：

（一）物质文化建设——追求自然美

苏霍姆林斯基说："用环境，用学生自己创造的周围情境，用丰富集体生活的一切东西进行教育，这是教育过程中最微妙的领域之一。"因此，班主任和任课教师要带领全班学生，共同营造班级物质文化氛围，搞好教室环境的布置。

教室环境的布置，的确受班主任美学思想的影响，要是把握不好，会陷入"形式主义"的误区。如果过于注重色彩的点缀，会分散学生的注意力；过于注重高雅，会陷入小资的享乐情调；过于追求修身养性方面的宣传，会忽视学生的认知水平，使学生难以理解。教室环境布置，我们要强调通俗易懂又不失格调高雅。最重要的是教室布置要体现教育性、审美性，体现积极向上、朝气蓬勃的时代精神。

教室环境最基本的要求是窗明几净、空气清新、桌椅整洁、教学用具各在其位。这本身就是一种自然美，无须华丽的点缀，就能满足学生的审美需要。然后，再考虑怎样利用黑板报、图书角、再考虑选择哪些名言警句以及放在什么位置……总的要求是整洁、自然优雅、文化品位高。

总之，任何一种具体有形的物质，不仅具有应用价值，而且要蕴涵着内在的文化意义。这样对身处其中的师生才能具有强烈的影响力，既能使他们保持良好的心态，又有助于他们树立正确的价值观、审美观、行为准则和思维方式。这就是环境育人。

物质文化建设要做到：

（1）净化：教室环境整洁优雅，全体师生讲文明讲卫生。

（2）美化：教室里洋溢着科学与人文的氛围，科学是求真，人文是求善，这样才能体现美。

（3）活化：让每一块墙壁会说话，配合开展一些活动。

（二）制度文化建设——追求行为美

制度是维系学生生活与和谐人际关系的各种规范要求，是构成班级文化的重要内容。制度文化主要是指为了维护学生良好的学习、生活秩序而形成的各种行为准则，是班级文化建设的重要工程。制度文化较之物质文化，对学生的发展更为重要。它体现着一个班级管理者的思想素质和专业水平。班级制度文化建设，规范着学生的行为美，是班主任班级文化建设的重要任务。

制度文化建设要体现社会对学生的期望与要求，要根据"守则"、"规范"的要求，并根据学生思想品德和行为实际，制订出简明的、体现人文关怀的、能够有效规范学生行为习惯的规章制度。

制度不是套在学生头上的"紧箍咒"，不能将制度管理绝对化，更不能把制度管理作为控制学生的唯一手段，而忽视调动学生参与管理的积极性。因此，要使制度更具有人性化，做到让学生自己立法、自己司法、自己执法。规章制度若能成为全体学生认同的公约，其本身就是在营造积极的班级文化。在任何一个班里都不同程度地存在非正式规范，虽然不是明文规定的制度、条

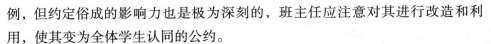

例，但约定俗成的影响力也是极为深刻的，班主任应注意对其进行改造和利用，使其变为全体学生认同的公约。

制度建设是为了加强班级管理，是为了约束学生的言行，其重要性不言而喻。但还应考虑制度管理是双刃剑，必须做好以下三项工作：一是发动全体学生参与制度的制订，二是抓制度价值的宣传，三是抓制度的实施。

（三）精神文明建设——追求心灵美

精神文化是班级文化的深层文化，是班级文化的核心，主要是指被师生认同的共同文化观念、价值观念、理想追求、思想意识和审美情趣。班级文化也是班级精神面貌的集中反映，其表现形式为班风、学风、集体舆论、和谐的人际关系等。优秀班主任千方百计地把班风正、人心齐、有生气作为精神文明建设的主攻方向，去构建以健康向上的人际关系为特征的心灵美。因为，班级师生关系、生生关系是检验班级精神文化的重要标尺。

怎样抓精神文明建设呢？

一要构建和谐的人际关系。人际关系是指人与人之间的社会关系和心理关系。在这方面，班主任要用民主平等的思想，去营造人际间和谐的心理相容。

二要培养健康的班级舆论。班级舆论就是在班集体中占优势的、为多数人所赞同的言论与意见。它是班集体成员观念、态度的集中体现。培养健康向上的舆论，关键是提高学生分辨是非、美丑与善恶的能力和发现真理、改正错误的勇气，要充分利用班里的各种舆论工具，宣传正确观点，表彰好人好事，弘扬班级正气。

三要培养优良班风。优良班风指班级风气正，作风民主，能反映多数人的正确的思想认识、意志品质和精神面貌。它能对全班成员产生熏陶和感召的作用。

班级文化是师生实践活动的成果。在班级文化建设中，班主任和教师是主导，学生是主体，要充分发挥学生在班级文化建设中主体作用。

四、在活动中构建和谐的人际关系

《意见》中说："班主任是学校教育第一线的骨干力量，是学校教育工作的组织者和协调者。"要求班主任与任课教师、学生家长和社会教育力量共同做好学生教育工作。对于班主任来说，这个要求是非常高的，不仅要具有先进的交往理念和人际沟通的艺术，而且必须有严格遵循组织协调工作的规范。

　　班主任组织协调工作的范围和内容很广，诸如各种人际关系的协调，工作矛盾冲突的协调，班级各种组织关系的协调等等。本节以人际关系的协调为主进行说明。

（一）协调各种教育因素——形成育人力量的和谐

1. 谦逊谨慎、团结合作，协调与任课教师的关系

　　任课教师是班主任最重要、最亲密、最直接的合作伙伴。班主任与任课教师团结合作，才能共同搞好班级工作。然而，班主任与任课教师在工作中发生矛盾和分歧是非常常见的，处理不好就会影响工作。对此，班主任必须高度重视，并按下列工作规范做好协调工作：

　　（1）尊重任课教师对班级工作的知情权和参与权。班主任要经常主动地向任课教师介绍班级和学生的情况，如学生的变动、班干部的任免、学生的奖惩等；要经常向任课教师了解学生在课堂上的表现，了解他们的思想品德和学习情况；要及时反映学生对课堂教学的意见和要求；要定期与任课教师共同商讨教育学生的方法和措施。同时还要积极争取任课教师参与班级活动，如主题班会、家长会和各项课外活动，以密切师生关系，增强师生感情。总之，要积极与任课教师统一思想认识，统一教学要求，争取任课教师为班级工作出谋划策，形成班主任和任课教师人人都做学生的思想工作，人人都做学生的表率。

　　（2）尊重任课教师的劳动，真诚地帮助他们在学生中树立威信。要在班级里介绍每位任课教师的特长、教学经验和成果等，这样不仅可以使学生更加喜欢和尊重任课教师，而且也为学生树立了身边的榜样，这样对形成良好的学风和班风具有很大的促进作用。那种只注意树立班主任个人威信，有意无意地贬低任课教师，甚至把自己对任课教师的意见在学生面前暴露出来，损害任课教师在学生心目中的形象的做法是极为有害的。特别是在处理任课教师与学生之间发生的矛盾时，班主任更要慎重，即便是老师做得不对，也要从学生尊重教师的角度出发，进行耐心疏导，以促使教师进行自我批评。当然，这要有一个过程，应当相信教师有这个觉悟，只是时间问题。

（3）宽以待人、严于律己，经常与任课教师进行沟通。班主任在与任课教师发生分歧时，首先应多做自我反思，多从自己身上找原因，不能过多地埋怨任课教师，始终把宽以待人、严于律己作为处理与任课教师关系的基本规范，这样矛盾就会化解，就能与任课教师形成合力。

2．诚恳待人，推心置腹，协调与学生家长的关系

社会、学校与家庭在学生的成长中发挥着不同的作用，这就要求班主任与家长必须相互配合。家长的职业、文化水平及经历不尽相同，班主任要妥善处理与家长的交往，与家长建立友好关系。要做到这一点就必须坚持"四要三不"：

（1）要尊重家长，向家长学习。一个班几十位家长，从事不同的职业，有着不同的学识与阅历，班主任与之相处时要尊重家长，不能以教育者自居，像教育学生一样教育家长，否则必然使家长反感。班主任与家长的关系是平等的，不存在领导与被领导的关系。当对学生教育出现不一致的时候，要心平气和地与家长进行交流，使家长能够协助班主任做好学生的工作，提高教育实效。班主任要尊重所有的家长，尤其是文化水平较低的家长，他们更需要得到班主任的帮助，不断改进教育子女的方法。

家长在社会中都担任着不同的工作，可以从不同方面给我们提供学习的机会，不断丰富我们的知识和阅历。因为只有广泛地了解社会，才能使班主任的教育能力与水平得到提高。

（2）要善于倾听家长的诉说。与家长交往的方式很多，写信、打电话、家访等，无论采用哪一种方式都要善于倾听家长的诉说。这样就能够使我们对学生的情况有更进一步了解，有利于我们把握教育时机，做到有的放矢。

（3）要邀请家长参与班里的工作。在当前，大多数中小学生都是"独生子女"，每一个家长都希望自己的孩子"成才"。班主任应邀请家长参与对学生的教育。离开家长的积极参与就不能实现成功的教育。

（4）要站在家长的角度思考问题，要使家长理解支持我们的工作，我们就必须想家长之所想，急家长之所急。例如，一位班主任为学生请教师无偿为其补习功课，在家长出差时，让学生到自己的家中就餐，使家长能够安心工作，因而赢得家长的热情支持。

班主任除了要做到"四要"外，还要做到"三不"，即不告状、不迁就、不收礼。

（二）协调与学生的关系——形成师生情感的和谐

师生关系是班级人际关系中最重要的组成部分，师生关系是否和谐直接关系着班集体的健康发展和教育的质量。现代班级文化应该从建立和谐的师生关系做起，班主任是协调师生关系的主导者。

山东省幼儿师范学校张翠凤老师的案例就说明了这个问题。现引述如下：

工作伊始，看到一张张青春洋溢的脸，我感到由衷地欣喜，也愿意把自己的笑容展现给学生。对于学生的一些稍为过分的要求，如上课随意离开教室去厕所等等，都未加限制地默许了。半年下来，我确实得到了学生爱的回报。他们说我是"第一个让他们敢如此亲近的老师"、"像大姐姐一样"。下班时遇到学生，他们会拍拍我的肩膀说："嘿！这就回家啊？约会去吧？"我这样宠爱着学生并受到学生的喜爱。

第二学期，我开始遇到麻烦了。课堂开始失控，严肃的话语常被学生的嬉笑声淹没，课堂纪律难于维持，作业也常收不齐。一次考试后的总结触动了我，我刚说了一句"这次咱们班的成绩不太理想……"一女生斜了我一眼，大声说道："还好意思说呢，也不看看你出的什么题！"其他同学哄堂大笑。当时我既愤怒又窘迫，勉强调节情绪把课上完。课后我开始反思：是否自己的角色定错了位？像老教师请教，得到这样的忠告：教师必须与学生保持距离，树立威信。是啊，如果师威尽失，学生连老师都不尊重，怎么会认真对待你所传授的知识呢？看来，我所推崇的"亲其师，信其道"应该改为"惧其师，信其道"了。

第二年接新班，我开始调整策略，与学生保持距离，努力板起面孔，严格要求，规范管理，言必行，行必果，只要我认为要求合理的，绝不允许讨价还价。几个月下来，课堂纪律好多了，班级管理也没出什么差错，但我感觉更加不对劲。学生的态度，恭敬中含有疏远，顺从中透着敌意，课堂教学效果也不好。学生虽规规矩矩坐在那里，却没有任何言语和眼神的交流，一节课下来自己都感到没劲。班里没有人主动找我反映情况，问起来也不吱声。这可不是我想要的。我隐隐觉得这平静中隐藏着危机，矛盾终于在"手机风波"中暴露出来。

有任课教师反映说："你班学生上课时发手机短信。"这还了得！不管不行，我马上召开班会。恰在此时有学生的手机响了，所有学生的眼睛都看着我。我狠了狠心,当众宣布:从今以后,手机不允许出现在教室里,否则就立即没收交还家长。没人敢提出异议,规矩就这么立下了。

几个星期过后,有一天,班长跑来报告:"A同学没带手机,家长找不到人,以为出事了,从家里头赶来了。同学们都因这事对您都很有意见,胆大的早就偷偷把手机带到教室了。"那一刻,我内心充满了挫败感。

是维护自己的权威继续撑下去,还是尊重学生的意见作出妥协?踌躇不决中再次请老教师支招:对学生不能压制,要以理服人。我恍然大悟,精心组织了一次主题班会:手机应否在教室使用。我改变过去的强硬作风,和学生开诚布公地讨论在教室使用手机的利和弊。

起初没人说话,大家疑惑地望着我。我笑着说:"以前我认为学生上课带手机只会影响学习,现在觉得这观念有点老土了,这么年轻就被时代抛在后面了,老喽!"大家笑了。我趁热打铁:"现在请年轻时尚的同学们来说一下,用手机有什么好处?"

同学们七嘴八舌地说开了……好处说得差不多了,我赶紧引导:"那么,有没有不好的地方?"又是一阵七嘴八舌。最后,我总结道:"看来用手机有不少好处,我就不限制大家了,但也有不少的坏处,那么咱们是不是可以这样做:上课时间请大家关机,如果怕有急事请调成震动,不要影响别人,能做到吗?""能!"从这充满兴奋与坚定的声音中听得出来,这次大家是真心接受了。

张老师在处理师生关系中走的一些弯路也给了我们如下的启发:

1. 正确理解师生平等

师生平等不能等同于一般意义上的人与人之间的平等关系。除去了师生间人格平等这一共性之外,师生关系还有其特殊性,即教育者与被教育者的关系。师生之间在德、学、才、识方面是不平等的,否认了这一点就是否认了教师的作用,否定了教育的功能。

2. 尊重人格,实现民主平等

一个人的人格代表了他的尊严,人的尊严犹如生命,神圣不可侵犯。在处理师生矛盾时,班主任不能高高在上地强制命令,否则就会挫伤学生的自尊心,导致学生产生逆反心理,使工作更加被动。因此要建立民主和谐、相互尊重的师生关系,要像张翠凤老师处理手机风波那样,广泛听取学生的意见,既满足学生的需要,又规范了学生行为。

3.尊重教育规律，变强制为疏导

生活在信息时代的高中生，更具有现代的心理特征。班主任不能用老眼光、老办法处理学生问题，更不能把自己的意志无原则地强加给学生。张翠凤老师处理手机风波前后做法的变化足以说明这个问题。再如由于学生正处在青春期，渴望与异性交往，这是一种正常的心理反应，然而，如果处理不好就会发展为"早恋"。过去班主任对这种现象是"一抓、二吓、三压"，不能从理性上去疏导，结果早恋现象越抓越多，越压越烈，从公开转为地下，形势更不好控制。正确的做法是因势利导，澄清利害，消除其神秘感引导学生正常交往。可通过召开"早开的花会结果吗"主题班会，举办"交往的距离讲座"，使学生明确什么是正常的交往，什么是过度的交往，什么是危险的交往。而且还必须尊重学生的隐私，尊重学生的生理、心理特点。这样做不仅会有利于问题的解决，而且会使师生关系更加和谐。

第五章 新课程背景下的心理健康教育——塑造健全人格

　　高中课改倡导的新思想、新理念、新方法是一场深刻地触及整个基础教育观念与人才培养理念的巨大变革，关注学生个性而全面地发展突显为教育的主导观念。由此而得到重视的学生的心理健康教育也日益成为新课程背景下人们的关注点。然而，学生的心理健康教育在相对于我国的许多高中学校来说还是新事物。所以，在具体实践中的心理健康教育如何进行，就成为摆在高中班主任面前的一道难题。本章从心理健康教育的观念、内容、途径与方法三个方面对这个问题进行分析与阐述，希望对广大高中班主任提供借鉴作用。

1. 新课程背景下的心育观

——解心灵之惑，塑造健全人格

素质教育要以学生发展为本，就必须全面关注学生的成长，不仅要关心学生学业的进步而且要关心他们心理和人格的健全发展。新一轮课程改革的目标是将我国中小学课程从学科本位、知识本位向关注每一个学生的发展转轨，强调不能只重视学科知识的传授与智能教育，而忽视了学生情感、态度、价值观、人格方面的教育。要发现学生的价值，发挥学生的潜能，发展学生的个性，激发学生的创新。实现这一目标要以研究学生，了解学生，熟悉学生为起点，以关爱、理解、尊重、欣赏和激励为原则，以师生互动合作，共同成长为途径。下面我们来看四川省乐山市五通桥中学的一则辅导个案：《他主动诚恳地向老师道歉了》。

案例介绍

罗某，男，17岁，某职业高中高二年级学生，性格外向倔犟，思维敏捷开阔，喜欢玩电脑，学习成绩一般。其父亲因病不能坚持工作，长期在家休养；母亲在某医院工作，常上夜班，无时间关照孩子。罗某纪律散漫，经常迟到、早退、旷课，无视他人的好言相劝，依旧我行我素。常以抵触情绪对待班主任的批评教育，用不礼貌的语言故意顶撞、激怒班主任，班主任越生气，他就越高兴。高一下学期时，罗某因旷课节数过多而无悔改之意，被学校记大过处分。他认为这是班主任有意整他，于是怀恨在心，扬言要打班主任。

案例分析

罗某是一个逆反心理很强的学生，形成这种心理有主客观两方面的原因：

主观原因：青少年在认知发展过程中，思维的独立性和批判性虽有一定的发展，但还很不成熟，往往不能用辩证的眼光看问题，认知偏差度较大，因此看问题容易片面和偏激，喜欢钻牛角尖，固执己见，行为极端，罗某即是一个很典型的例子。他把班主任看成是"管"他、"限制"他的人，把班主任的谆谆教导当成"婆婆妈妈"，把严格管理看成"束缚"，因而怀着强烈的抵触心理和敌对情绪，把自己放在班主任的对立面。

客观原因：（1）班主任对罗某缺乏耐心，说教多于疏导，惩罚多于宽容，看缺点多而不注意挖掘闪光点，在一定程度上伤害了罗某的自尊心。事实上，对学生过多的指责、埋怨、强迫、命令，等于在师生的心灵之间挖鸿沟，只能增加师生之间不理解和不信任的程度，从而降低教育的效果。从某种意义上说，罗某的逆反心理是对教师某些教育方法的一种"反叛惩罚"。（2）罗某的母亲忙于工作，无暇顾及他。父亲长年生病，心境不佳而导致脾气暴躁，只要听到老师反映罗某在学校的不良表现，非打即骂。罗某在家中缺乏父母的关怀与疼爱，因此不愿待在家，放学后常常泡在电子游戏室，很晚才回家，亲子关系疏远。

辅导方法

1. 提高罗某的自我意识水平。常与罗某谈心，跟他一起全面分析自身的优缺点，要求他从主观上不断加强自我修养，努力提高自我认识、自我体验和自我控制的能力，逐步学会全面、客观、辩证地分析问题和解决问题。

2. 引导罗某正确对待老师和家长的教育与帮助。要求罗某把"金无足赤，人无完人"这句名言写下并贴在家中的书桌上，经常体会其中的含义。告诉他，老师和家长的教育方法有时可能不恰当，甚至是错误的，但可以肯定的是，他们的出发点是好的。作为学生和儿女，是否可以站在老师和家长的角度，理解他们的心，原谅他们的错误，学会运用"角色转换"和"心理换位"，从而减少逆反心理。

3. 理解、尊重罗某，真心爱护他。关心罗某的日常生活与学习，深入了解罗某的家庭情况，借钱给他买饭菜票和学习用具。对罗某因玩电子游戏机而旷课的现象从不责骂，而是耐心地"晓之以理"，并尊重他的优势，向他请教有关电脑方面的很多问题。当罗某听到老师想跟他学电脑时，感到很兴奋与自豪，师生之间的距离一下就缩短了许多。从此，罗某乐意与班主任亲近，愿意听从她的教导。

4. 挖掘罗某身上的闪光点，激发他的上进心，变消极心态为积极心态。

利用罗某擅长电脑的特点，在班上成立"计算机兴趣小组"，由罗某担任组长。班上的一些活动计划、总结、统计表等均由罗某组织同学打印，班主任的总结、论文也请他帮助打印。由于"角色心理"的作用，罗某以班干部的标准要求自己，以往的消极心态转为积极心态。在高三上学期末，根据他的申请和表现，校团委批准他加入了共青团组织。至此，罗某有了成功的体验。

5. 宽容罗某的"反复"。罗某的进步并不是一帆风顺的，有时，他经不住电子游戏机的诱惑，又出现迟到、旷课的现象。每当这时，班主任不是"揪辫子"、"揭伤疤"，而是抓住他的"反复"进行耐心地启发、教育，促使他继续进步。老师的宽容、信任与等待，使罗某深受感动，终于彻底改正了迟到、旷课的不良行为。

6. 加强家校联系。及时将罗某的点滴进步告知家长，让家长分享罗某成功的喜悦，促进其家庭气氛的和睦温馨。

辅导效果

罗某由一个纪律散漫、专与老师作对的学生变为一个关心班集体、积极上进的共青团员，学习成绩也有了显著的提高。更为可喜的是，他主动找前任班主任承认错误并诚恳地道歉。家长反映罗某放学后按时回家了，能主动承担一部分家务，并耐心照顾有病的父亲。家长感到十分欣慰。

从罗某的成长进步的历程中，我们看到，老师是从了解与分析学生的心理特点入手，以理解、尊重、宽容和关爱为重要原则，以鼓励进步、树立自信为重要手段，与家长密切配合，而取得了"解学生心灵之惑，促进学生人格良好发展"的效果。这就是现代教育背景下教师应承担起的心理健康教育的重任。

一、解心灵之惑——现代教育赋予班主任的职能要求

1999 年 8 月 13 日，教育部颁布了《关于加强中小学心理健康教育的若干意见》，2002 年 8 月 5 日又颁布《中小学心理健康教育指导纲要》，这标志着我们国家从教育主管部门开始要求在学校教育中实施心理健康教育，而不再只是一种号召。

素质教育强调，教师不仅扮演着人类文化传递者的角色，而且应当承担起塑造新一代灵魂的工作；不仅要促进新一代思想道德水平的提高，还包括促进新一代心理素质的提高和心理健康水平提高。

《中国教育改革和发展纲要》提出教育要"面向全体学生，全面提高学生的思想道德、文化科学、劳动技能和身体、心理素质，促进学生生动活泼地发展"。新一轮课程改革的实践，更是强调教师要从对学生的知识关怀转向精神关怀，从知识本位的教育转向人本位的教育。教师不仅要关心学生的学习成绩，关心他们的生活状况，更要关心学生的内心世界，关心他们的情感、情绪及其精神生活。心理健康教育是学生身心发展的需要、是人格健全发展的需要，是适应社会能力发展的需要。学生进行心理健康教育，是教育现代化的标志之一。

（一）做肩负心理健康教育职能的班主任

班主任主持班级工作，教书育人，与学生有着广泛的接触，可以及时了解、掌握学生各方面的情况，可以有针对性地、有预防性地对中学生进行心理指导。2006 年教育部颁布《关于进一步加强中小学班主任工作的意见》中明确指出："中小学班主任与学生接触较多，沟通便利，影响深刻，肩负着育人的重要职责。"班主任同学生相处时间最长，了解学生的程度最深，而且由于学生所具有的向师心理，班主任的言行对学生的影响最大。班主任在很大程度上决定着班级的精神面貌，同时强有力地影响着班里每个学生的成长过程。

学生不是被动的被管理者，而是一个个鲜活的个体，一个个有思想有情感的人。学生是发展中的人，班主任要遵循学生身心发展的顺序性、阶段性，对学生用心呵护，用发展的眼光对待学生。学生是具有巨大发展潜力的人，班主任要对学生充满期待，对学生的成长和发展满怀信心，并把这种期待与愿望传达给学生，学生就会感受到老师对他们抱有期望而不断进步。学生是有感情、独具个性的人，班主任要尊重学生的差异，要注重情感的表达和情感的交流，要能够俯下身来认真地听学生的想法，从而理解学生、接纳学生，成功地建立起充满真诚、关爱、尊重、宽容和自由的氛围，从而收到良好的教育效果。心理教育强调对学生的尊重、理解与信任，更多采用倾听、关注的态度，对学生暴露出的思想和行为问题不急于作价值判断，而是引导学生自主探索、寻找解决问题的方法。在这样的教育下，学生感受到被关心、被接纳、被支持，因而愿意敞开胸怀，这就大大减少了做思想政治工作的阻力，为学生接受德育影响准备好了充分的内部条件。借助心理测验及其他评价工具来客观地了解学生的个性状况，能使德育工作更有针对性。

（二）班主任实施心理健康教育的优势

班主任实施心理健康教育有其明显的优势：一是鲜明的针对性。接触学生的机会多，因而对学生了解全面、深入，能及时觉察学生的心理变化。二是氛围营造的便利性。在营造班级心理氛围方面，班主任因其管理者的角色地位，比其他任课教师、专职心理老师更容易、更方便。三是实施的系统性。班主任作为一个班集体的引领者，有利于调动多方力量，形成合力，共同作用于学生的心理健康。系统性还表现在，班主任与学生接触的时间最长，便于对学生进行跟踪系统辅导。

二、心灵的呼唤——学生心理发展的特定需要

高中阶段，是学生身心发展的奠基时期，正确、良好的心理教育对于形成学生健全的人格和正确的人生观、价值观和世界观起着极其重要的作用。高中学生正处于身心发展的重要时期，他们在学习、生活、人际交往和自我意识等方面可能产生各种各样的心理问题。如果这些问题得不到及时的解决，就会对学生产生不良的影响。高中学生心理发展需要也呼唤高中班主任为他们的心灵成长保驾护航。

（一）高中学生心理发展的特点

进入高中阶段，学生心理的发展进一步趋向成熟，开始考虑未来、升学、就业问题，这往往成为他们的重要学习动机。他们对各种探究活动有着明显的兴趣，在学习中形成起来的自我评价水平越来越客观，能比较准确地评价自己的学习，个性趋向成熟。特别是临近毕业的高中生，越来越多地考虑自己的未来如何发展，开始对那些未来职业需要的学科发生兴趣。

脑的发展依然继续，脑细胞趋向复杂，这些发展使高中生具备了更高级的脑力活动和体力活动的生理基础。情绪自控能力提高了，情绪"内隐"、"文饰"的特征逐渐显露出来。由于生理与学业等方面的因素，再加上心理发展还未完全成熟，情绪表现的两极性特征还相当明显，一般愉快情绪出现的次数与强度不如不愉快情绪出现的次数多、强度大，正处在典型的烦恼增长期，他们

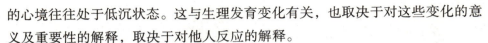

的心境往往处于低沉状态。这与生理发育变化有关，也取决于对这些变化的意义及重要性的解释，取决于对他人反应的解释。

与情绪密切相关的另一个重要因素是学业。学习压力大常常导致学生产生紧张与焦虑的情绪体验。自我意识充满矛盾：一方面非常注意自我形象，关心别人对自己的看法和评价，希望别人能理解自己，并找到"志同道合"的人；另一方面，又常常封闭自我，很多想法和体验不愿意对别人讲，甚至有意隐藏起来。不愿意成为被动的抚育对象，不甘于被别人调教和塑造，跃跃欲试想成为自己的塑造者，试图掌握自己的命运。理想自我和真实自我之间常会有较大的距离，这时教育者的重要任务就是帮助青少年从现实自我迈向真实自我，从而接近于理想自我。

总之，在高中生的心理发展过程中，突出表现出以下几个特点：

1. 不平衡性

高中生的生理发展迅速走向成熟，而心理发展相对于落后于生理的发展，在理智、情感、道德和社交等方面，都还未达到成熟的阶段。高中生的生理与心理、心理与社会关系的发展是不同步的，具有异时性和较大的不平衡性。

2. 动荡性

发展的不平衡性一方面创造了个性发展以及道德和社会意识发展的条件，另一方面也造成了高中生心理过程的种种矛盾和冲突，表现为成熟前的动荡性。如思维敏锐但片面性大，容易偏激；热情，但容易冲动，情绪波动大；意志品质发展的同时，克服困难的毅力还不够，往往把坚定与执拗、勇敢与蛮干混同起来。在对社会、他人和自我之间的关系上，容易出现困惑、苦闷和焦虑，对家长和老师表现出普遍的逆反心理和行为。

3. 自主性

随着身体的迅速发育、自我意识的明显增强、独立思考和处世能力的发展，高中生在心理和行为上表现出强烈的自主性，迫切希望从父母的束缚中解放出来。他们这个时候往往表现为：有很强的自信心和自尊心；对人生和社会有了自己的看法；不满足于父母、老师的讲解，或书本上现成的结论；对成人的意见不轻信、不盲从，要求有实事求是的证明和逻辑说服力。

4. 进取性

对发展与未来充满了憧憬和向往，精力充沛，反应敏捷，不安于现状，富于进取精神，乐于开拓，勇于创新。

5. 闭锁性

内心世界变得更加丰富多彩，但不轻易表露出来。希望有单独的空间，不大爱对长辈讲话了，喜欢自己写日记。容易感到孤独，渴望被人理解的愿望强烈。热衷于寻找理解自己的人，对知心朋友能坦率说出内心的秘密。

6. 社会性

心理发展越来越多地受到社会的影响，对社会现实生活中的很多现象感兴趣，很想像大人一样对周围的问题作出褒贬的评论，对社会活动的参与日益活跃。

（二）目前学生存在的心理教育方面的问题

高中生处于青春发育末期，按年龄划分，属于青春初期。这一时期个体的整体生长发育经过青春期的急骤发育后，进入了相对稳定的阶段，但还未达到成熟，存在着各种烦恼和心理问题。加之独生子女问题、单亲家庭增多、社会竞争越来越激烈、学习压力加大等现象和问题的存在，青少年身上出现了大量的问题，如任性、依赖、承受力差、自私、不合群、自卑、焦虑、适应能力差等等。

"十五"规划教育部重点课题《高中生心理健康测评与团体辅导研究》课题组编制了五维度《学生心理健康测查表》，从学习动力、人际沟通、自我意识、生活调适和应对方式五个方面测查了来自湖北、河北、浙江、北京的8所学校2016例学生的心理健康状态。结果发现：高中生在前述五个方面的心理健康状况，可以清晰地呈现为若干问题：

在学习动力方面：33%的人缺乏合理的学习计划，70%的人把上大学作为学习的唯一目标，45%的人很少感到学习的快乐，69%的人认为"考不好无颜见父母"，75%的人遇到考试过分紧张，29%的人觉得考试压力可怕，20%的人认为"成绩好主要靠运气"，78%的人认为"考试失败是因老师出难题"。

在人际沟通方面：14%的人不受欢迎，73%的人很少主动与人交往，26%的人不能与父母坦诚交流，74%的人不知如何与异性相处，78%的人"难以宽容老师的错误"，70%的人不希望老师太关心自己。

在自我意识方面：82%的人认为自己没有任何缺点，78%的认为"青春年华是痛苦的"，71%的人不善于自我表现，37%的人自卑，80%的人从不会奖励自己，74%的人不能控制自己情绪。

在生活调适方面：14%的人不适应现在的校园生活，76%的人常因做梦而失眠，78%的人难有好心情，79%的人觉得生活灰暗，75%的人穿衣喜欢赶时髦做追星族，78%的人迷恋网络中的虚拟社会。

在应对方式方面：18%的人不能采取直接行动解决困难，43%的人不习惯制订一个行为计划，32%的人不能阻止自己太匆忙处理问题，14%的人在受挫后不能汲取经验教训，40%的人有情感冲突不会向人倾诉，8%的人受挫时借烟酒消愁，11%的人常求神拜佛。

由此可见，目前高中学生中存在的心理问题还是具有一定普遍性的，这更应引起包括班主任在内的广大教育工作者的高度重视与特别关注，并采取积极有效的措施加以引导和教育，使高中生拥有良好的心态，健康成长。

三、塑造健全人格——心理健康教育的追求

心理健康教育要根据学生生理、心理发展特点，运用有关心理教育方法和手段，培养学生良好的心理素质，促进学生身心全面和谐发展和素质全面提高的教育活动，是素质教育的重要组成部分。

做好心理健康教育工作，就要正确理解与把握心理健康教育。

(一) 心理健康教育的目标

心理健康教育的总体目标是提高全体学生的心理素质，充分开发他们的潜能，培养学生乐观、向上的心理品质，促进学生人格的健全发展。具体可表述为，帮助学生不断正确认识自我，增强调控自我、承受挫折、适应环境的能力；培养学生健全的人格和良好的个性心理品质；对少数有心理困扰或心理障碍的学生，给予科学有效的心理咨询和辅导，使他们尽快摆脱障碍，调节自我，提高心理健康水平，增强自我教育能力。

(二) 实施心理健康教育的原则

心理健康教育更多侧重的是"辅导"，即辅助和引导，是帮助学生自我了

解、自我决定，以适应家庭、学校和社会的一个历程，也是一种帮助个人实现自我的教育历程。其基本原则主要包括：

一是面向全体学生原则。班主任的心理健康教育应以大多数乃至全体学生的心理素质水平的提高为基本出发点和归宿，在制订班级心理健康教育计划时要着眼于全体学生的发展，确定内容时要考虑大多数学生的共同需要与普遍存在的问题，组织团体辅导活动时要创设条件让尽可能多的同学参与其中。

二是预防与发展相结合的原则。心理健康教育的功能分为三个层次：矫治、预防和发展。矫治功能是解决个别学生已经形成的心理和行为问题；预防功能是指帮助学生提高自主应对生活中各种不顺带来的心理困扰能力，防止心理问题的产生；发展功能是指培养积极的心理品质，充分发挥个人潜能，拥有健全的人格和丰富的精神生活，过健康、充实、有意义的生活。班主任开展心理辅导活动，要以发展性辅导为重点和根本追求，同时兼顾预防性心理辅导。对于心理出现障碍的学生要学会辨别，及时介绍给专业人员进行矫治。

三是学生主体原则。尊重学生的主体地位，充分调动学生的主动性和积极性，发挥学生的主观能动性。要相信学生能够在正确引导下完成心理健康的历程。在制订教育目标和教育步骤的时候，要充分考虑学生的年龄、性别等特点；在实施和开展心理健康教育的活动过程中，要提供更多的活动机会让学生表达自己的观点、态度和情感；在进行个别辅导和群体辅导的过程中，要充分发挥学生的个体能动性，通过学生内部世界的变化来达到自我完善与发展。心理教育的基本功能是促进学生的成长与发展，这要以自觉主动为条件，强调"助人自助"，"助人"是载体，学生学会"自助"才是目的。终极目标是发展学生自我教育的能力和独立应对生活挑战的能力，对于自我意识、独立倾向快速发展的高中生来说，则是满足其独立个性的需要。

四是理解与尊重的原则。尊重学生的人格和尊严，承认每个学生是不同于其他人的独立个体，承认他与老师、与其他人在人格上的平等地位。理解就是设身处地站在学生的角度去关注学生和考虑问题。教师要以平等、民主的态度对待学生，善于进行换位思考，学会倾听。

五是整体发展原则。追求的是学生人格的整体发展，注重的是学生知、情、意、行几个方面的协调发展。要树立"全人教育"理念，实现学生的整体发展。还要注意采用综合的心理健康教育的模式，综合运用各种途径和方法。

六是尊重差异原则。要根据每个学生的特点采取有针对性的对策，在分析普遍性原因的同时关注其特殊性。同一种心理现象的背后可能有不同的原因，班主任不能武断地根据表面现象进行判断，要在充分了解学生的基础上对其实施个别观察和心理辅导。

七是保密性原则。这是心理辅导最重要的原则。是鼓励来访者畅所欲言的心理基础，也是对来访者人格及隐私的最大尊重。

班主任只有很好地定位和把握心理健康教育的各种原则，才能更有针对性地选择相应的工作策略有效提高工作的实效。

2. 新课程背景下的心理健康教育内容

——优化心理品质，协调心理行为

心理健康教育的内容总的来说主要包括普及心理健康基本知识，树立心理健康意识，了解简单的心理调节方法，认识心理异常现象，以及初步掌握心理保健常识。重点是学会知识学习、人际交往、升学择业以及社会适应等方面的常识。

新课程背景下高中学生心理健康教育重点是指导他们适应高中学习环境，开发学习潜能，在克服困难取得成绩的学习生活中获得情感体验；在了解自己的能力、特长、兴趣和社会就业条件的基础上，确立自己的职业理想，进行职业的选择和准备；正确地认识自己的人际关系的状况，正确对待与异性伙伴的交往，建立对他人的积极情感反应和体验。提高承受挫折和应对挫折的能力，形成良好的意志品质；优化心理品质，协调心理行为，形成健全人格。以下内容重点围绕学生学习心理、人际交往、意志品质优化和青春期辅导等方面进行介绍。

一、学习心理辅导

这是来自天津市实验中学心理辅导的个案：

小辉，16岁，高一年级学生，文体委员，有一定的工作能力，喜欢科技制作，酷爱足球，但是学习基础较差，成绩一直比较落后。学习上缺乏成功体验，存在自卑感，对某些学科学习失去信心，知识漏洞越来越多。所以，课上听不懂老师讲授的内容，就更加不喜欢听课。语文、英语等需要记忆的知识，虽花费很长时间去记忆，但由于没有完全理解，常常死记硬背，遗忘很快。为此，他非常苦恼，曾一度有"我不是学习的材料，爱怎样就怎样"的想法，有厌学和放弃的心理。

小辉的问题主要表现在学习情绪、学习方法方面。分析问题产生的原因，主观原因包括：学习基础不扎实，虽也努力，但学习策略和方法不得当，对知识的理解不透彻，效果不佳，而导致学习情绪低落，最终导致缺乏学习动力。另外，自愧学习不如人，心理负担重，有自卑心理，甚至自暴自弃。客观上，父母对小辉的成绩很不满意，有些心灰意冷，这种情绪也影响着小辉的情绪和学习劲头。班上个别同学因学习成绩而瞧不起他，认为他不配做班委，评选三好生落选，更加重了他的心理负担。

对小辉的辅导，伴着帮助他消除自卑心理、恢复自信的原则，在学习方法和策略上给予耐心指导，并调动他的学习动机，最终达到减轻心理压力，提高学习效率，改善学习效果的目的。

具体操作为：

（一）对小辉本人的辅导

一是消除其自卑心理。引导他正确认识和评价自己，引导他寻找自己科技制作获奖、擅长踢足球、有较强的组织能力等长处，摒弃以学习成绩作为评价自己的唯一标准的错误观念，从而看到自己的优势，克服自卑。引导他运用补偿法扬长补短，并通过增加在自己优势项目上的表现机会，来获得成功的体验。指导他对学习成绩不理想学科的归因分析，消除"我不行"的消极心理暗示。

二是进行学习策略和学习方法的辅导。激发学习兴趣，迁移他对科技制作的兴趣到物理学科的学习；向他介绍提高记忆力的良好方法，比如，要加强对知识的理解，用意义识记代替"死记硬背"，要有"我能记住"的信心，要保持专注的注意力等等，还向他介绍了一些指导学习方法的图书。

三是帮助他制订切实可行的学习计划，用目标激励他，并通过目标达成后的回馈获得自信。

（二）营造良好的心理环境

一是与任课教师进行良好的沟通，增加一些中、低难度问题向他提问，在他顺利回答后，给予积极的肯定和鼓励。

二是组织了几位学习好、与小辉有共同兴趣爱好的男同学和他一起学习和活动，在良好的人际氛围中，多为小辉提供学习上的帮助，使他能及时解决学习中的困难。

三是班主任在班上及时表扬小辉的点滴进步，及时鼓励，让他感受到老师和同学对他的关注和对他学习上进步的肯定。

（三）对家长的辅导

第一，改变其家长"以学习论英雄"的不正确的评价标准。

第二，肯定家长不给孩子过分施压做法的积极作用，但同时也指出，家长的灰心丧气实质上是对孩子的放弃和不信任，要树立对孩子的合理期望，并树立对孩子的信心。

第三，请家长和孩子多交流，倾听他的心声，缓解其心理压力，及时了解孩子的想法并给以切实的帮助。

第四，一旦孩子学习上取得一些进步，要善于发现并及时鼓励。

经过近一年的努力，小辉的学习情绪和学习效果都有了明显的改善，个性也在向积极、健康的方向发展，具体表现为：

不再自卑，自信心增强。学习的自觉性、主动性增强，有问题能主动找老师和同学询问。学会了合理安排学习时间，掌握了较好的记忆策略，学习成绩提高。特别是学习情绪高涨，取得进步后不懈怠，不断制订更高的学习目标。制订了假期中弥补知识漏洞的一整套学习计划，并认真执行。

在工作中，班主任会遇到各种原因导致学习困难的学生或感受到学生在学习中面临的困难，这就需要班主任学会运用科学的方法，做好对学生学习心理的辅导。

学习心理辅导就是在学生的学科学习活动中，教师运用学习心理及其相关理论，帮助学生了解自己的学习潜能，解决学习中产生的心理问题，着重对学生的学习情绪、动机、意志进行辅导，使之确立合适的学习目标，树立正确的学习动机，改进学习方法，学会自主学习，最终提高学习成效。概括起来，主要解决两类问题，即学生由不会学习到学会学习，由不愿意学习到愿意学习。

（一）注重学习技能训练

帮助学生学会学习要注重对学生的学习技能训练，以使其达到提高能力，高效率学习的目的。学习技能训练侧重在注意力、记忆力、思维和学习策略等方面的训练，加强常规学法和各科学法的指导。增强学生的学习技能有助于提

高其学业绩效。这里特别强调要帮助学生寻找到适合他们自己的学习方式。

（二）科学归因，对未来充满期待

对学习成败的归因作出正确的判断，有助于学生巩固成绩或改变现状，对未来充满信心和希望。所以，班主任在面向学生的学习心理辅导中要注意帮助学生补上这一课，指导学生学会正确归因。学生只有找到成功与失败的原因，并加以总结、改进，才能进行自我调整、自我教育，不断进步。

教师加强对归因的科学指导要以给学生成功的希望作为总原则。对取得成功的学生要让他们获得成功的体验，使其在产生愉快的情绪体验的同时，认识到自己的力量，增强信心，提高成就动机的水平，为以后的学习提供有利的条件。对于学习成绩比较差的学生，应该将他们的失败主要归因到缺乏努力这一内部的、不稳定的、可以控制的因素上，使其对"改变失败的计划"充满信心，以便更加勤奋与努力地学习。对于一些比较努力但成绩仍然不理想的学生，要指导学生从学习方式方法不当这一内部的、稳定的可以控制的因素去寻找原因，从而激励其对未来充满信心与希望。

值得注意的是，对许多成绩差学生的不正确的归因常常表现为能力低、不聪明这一内部的、稳定的、不可控的因素，运气不佳这一外部的、不稳定的、不可控的因素，学习任务重、难度大这一外部的、稳定的、不可控的因素。以上种种归因，都会导致学习成绩差的同学对改变原有失败的结局不抱希望，而在学习中不作任何努力。一些成绩好的学生的不正确归因表现为：对于一些有个性、平时调皮捣蛋的学生取得较好的成绩，认为是偶然的碰运气，这样外部的、不稳定的、不可控的因素，导致这些学生对继续保持好成绩，并取得更好的成绩失去信心和希望。另一个需要注意的问题是：将学习好归因于智力高、能力强这些内部的、稳定的、不可控的因素，其负面影响是容易自我陶醉，认为考试得高分非常重要而且成为必然，导致他们不能承受失败的打击，分数稍不理想就认为是彻底失败，可能会因为一两次所谓的失败就放弃努力。

（三）克服学习中消极情绪的不良影响

1. 厌学倾向

厌学是指学生对待学习所持有的厌倦情绪和消极的行为反应倾向。一些学生对学习失去兴趣，甚至对部分科目感到厌倦、焦虑、烦躁。态度表现为缺乏求知欲、好奇心，信心不足，不思进取，惧怕困难；行动上表现为不想进行正常的学习活动，缺乏自觉、自律，易浮躁、动摇、退缩，不能从对自我负责的角度约束自己，被动地混日子……以上种种，都是厌学倾向的表现。

厌学情绪严重影响着学生学习的积极性、主动性，并在学生中有逐步增长的趋势。对于有厌学倾向的学生，教师要在深入了解情况的基础上，针对不同原因采取不同措施。但总体上要围绕以下几个方面：注意挖掘学生长处；引发学生学习兴趣；激发学生学习动机；帮助学生获得成功，并使其享受成功的喜悦；改善人际关系，创设愉悦的学习环境与氛围；调整期望，建立信心。

2. 考试焦虑

考试焦虑是在一定的应试情境激发下，受个体认知评价能力、人格倾向与其身心因素所制约，以担忧为本质特征，以防御或逃避为行为方式，通过不同程度的情绪性反应所表现出来的一种心理状态。复习考试和考试过程中产生害怕、紧张、不安情绪，甚至一些学生会出现心跳加快、面红耳赤、呼吸急促、多汗、头痛、腹泻、恶心、失眠等生理反应。同时有注意力不集中，思维混乱，思考的速度、深度、灵活性出现障碍，答题卡壳，不能很好回忆会的知识，只记得只言片语等问题。

轻度的考试焦虑对考试成绩提高有积极作用，因为它可以使学生对考试有较高的唤起水平，积极投身于应考中，提高学习效率。但中度以上的焦虑，就需要进行辅导了。在辅导的过程中，学生一方面要不断提高学习能力，同时，要根据自身的能力确立适度的目标，对学习结果有合理的期望。面对竞争，要不断总结与积累考试的经验，特别要树立信心，加强自信训练。班主任可以运用认知矫正的办法，使学生对考试获得一种现实合理的态度与期望。方法为：检查担忧的来源，写下自己的担忧，如考坏了会影响别人对自己的评价、担心对不起父母、影响前途等，按照担忧的程度大小依次排序。第二步对担忧进行理性地分析，对不合理之处以事实、理性的常识、逻辑驳倒它们，得出合理的反应。如果焦虑来自对考试准备不足和缺乏应试技巧，班主任就要教会学生有针对性地进行复习并做好考试技巧的辅导。针对考前和考试中的焦虑行为，还可以采用放松训练的方法。考试焦虑严重的学生，要在专业人员的指导下进行系统脱敏矫治。

二、人际交往辅导

广东顺德勒流育贤实验学校伍雪婷老师的心理辅导课设计：《愿用我心换你心》

（一）情景导入——启思窗

教师展示绿色的五角星图案。

教师："知道这是什么吗？"

学生："绿色的五角星。"

教师："不对，这不是一个五角星，是一个杨桃。不信？老师告诉大家一个故事：美术课上，老师放了一个杨桃在讲台上，请大家画杨桃。一个同学把杨桃画成了五角星的形状，受到了大家的嘲笑，他很伤心。老师没有说话，请大家到这个同学的座位上看讲台上的杨桃。果然，杨桃和大家平时看到的不一样，真的是一个五角星的样子。教室里再也听不到嘲笑声了。为什么其他同学到他的座位上看了以后，教室的嘲笑声就马上烟消云散了呢？"

学生："同一个事物或事情，我们站的角度或思考的方式不同，就会有不同的结果。"

教师："这种看问题的方法就是我们所说的'换位思考'。"（引出主题）

（二）亲身体验——倾诉墙

把你的真心交给我（小组分享）

教师："在平时与父母、与同学的相处中，这种换位思考的方式大家有没有用到过？下面请同学们组成四人小组相互分享一下换位思考给我们带来的快乐，我们也可以交流一下因为自己对他人没有做到换位思考所引起的烦恼。"

学生分组讲述自己在生活中和"换位思考"相关的体验。

（三）心理分析——心理屋

1. 体味心理剧

教师："同学们，你愿意矛盾和误会发生在自己身上吗？"

学生："不愿意。"

教师："那我们就要学会换位思考。请先欣赏心理剧《东东的快乐与烦恼》。"

情景1：东东愁眉苦脸，沮丧地走着，路上碰到了明明，他上前诉苦：

"我最近好烦，数学考试又不及格，而且……"明明一边打着哈欠，一边东张西望，一副毫不感兴趣的样子，走了。

情景2：东东更加烦恼，这时他碰到了正在做作业的洋洋。东东上前诉苦："我最近好烦，数学考试又不及格，而且……"洋洋一脸不耐烦："别烦，没看见我正忙着？走开，走开！"

情景3：东东更加痛苦了，这时他又碰到了康康。东东上前求助："我最近好烦，我的……"康康一听，急忙插嘴："怎么啦？怎么啦？你烦什么？"东东说："我的数学……"康康又插嘴说："数学作业又没交？是不会做吧？上课没认真听吧？"东东解释道："不是的，是我的……"康康继续自说自话："是不是考试作弊被发现了，还是你老爸把你的游戏机没收了……"东东看着康康一股脑说了一大串话，自己就是插不上嘴，唉声叹气地走了，这个世界怎么就没有人能理解自己呢？

2. 学习换位四部曲

教师：刚才的心理剧中，我们都体会到东东并不快乐，那让我们当一回心理医生，想个办法让东东快乐起来吧。现在请同学们按照老师给大家提供的换位四部曲，四人小组之间相互讨论一下，对东东和他的朋友的想法和做法作一个详细的心理剖析。

学生分成四组，分组讨论，小组长记录讨论结果。

第一步：我需要的是……设想你是求助者，谈谈你的感受，你最需要什么？

第二步：我不希望……设想你是求助者，不愿意得到怎样的待遇？

第三步：我的做法是：假设你是明明、洋洋、康康，你会怎样做？

第四步：我是在以他期望的方式对他吗？如果不是，我该怎么做？

（四）学以致用——行动坊

《让我做一回你》，即兴表演。

教师："经过换位四部曲的详细分析，相信大家已经深入了解到东东的心情和需要了，现在我们来一个比赛，让我们重新当一回东东和他的朋友，看看哪个同学能更好地运用换位思考。现在给大家5分钟时间准备，然后请同学即兴表演。"

（五）歌曲共鸣——心灵乐

换位思考就像魔法石，改变并润滑人与人之间的相处，最后，让我们欣赏

《变形针》主题曲《如果我们能换一换》。

（六）活动总结——小总结，大收获

用别人对自己不好的方式对待别人，是小肚鸡肠。

用自认为好的方式对待别人，是自作多情。

用希望别人对你的方式对待别人，是将心比心。

用别人期望的方式对待别人，是善解人意。

为对方着想，培养设身处地的换位沟通习惯，是最普通也是最高尚的技巧。

人是社会中的人，与人交往是人类天生的、本能的、内在的需要。通过人际交往，人们可以传递信息，交流情感，彼此获得支持，还可以增加个人的知识经验，完善自我，提高自我。作为班主任，要想增强班级凝聚力，就要创设良好的人际关系氛围，通过对学生人际交往的辅导，促进学生掌握人际交往的策略。伍老师这节心理辅导课，就是为帮助学生掌握换位思考的人际交往策略而设计的。

高中生的交往对象主要是同学、老师和父母，在交往过程中，他们会遇到许多的挫折与困难。但是，他们正是通过克服这些挫折与困难，逐步获得人际交往的知识和经验，成为能够应付各种情境下人际交往的社会化的人。

（一）克服人为偏见，客观正确地认识周围的人

正确认识交往的对象，是优化人际关系的首要条件。在人际交往中，往往会出现一些偏见：比如，先入为主的第一印象，以偏赅全的晕轮效应，只看眼前忘记过去的近因效应，以己度人的自我投射等。班主任要引导学生以动态、发展的眼光正确而客观地认识周围的交往对象，提高人际交往中准确感知、正确评价人的能力，为良好的人际交往奠定基础。

（二）掌握与人交往的原则，学习与人交往的技巧

人际交往中，那些具有正直诚实、热情谦和、豁达大度、礼貌待人、能克制忍让、设身处地为他人着想等优良品质的人，往往能得到周围人的尊重和喜爱，有融洽的人际关系。这些优良品质也正是人际交往中需要遵循的原则。在遵循交往原则的基础上，人们还要学习与掌握人际交往的技巧，比如，认真地

倾听、清楚地表达等。这是帮助高中生走向成熟人际交往的关键。

（三）帮助学生走出人际交往的困惑

在高中生的人际交往中，也存在着人际孤独、人际冲突等不良的交往模式。为了学生人格完满地发展，班主任要帮助学生摆脱人际交往的困惑。

1. 人际孤独

随着自我意识的发展，个人的隐私逐渐增多。高中生往往在自己与他人之间构筑出一道"城墙"，封闭自己内心的秘密。他们对社会、对人生都有了自己的独立的想法，不满父母的说教，找不到与自己有共同语言或情投意合的朋友，最终只能封闭自己，陷入深深的孤独中。也有的学生存在自卑心理，或性格上不合群、孤芳自赏等。这些使得孤独感成为高中生人际交往中所存在的严重问题。有的同学感觉自己在这个世界上孤独一人，没有人能够理解、支持自己，和谁都没有共同语言；有的同学担心因为长相不好，或家庭条件太差而遭到同学的拒绝，不敢与同学交往。处于孤独状态之中，学生身心都承受着巨大的痛苦，并且容易产生挫折感、寂寞感、狂躁感或抑郁感。

帮助学生走出孤独的困境，首先要引导学生进行客观、恰当的自我评价。学生只有看到自己的长处和短处，辩证看待自己，才能走出自我封闭的第一步。

其次，培养学生人际交往的良好个性品质。在交往中，大家都是平等的，要相互支持、相互帮助；对长辈，要理解。要培养他们尊重人、关心人、真诚待人等良好的个性品质。

最后，教育他们要善于自我调节，多站在别人的立场上思考问题，改正自己的不良习惯，培养良好的社交风度，培养广泛的兴趣、爱好，丰富自己的业余生活。

2. 人际冲突

心理处于发展时期的高中生，情绪、性格还不稳定，缺乏人际交往与人际沟通的技巧，人际冲突时有发生，明显的表现形式有吵架、骂人、打架斗殴，也有暗暗的隐性争斗。群体间的冲突发生时，人际冲突可以分为个人与个人之间的冲突、个人与群体之间的冲突及群体间的冲突。就高中生而言，主要的个人冲突有与同学、朋友、老师以及与父母之间的冲突。

避免人际冲突，班主任要切实加强指导。首先要让学生学习包括平等、信用、理解、宽容在内的交往原则。其次，要掌握语言沟通和非语言沟通的技巧，营造良好的人际交往氛围。再次，要学会合理情绪宣泄。冲突发生时，不可避免地会伴随强烈的情绪体验。这时不要过分压抑自己的愤怒，但更不能通过打架来宣泄，而是要选择适当的方式。

3.嫉妒

与他人比较，发现自己在某方面不如别人而产生的一种由羞愧、愤怒、怨恨等组成的复杂情绪状态就是嫉妒。高中生的嫉妒心理表现为不能正确评价自己和他人，过分计较个人得失，过于好胜，过高评价自己，不能以豁达的态度面对他人的成功；虚荣心强，好出风头；心胸狭窄，敏感多疑。它会造成心情不愉快，人际关系恶化，形成冷漠、猜疑、孤僻、虚伪等不良性格。

对于有嫉妒心理的学生进行辅导，要引导学生全面客观地认识自己，正确面对自己的失败（嫉妒一般产生于竞争中失败者）；以豁达的态度看待别人的成功，把别人的成功当做激励自己努力的动力，见贤思齐；要有意识地密切与嫉妒对象的交往，加深相互之间的理解；及时宣泄由嫉妒引发的不良情绪，如怨恨、忧虑、内疚等；要及时倾诉，或转移注意力，以避免由嫉妒情绪转化为嫉妒行为，进一步恶化与同学的人际交往。

三、良好意志品质训练

一项连续30年的实验证明，最有成就和最无成就的人之间最大的差别在于：前者意志坚强、自信、有进取心，遇到困难不屈不挠；后者缺乏远大理想，缺乏毅力和进取精神，致使自身的潜力无法充分发挥。

广东省新兴县华侨中学的佘季华老师撰文《加强心理辅导，培养高三学生的意志品质》，介绍了他是如何帮助高三学生以顽强的意志备战高考的。

高考备考是一项复杂的系统工程，除了要使学生掌握各学科的基本知识和提高学生的应试能力之外，学生心理素质的培养也不可忽视。特别是班主任应该高度重视对学生的心理辅导，加强对学生意志品质的培养，使他们以平静的心态参加高考，从而发挥出最佳水平，取得优异成绩。

（一）"目标卡片"，相伴高考路

根据心理学的解释：人的意志行动有明确的目的性，只有那些目标明确的人，才有可能直面完成任务过程中出现的各种困难，迎难而上，胜不骄、败不馁，不断前进。

为了让学生明确高三这一年的学习目标，我颇费了一番工夫。一进入高三，我就要求每一个学生都制作一个"目标卡片"，上面注明"我的高考目标（哪个层次的学校）"；"我的得分计划（各科希望得到的分数）"；"我的誓言（座右铭）"等。为了让这张卡片陪伴学生高三整个学年，我把每一张卡片都经过电脑处理，配上精美的插图和学生本人的相片。第一学期，我把这些卡片发给学生自己保管，只利用班会课定期展出；第二学期，我把卡片全部贴在教室后的黑板上，让全班每一个学生随时可以看到，在班里形成竞争的学习氛围；高考前的动员会上，我把这些卡片亲手发给每一个学生，并说："同学们，你们为之奋斗了一年的目标就要实现了，请大家再一次回顾你的目标、你的誓言，勇敢地走进考场。祝你们成功！这张小小的卡片就作为老师留给你们的纪念吧！"高考后，有的学生对我说："老师，您帮我们制作的目标卡片非常有效，它们就像一双双眼睛在时刻盯着我们，使我们不敢有半点懈怠。"

（二）勤扬鞭，事躬行，狠抓措施落实

备考措施的落实，是高考成功的关键。对于普通中学来说，由于学生素质参差不齐，整体水平不高，学校的一些备考措施要真正落实起来并不那么容易。例如，有的学生认为高三只要搞好学习就行，对学校举办的一些活动不愿参与；有的学生集体观念不强，按自己的意愿行事；还有的学生认为自己是高三学生，可以特殊一点，我行我素等等。为了尽量使每一个学生实现自己的目标，作为班主任，应加强对学生的管理，带领全班学生认真落实每一项备考内容。

良好的身体素质，是高三复习的保证。为了使学生以健康的身体迎考，我校特安排高三师生下午集体跑步。针对部分学生存在的惰性心理和对跑步这一活动的不满情绪，作为班主任的我，每天下午准时在操场上等候学生，集中点名后带领全班学生一起跑，并带头喊出响亮的口号。后来，集体跑步已成为我班学生的自觉行动，但我还是每天陪着学生一起跑步，从不间断，直到高考前的最后一天。

从心理学的角度来看，纪律不仅是约束人们的行动，更主要的是它规定了行动的方向。自觉遵守纪律，可以培养个人良好的意志品质，尤其是对自觉性

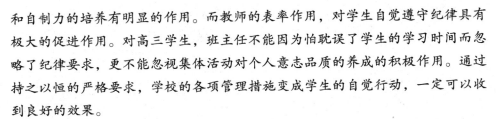

和自制力的培养有明显的作用。而教师的表率作用，对学生自觉遵守纪律具有极大的促进作用。对高三学生，班主任不能因为怕耽误了学生的学习时间而忽略了纪律要求，更不能忽视集体活动对个人意志品质的养成的积极作用。通过持之以恒的严格要求，学校的各项管理措施变成学生的自觉行动，一定可以收到良好的效果。

（三）知时好雨，润物无声

高三复习十分紧张，各种各样的考试始终和高三学生形影不离。胜利时的得意忘形、失败时的垂头丧气，都是缺乏坚强意志的表现。作为班主任，我们应该细心观察学生的情绪变化，及时、合理地进行心理辅导，帮助学生克服学习、生活中出现的意想不到的困难，培养学生坚韧不拔的意志品质。

今年的6月7号下午的高考数学考试，给那些平时数学成绩比较好的学生当头一棒。走出考场，不少女生眼里噙着泪花，很多男生也木然无语。晚自习时，教室里寂静无声，连翻书的声音都没有。我说："各位同学，大家都知道高考成绩中的标准分只是你在所有考生中的排队分，不在于你的原始分的高低。6月27日高考分数出来的时候，你会很惊讶：是不是搞错了，我的数学考的那么差，居然还有600多分!?"一句话引起了全班同学的开心一笑，我发现，同学们的表情自然多了。后来，一位学生对我说："考完数学，我就在作复读的准备了，正是您的一句话，使我鼓起勇气参加其余的考试，结果还不错。""好雨知时节，当春乃发生，随风潜入夜，润物细无声。"我想，当时我那简短的一句话，应该可以称得上一场及时好雨吧！

心理学认为：意志是自觉地确定目的，并根据目标来支配、调节自己的行动，克服各种困难，从而实现目的的心理过程。一个意志坚强的人，往往可以通过意志努力，积极设法克服困难，完成预定的行为目标。抓好高三学生的心理辅导，培养学生良好的意志品质，对高三学生备考和今后的人生之路有非常积极的意义。

正如佘老师所言："一个意志坚强的人，往往可以通过意志努力，积极设法克服困难，完成预定的行为目标。"作为班主任，要注重对学生良好意志品质的培养，帮助学生克服困难，战胜挫折，走向成功。

高中生的意志品质是指他们在生活中形成的比较稳定的意志特征，表现在自觉性、自制性、果断性和坚毅性四个方面。

高中生意志的自觉性有了很大的发展，表现为能自觉确定目标、自觉支配行动。多数学生的自制性得到较快的发展，表现为善于调控自己的行为，用自制力支配自己的行为。在复杂的事物面前，经过认真思考，高中学生可以作出决策，呈现出果断性的发展；在完成任务执行决定的过程中，高中生在坚毅性上表现为坚持不懈克服各种困难。所有这些意志品质的良好发展，为他们完成复杂的学习任务提供了良好的保证。

但是，高中生的意志品质的发展是不均衡的，培养学生良好的意志品质也是班级心理辅导中不容忽视的。校园里，有许多同学，认为自己头脑"聪明"而沾沾自喜，认为只要我想用功了，就肯定能提高成绩。殊不知，良好的意志不是一朝一夕所能形成的，一个人能否克制自己、能否具有自觉性和坚持精神是关系到能否成功的重要因素。

磨炼坚强的意志不妨从以下几个方面做起。

1. 明确奋斗目标，激发进取精神

虎头蛇尾、三心二意、荒废学业都是缺乏奋斗目标的表现。所以，强化目标意识，设置恰当的奋斗目标，激发实现目标的强烈愿望和责任感，是培养坚强意志的重要环节，因为目标是意志行动的导航系统。有了明确的目标，然后确立实现目标的决心、信心、恒心，这是实现目标的重要保障。在实现了目标后给自己一定的自我奖励，兑现对自己有吸引力的条件，从而培养自己的进取精神。

2. 坚持体育锻炼，在活动中磨炼意志

对于青少年学生来说，培养坚强意志的最好途径莫过于坚持参加体育锻炼。一般来说，体育运动项目训练都是克服困难、增强意志品质的锻炼方法。班主任可以指导学生根据自己不同的情况选择不同的运动项目。

3. 坚持不懈，从小事做起

"不积跬步，无以至千里"，毅力的培养要从小事做起，慢慢积累。学生不妨从每天的按时起床、写日记、坚持晨练等小事做起，不以"身体欠佳"、"时间太紧"、"天色不好"等借口原谅自己，就可以培养自己的顽强意志。

4. 以"目标观想"激励自己

想象自己通过努力达到目的的情景，用这种情景激起自己的感情，震撼自己的心灵，再去推动自己的行动。想象得越形象、越逼真、越有吸引力，激励作用越大。如复习迎考到很晚，非常困倦，窗外一片漆黑，别人都已经熄灯休息了，唯有自己还刻苦攻读，可能会感到委屈、抱怨等。这时，可以想象发下试卷后，自己胜利的微笑、老师满意的表情、同学羡慕的目光……想象实现目标后的快乐感，而让自己振作起来。

5. 远离不良刺激源

有一些同学因为不能很好地安排自己的学习环境而常常不能坚持较长时间的学习。比如，一边看电视或听音乐，一边学习，这样很难集中精神；有的同学书桌凌乱，一些与学习无关的物品摆在学习用品中间，常常打断学习思路，有的还在学习中途"把玩"一会儿，如有的同学电话、手机放在身边，顺手打个电话、发条短信，一聊就是半个小时。这些都属于不良刺激，对于意志不坚定的同学，很容易分心和转移学习上的注意力。因此，要安排好学习环境，远离不良刺激源，避免精力的内耗。

6. 克服懒惰行为

懒惰常被当做意志力不顽强的表现。但因为产生懒惰的原因的多样性，辅导也就要采取不同的策略。

有些学生的懒惰来自于对学习的畏难情绪，由于要做的事情对他来说太难，所以拖着不去做；有些学生的懒惰来自于抑郁，心情不好于是什么都懒得做；还有的学生懒惰是因为从小养成了养尊处优的懒惰恶习；也有一些学生的懒惰是一种逆反心理驱使下的消极反抗。针对上述不同原因产生的懒惰，班主任要善于分析，寻找原因，针对不同的成因采取有针对性的辅导措施，而并非一味从意志品质上加以训练。

7. 科学计划

制订学习计划也是意志品质良好发展的一个标志。但是，学生在执行计划的过程中，常常不能很好地落实计划，学生感到天天欠账天天还，渐渐计划被束之高阁了，最终成了一纸空文。面对这种现象，学生会对自己的意志品质产生重大质疑。此时，班主任有责任帮助学生认真分析计划落空的原因，问题有可能出现在学生的意志品质上，也有可能出现在计划的非科学性上，班主任要有针对性地加以指导。

四、青春期心理辅导

高中生随着生理发育的成熟，性意识也开始觉醒。针对高中生的青春期心理辅导应主要包括性意识困扰、性冲动和性行为问题、异性交往问题及性心理异常等。

宁夏大学附属中学的张玉霞老师的辅导个案：《走过青春的雨季》

基本情况

小芳，高中二年级学生，家庭完满，管教严格。她是父母的掌上明珠，一家人的希望所在。她学习成绩优秀，是尖子班的学生，自尊心强，积极追求上进。她性格外向、活泼、开朗，但动中有静、感情细腻。

小伟，高中二年级学生，家庭完整和睦，管教严格，但比较民主。父母都是教师，对孩子有较高的期望值。他也是尖子班的学生，是一个有思想的孩子，阅读面广，记忆力强。

大约一年前，小芳与同班同学小伟关系逐渐密切，常常同进同出。在同学眼里，他们俨然已是一对儿了，班主任及任课教师也有所觉察。本学期，文理分科，两个人才分别到了不同的班级。小芳和小伟是先后分别主动来咨询室寻求我的帮助的。他们愿意来找我，我非常高兴。

辅导过程

小芳自述于半个月前收到小伟的一张纸条，纸条传达了小伟的想法："我们先分开吧，我想静一静。"小芳为此很痛苦，她认为既然说分手，为什么不当面说明，好歹也有个解释。这样突然，让她一时难以接受。但小芳说，最近期中考试完以后，小伟的情绪就不太好，他的成绩距离他父母的要求还有差距，压力也比较大，她能够理解他的想法，就是不能接受这种分手方式。理智告诉她，分开也好，但情感上又做不到，心里很是烦恼，故前来咨询。下面是我们交谈的一部分内容：

"你希望我帮助你解决什么问题呢？"

"我最近挺烦的，因为和一个男生的交往。"

"哦。"

"以前挺好的，可是最近总得小心翼翼的，说句什么话，还得考虑会不会伤害他。"

"这样的情况有多长时间了？"

"最近一两个月吧。上个学期我们开始走到一起的，觉得挺谈得来的，到后来就无话不谈了……"

"影响学习吗？"

"有一点影响。有时上课听讲，听着听着就忍不住往他那里看，就走神儿了。"

"你怎样看他给你写的纸条？"

"刚开始不能接受，后来也能理解他了。我觉得现在这样保持一段距离也挺好，他在理科班，我在文科班，谁也不理谁。就是有时候想起过去无话不谈的日子来，挺伤感，总想质问他为什么这样绝情？"

"去问过他吗？"

"没有。他好像在有意避着我，我也不想答理他。"

"在此之前，两个人闹过别扭吗？"

"最近有一些问题，说话、做事要处处小心，生怕伤害了他，挺累的。我也知道他这次期中考式没考好，他妈很不满意，他也有压力，可是也不能就这样说不理睬就不理睬了，形同陌路……"

一阵沉默，小芳的眼泪流了下来。我没有讲话，但我理解她此时的心情，她需要释放。我默默地递给她一张纸巾，过了一会儿，她抬起头来，平静了一些……

听完了小芳的自述，我初步判断她的问题属于一般性心理问题。判断的依据是她能主动寻求帮助，情绪困扰与客观事件一致，说明有很强的自制力，烦恼产生的时间不长，没有严重影响学习和生活，不良情绪没有泛化，人格稳定。

基于上述认识，我与她一同商定了咨询的目标——

因为小芳希望能接受现实，尊重他的选择，让自己坚强，所以我们共同商定的具体目标是接受现实，让自己冷静下来能像以前一样正常学习和生活，恢复和其他同学的正常交往。我认为这一点很重要，广泛的同伴关系有助于小芳从两人世界中尽早摆脱出来，恢复往日正常的学生生活。

共同商定咨询目标以后，我给小芳布置了家庭作业，要求她回去思考以下问题：第一步，弄清楚什么是现在最重要的事情；第二步，喜欢他，就尊重他的选择；第三步，冷静一下，考虑自己究竟想要什么。

一周以后，小芳再次来到咨询室，还带来了另一个女同学。她简单地告诉我，她想通了，认识到目前学习是最重要的事情，现在两个人已经拉开了距离，彼此很少说话。她还告诉我她理想中的大学是什么，她要争取考入这所大学等等。

第三周，我值班时，小伟来到了心理咨询室，我略感有些意外。小伟落座后，我问他："有什么事情需要帮忙吗？"他开门见山地说："就是我和小芳的事，我知道她来找过您。"

看来他们私下里沟通还挺快，小芳所说的已断绝了来往并不完全属实。通过与小伟的交谈，我了解到小伟的真实想法，他并不想过早地陷入这种过于密切的朋友关系中，他认为这是很麻烦的关系，为此还举了另一个男生的例子来说明。他对小芳更多的是一种好感，彼此谈得来，有一些共同语言，一段时间相互走得近了一些。同学、朋友在中间有帮忙传纸条、递话语，积极促成好事，对他们的关系发展起了催化剂的作用。不过他们的交往很快引起了老师们的关注，他的母亲也知道了这件事，并且坚决要求他们断绝来往，他很理解母亲的态度。

"老师们都知道了这件事，我都快不行了，我是想跟她保持一般朋友的关系，才给她写了那张纸条。后来听朋友说，她哭得很伤心，我感到有些自责，觉得自己是不是太自私了，我也不想再跟她解释什么了。"小伟一口气说了这些话，看来这件事给他造成的压力也不小。他倾诉完，深深地叹了一口气。我看他平静了一些，有保留地对他说了小芳的想法，告诉他这样做，虽然一时使小芳受了一些痛苦，但是从长远来看，也是为她好，既然没有别的想法，也不要让小芳继续陷下去，保持一般同学关系，大家都轻松。他接受了我的建议，心里的自责感减轻了。我说我可以帮他转告小芳他的想法，他欣然同意了。

第四周，我约小芳到心理咨询室来询问她的近况。其实在课堂上我已感觉到她的情绪在好转。今天约她来，就是想巩固一下前一段的咨询成果。果然，小芳走进咨询室的时候，表情是愉快的。她说，她已经调整过来了，正好现在不在一个班了，没有机会常见面，又回到原来的同性朋友为主的圈子里，心情轻松多了。她还告诉我，过两天是他的生日，她想送给他一件礼物，到此为止，以后就各忙各的了。我没有反对，并告诉她小伟来找过我，我转告了她小伟的想法。小芳专注地听着，很显然她依然关注他的事情，但我认为这没有什么，是正常的反应，情感上的事情需要时间来慢慢淡忘。

我还告诉小芳，从喜欢到相爱还有很长的路要走。爱是两情相悦，是相互尊重与信赖，是责任。而学生时代的喜欢，更多的是彼此有好感，谈得来，这种好感并不稳定，今天喜欢这个，明天可能会喜欢那一个。这里没有道德是非，只是青春期的一种萌动，你们还没有能力承担对对方的责任。在男女生的交往中，女生的态度往往决定着交往的距离。我还建议小芳与班里的其他异性同学正常交往，摆脱"我的眼里只有你"的困境，学会区分友谊与爱情，学会正确选择、克制冲动，对异性同学之间的关系不要过分敏感。

张老师帮助小芳和小伟走出了情感的困扰，帮助他们正确区分了友谊与爱情，特别是教会了他们如何处理异性交往的一些方法和策略。面对青春期的少男少女，高中的班主任要关注学生的性心理和生理的成熟，理解他们的烦恼，并要切实做好辅导。

（一）掌握科学知识，揭开青春发育期的神秘面纱

协助学生正确看待性意识活动，使其树立科学与健康的性观念，正确了解性生理和性心理的有关知识，正确看待和处理自己的问题与困惑。班主任可以向学生提供科普书籍，帮助学生修正自己错误的认识；鼓励学生找好友交谈，一方面宣泄自己的不良情绪，另一方面可以从同龄人那里了解到大家都有同样的烦恼，获得解决问题的经验与方法。对于不良行为和异常心理，要积极及时地进行矫治。

（二）做好异性交往的指导

1. 高中生异性交往的特点

到了高中阶段，学生处于接近异性期，男女双方有一种情感的吸引，有彼此接近的需要。高中生与异性接近的愿望逐步明朗化，表现为喜欢在异性面前表现自己，以引起对方的注意，希望得到异性对自己的肯定和评价，重视自己给异性留下的良好印象。渴望与异性同学或朋友交往是人类性心理发展的必然，但是由于社会和家庭对青少年异性交往持有过分敏感和反对的态度，使得学生在异性交往中难以自如应对，感到有压力甚至恐惧、害怕、自责。加上学生缺乏异性交往经验，又缺乏必要的指导，或因为逆反心理，不能很好把握异性交往的尺度，导致陷入各种异性交往的困境中。异性吸引并非是恋爱，中学

生往往分不清好感与初恋的区别，造成精神苦恼。

2. 对异性交往的指导

第一，要正确看待学生之间的异性交往，并予以理解与疏导。帮助学生明确自己的心理需要。异性交往可以满足性心理发展的需要，获得与异性交往的经验，并在交往中学会相互欣赏，取长补短。家长和教师也不能视其为洪水猛兽，粗暴干涉，要充分认识到这是客观存在的不可回避的现实问题。

第二，抓住契机对学生进行爱的教育，指导青春期异性学生交往要适当有度。适度的异性交往有利于相互学习，取长补短；有利于丰富个性，培养健康的性心理；异性同学间的交往有利于相互激励，提高效率。但要遵循适度的原则，异性交往的方式和程度要恰到好处。要尽量避免敏感话题、身体接触要把握分寸，不能过于轻浮；交往要在公开场合，在集体中交往，反对个别交往；时间和频度要恰当；要和广泛的异性交朋友。如果对方出现误会，要明确表明自己的态度，切勿暧昧和拖泥带水。"度"还表现为，不要过分拘谨，也不可过分随便；不过分冷淡，也不过亲昵；不过分严肃，也不过分卖弄；不过分羞怯，也不过分轻浮。学会增强性别魅力，了解异性所喜欢的行为特征。交往中言行、情感表露要自然适度，像对待自己的兄弟姐妹。

第三，要帮助学生区分友情与爱情。帮助学生正确处理"早恋"问题。教师发现学生恋爱，要及时予以辅导，帮助家长正确看待子女的早恋。老师和家长不能视早恋为洪水猛兽，粗暴干涉，不应以居高临下的态度训斥、批评，要以充满爱护和感情的态度与他们真诚交谈，指出早恋的危害，对目前的情况给予适时地指导和帮助。

第四，对失恋学生及时进行辅导。失恋是一种不幸，也是走向成熟的契机，班主任要积极帮助中学生走出困境。对失恋学生进行辅导需要遵循的原则：充满深深的爱和理解；保密不加渲染；具体问题具体解决；不能上纲上线，将"早恋"视为不健康的或是错误的。

3. 新课程背景下的心理健康教育途径与方法

——综合运用多种辅导方法

　　心理健康教育应贯穿在学校的一切教育活动中。学校开展心理健康教育的途径和方法有很多，但其中最主要的途径就是将心理健康教育渗透在学科的教学当中。另外，还可以利用个别心理辅导和团体心理辅导的形式，帮助学生解决心理问题。总之，不同的学校要从实际出发，综合利用各种教育渠道和方法，形成促进学生心理健康发展的合力。

　　王老师观察到以优秀的中考成绩考入本班的小华近来学习退步很大，特别是最近，临近期末考试，小华的情绪越发低落。王老师通过细心观察，了解到小华的问题在于：在父母的高期望下，学习压力很大，加上对高中的学习不适应，一直没有找到合适的学习方法。现在非常着急，并且越来越没有自信。

　　一天放学后，王老师和小华进行了一次推心置腹的长谈，深入了解了小华的苦恼与困惑所在。谈话中，王老师静静地倾听着，对小华的处境和苦恼表示深深的理解。同时，王老师也列举了自己所看到的小华在学习上表现出的上进心，并指出了小华的问题在于没有很好地适应高中学习，没能找到适合自己的学习方法。同时，对自己状态的不满意、情绪的消极与自卑、家长过高期望下的压力与焦虑也是使他学习陷入恶性循环的重要心理因素。小华深深点头表示认可，并表示要重拾信心，用科学的方法，使自己迎头赶上。

　　随后，王老师和小华一起讨论并制订了适合小华本人的切实的学习计划。谈话结束后，王老师及时与小华的家长联系，分析小华的问题，并指导家长降低期望值，合理期望小华的进步与成长；王老师还和各位任课教师沟通，请各位老师多关注小华，及时给予他知识上的指导和帮助。在自己的课上，王老师更是及时表扬小华的点滴进步，不断鼓励他树立信心，继续努力。随后，还召开"我能行"的主题班级心理辅导活动，让包括小华在内的全班同学更加悦纳自己，树立信心。王老师在班上还积极倡导学习互助的良好氛围。小华的成绩在王老师的帮助下不断提高，慢慢地恢复了快乐与自信。

王老师帮助小华的事例中，综合运用了学校心理健康教育的众多方法，有个别辅导与团体辅导相结合、与课堂教学的整合、良好环境的创设以及家庭心育的指导。

一、45 分钟的精彩——心理健康教育与学科教学的整合

实施学校心理健康教育，要牢牢抓住课堂教学的主渠道，努力做到学科教学与心理教育的整合。新一轮的课程改革，明确提出了包括情感、态度、价值观在内的三维教学目标，更为明确地使心理教育成为课堂教学的重要组成部分。天津市实验中学的语文教师王一欣，善于在她的语文教学中，结合教学内容有效地对学生进行心理健康教育，很好地实现了心理健康教育与学科教学的整合。她撰写的《十八岁出门远行》一课的教学设计，给予我们很多启示。

《十八岁出门远行》选自"普通高中课程标准试验教科书"语文必修模块③的小说单元。这篇小说是当代先锋实验作家余华的一篇代表作品。小说讲述了一个十八岁的少年，在父亲的鼓励下，独自出门，走向未知世界的故事。文章大胆吸收西方现代派的表现手法，尝试新的小说表现形式。事件的叙述有着写实与象征的双重意味，故事情节荒诞，语言新奇独特，可能会给学生的阅读带来一些困难，同时也会激发他们的阅读探讨兴趣。《十八岁出门远行》的表现手法有别于传统小说，但故事和成长主题都是常见的，正适合即将成人的高一学生阅读，所以教师可以通过对作品主题和人物的分析，联系学生的生活，调动学生的情感体验和个性化认识，渗透健康快乐的生活态度和积极向上的人生观、价值观，提高正确面对人生的挫折与痛苦的能力。

首先以歌曲《青春正传》导入新课，用音乐优美的旋律吸引学生的注意力，将他们从略显躁动的课间休息状态带入对青春的思考之中。教师激情讲述，导入新课："青春年少的我们，总是激情涌动，厌倦周围熟悉的人和事，渴望去一个陌生的地方，摆脱所有的约束与羁绊，在广阔的天地中尽情展示自我。其实，外面的世界远不如想象中那般美好，成长过程需要付出代价，只有

在经历了无数的挫折和失败后，我们才能真正地成长起来，正所谓'成长如蜕'。今天，我们学习余华的小说《十八岁出门远行》，看一看文中给我们讲述了一个怎样的成长故事。"教师深情的讲述让学生自然而然地有了和文本主题相接近的情感体验。学生带着这种学习欲望和情感体验进入到文本学习之中，课堂教学就比较容易收到预期的效果。

接着，学生阅读全文，整体感知，找出关键语句梳理情节：走出家门，不需旅店——黄昏到来，寻找旅店——搭乘汽车，不想旅店——汽车抛锚，再找旅店——遭劫之后，找到旅店。教师设置问题："旅店"在文中多次出现，寻找旅店成为小说线索，"旅店"在故事中有什么象征意义？旨在引导学生领会小说主题。学生讨论后明确旅店的特征：一段路程的终点，下一段路程的起点，能让人疲惫的时候得以休整并再次投入旅行。旅店在"我"心里，心里的"旅店"让自己的心灵、精神受到打击的时候得以休整，是精神的栖息地，这是心底的希望、执著的信念，使自己继续前进的动力。小说中"我"虽然遭遇到挫折，但并没有绝望，而是充满了希望。

进而由学生归纳小说的主题：小说选取的故事是一个十八岁男孩初次出门远行所经历的生活片段，写了成长中的挫折与收获。它告诉读者：人生是复杂而曲折的，在一个人成长的过程中，一定会遭遇到种种的艰难和挫折。但尽管如此，我们也不应灰心丧气，而应在心里保存一份希望和勇气，明白只有自己才能使自己重新振作起来，这也是成长中的收获。课程进行到这里，王老师设计了一个"讲自己的成长故事"的小组活动，学生分成若干小组，畅谈自己成长道路上的故事，并讨论问题："人要实现成长，哪些东西是最重要的？"小组讨论后，全班交流，最后使学生明确：追求、坚持、获得是成长之路的必备之物。在追求的过程中，遭受一次挫折，对生活的理解就加深一层；经历一次失误，对成功的内涵就透彻一倍；遭遇一次不幸，对人生的醒悟就增添一节；经历一次磨难，对世间的认识就成熟一级。只有经历了困难与挫折并坚持下来才能使我们褪去稚嫩的外壳，只有直面困难与挫折并有所收获才能够让我们破茧成蝶，实现成长！成长——如蜕！

第三个环节：体会小说新奇独特的语言。这篇小说的叙事语言很有新意，引导学生联系自己的经历和体验，揣摩文中的精彩语言，体会其中描写的新奇之处和蕴藏的内涵。例如："我坐在地上爬不起来，我只能让目光走来走去。"学生练习篮球比赛失利的经历体会出这句话写出了"我"被打倒在地的无奈，

"只能让目光走来走去"。这也说明"我"心里不甘被打败，这是少年典型的不服输的精神。

最后，布置学生阅读相关题材的散文《十八岁和其他》，并完成仿写练习。作家杨子说："十八岁使我想起初长彩羽、引吭试啼的小公鸡，使我想起翅膀初健、开始翱翔于天空的幼鹰，整个世界填满不了十八岁男孩子的雄心和梦。"根据你对"青春"的理解，仿照上面的句子写一段话，例如，十八岁使我想起冲破云幔、光芒四射的朝阳，使我想起春意盎然，开始吹拂于江南塞北的春风，整个世界填满不了十八岁男孩子的壮志和追求。这个环节是对全文的总结，学生对成长问题讨论的回顾，对自己未来的希冀和展望。这一环节既训练了学生的写作能力，又对他们进行了积极的心理暗示，相信这将成为他们十八岁的誓言，对今后的人生起到一定的积极作用和影响。

概括心理健康教育与学科教学的整合的途径与方法，主要可以围绕整合教学目标、优化教学过程、充实教学内容和丰富教学形式等几个方面来进行。

（一）整合教学目标，把心理教育纳入教学计划

教学中认真贯彻第三维目标，在学科教学中有意识地把心理教育纳入一节课的教学目标，是实施学科教学与心理教育整合的前提。掌握学习理论认为，有效的教学始于准确地知道需要达到的教学目标是什么。正是因为心理教育成为一节课的教学目标的一部分，教师就会在教学中从无意识到有意识地实施心理教育。例如，上例王老师的教学中就确立了"通过对作品主题和人物的分析，联系学生的生活，调动学生的情感体验和个性化认识，渗透健康快乐的生活态度和积极向上的人生观、价值观，提高正确面对人生的挫折与痛苦的能力"的教学目标。

（二）优化教学过程，使心理教育在学科教学过程中得以实施

1. 用心理学相关理论指导教学

在教学中用心理学指导教学，就是在教学中尊重教育教学规律、学习规律、思维规律等学生心理发展的规律。例如，有的教师用最近发展区和先行组织者的理论设计教学环节；有的教师用元认知理论指导学生进行学习监控；有的教师在教学中注重思维品质特别是思维批判性和创造性的培养；还有的教师

正确地运用学习迁移促进学习的内化。

2. 以学生为学习的主体

在教学过程中，教师要尊重学生，创设师生间最佳的"心理场"。以学生为主体，还表现在要尊重每个学生的心理发展状况，教师的教学要符合不同水平学生的需要，真正做到因材施教。

在一节主题是"人的本质属性是社会性"的政治课上，教师并没有把现成的结论直接传授给学生，而是提出了"人的本质属性究竟是什么"的问题引导同学讨论。有的同学通过课前对居委会代表、陌生人的采访得出"人的本质属性是自私"的结论；有的同学在列举了伟大的母爱、教师的奉献、抗震救灾中英雄的事迹后，得出结论"人的本质属性不是自私的"；还有的同学通过网上大量资料的查询，得出了"人的本质属性是不固定"的结论。这节课就在同学们的讨论中开始，在讨论中进行，同学们各抒己见，积极参与，通过自主的分析、讨论，自主地得出结论，最后达成共识，再也不觉得政治课枯燥无味。同时，同学们的思维的独立性、批判性及抽象概括、分析综合等能力得到了良好的训练与发展。

3. 建构情感体验的"先行组织者"

奥苏伯尔在教学心理学研究中提出了"先行组织者"的概念。这是一个在学习材料呈现之前呈现的一个引导性材料，是新旧知识发生联系的桥梁。通过先行组织者，为学生学习新知做好准备；通过先行组织者，唤起学生的情感体验，发挥积极情绪情感的重要作用，以情感、能力、知识的排序取代知识、能力、情感的排序。

在过去对学科教学中知识、能力、情感的排序，总是把知识放在第一位，这样教师在教学中总是从上节课讲的知识出发引出本节课知识。这种知识本位、课本本位的教学只能让学生禁锢在知识的系统之中，而对科学、对学习缺少兴趣和良好的情感，甚至于厌学。我们引导和鼓励教师们注重在教学中创设各种教学情境来激发学生的热情、激励学生的进取心，从而使教师从一节课的开始就引起学生的注意，就形成学习的兴趣。这种教学方式充分发挥了积极情绪和情感对智力活动和提高学习效率的积极促进作用。例文中王老师的教学过程设计就很好地体现了这一点。

4. 让学生体会成功

教师在课堂教学中让学生体会到成功是非常重要的。在教学中，教师们为不同水平的学生准备了难易不同的题目，并运用多种手段给学生创造良好的学习空间，或积极探索，或小组合作，或研究实验，或上网搜寻，使一节课成为学生发展自己、体验成功的舞台。小组合作的问题探究中，每个学生在小组中找到了自己的合适位置，发挥自己作用的同时也找到了属于自己的那份自信。一位英语教师，看到了一个学生没有回答出来问题后脸上的沮丧与自卑，心里很是不安，她灵机一动，在课堂上模仿"开心词典"栏目开通了"求助热线"，不会回答问题的学生可以求助班上的同学。一下子，表示要提供"援助"的同学非常踊跃，积极回答问题的气氛异常高涨，不会回答问题的学生在得到了朋友的帮助后，脸上也露出了欣慰的笑容。

（三）充实教学内容，找准心理教育与学科内容的结合点

教师们在实践过程中，结合学科教学的具体内容，努力挖掘心育素材，并大胆补充优化学生心理品质的策略和方法，使课堂教学内容更加充实与丰富，也借助相关具体内容将心育目标落到实处。王一欣老师补充了"讲自己的故事"和阅读补充散文后的"仿写"等内容，使得学生在充分理解文章主旨的过程中，联系自己的实际，使"提高面对挫折的能力、树立健康积极的生活态度"等心育目标得到很好落实。再比如，历史课老师结合课堂教学对历史人物和事件的评述，补充了如何正确认识自己和评价他人的方法介绍。

（四）丰富教学形式，将有关的心理教育的方法运用于课堂教学

可以尝试着将心理辅导的专业方法和有关训练引入课堂教学，以作为课堂教学形式的补充，从而达到帮助学生更好地完成学习任务的目的。例如，英语课上老师组织学生对反映课文内容的无声画面进行复述，运用了调动多种感官参与记忆和及时反馈记忆效果的记忆策略，对巩固学科所学知识起到了很好的作用；以一张空白简历的填写来指导学生阅读一篇传记性文章，不失为阅读策略指导在课堂教学中的巧妙运用；以一种只给题设而隐藏题目结论的题目形式，展开了学生发散性思维的训练；从课文内容出发，大量身残志坚的成功人士列举本身就是对学生意志品质的培养；用文字塑造声音的对风景画描述的练习让学生张开了想象的翅膀；由"莲花图"而画出的"君子图"为学生类比联

想的训练提供了空间。研究性学习中，行为训练、系统脱敏、认知疗法、合理情绪疗法等专业方法得以运用。

二、你的心事我明白——个别心理辅导

个别心理辅导是班主任实施心理健康教育的重要途径和方法。通过个别辅导，可以更为有效和更有针对性地解决不同学生的问题与困惑。

（一）个别心理辅导的对象

个别心理辅导特别需要关注的对象包括：

受学业成绩困扰的学生，生理有缺陷的学生。这些学生往往不能进行正常的人际交往，导致自卑、退缩、孤独等人格特征。

人际关系适应不良的学生。人际交往是青少年走向成熟的重要一步，但有些学生存在不合群、冷漠、孤僻、退缩、过于沉默、钩心斗角等人际关系适应不良的表现。

家庭环境不利的学生，如离异家庭、寄养家庭、贫困家庭以及城市和农村的留守儿童，他们缺乏同龄人所能享有的父母及社会的关爱，导致心理和行为问题的出现。

品德不良的学生，往往有说谎、逃学、离家出走、打架、偷窃等行为，道德观念模糊，处世消极，情绪容易冲动，言行脱节，有强烈的逆反心理等。

（二）个别心理辅导中的谈话

个别心理辅导是以谈话为主要形式的，但这里的谈话，不同于一般人际交往中的谈话。班主任往往都以一种长者的身份，以一种高姿态去帮助学生解决生活、学习中的具体困难。在其中，班主任大都扮演同情者、安慰者、鼓励者、经验传授者甚至批评者等角色。这样的谈话，不仅不能到达学生的心灵深处，更不能对学生产生深刻持久的影响。心理辅导中的有效谈话，是建立在共情、理解和尊重的基础上的谈话。

学生："我不想念书了！"

班主任："那怎么行？"

学生："学习没用……"

班主任："谁说没有用？不学习你怎么考大学？"

学生："考大学干什么？出来也不一定能找到工作。"

班主任："不考大学就能找到工作啦？告诉你，考大学是你们唯一的出路。"

学生："那可不一定，没考上大学的成功人士可多了，比尔·盖茨就没上大学。"

班主任："你能和比尔·盖茨比吗？比尔·盖茨全世界能有几个？别异想天开了！"

学生："反正我不想念书。"

班主任："你可不能拿自己的前途开玩笑！不听老师和家长的话，你将来肯定会后悔的……"

学生最初是把老师当做朋友，怀着信任和老师交流自己真实的想法。可最后得到的结论是：老师根本不理解自己，也不愿意认真听自己的想法，只会讲大道理来压人。产生了这样想法的学生以后一定不再找老师了。

另一位班主任，他的一位学生总是上课迟到，因此影响了整个集体的荣誉，老师很是烦恼与着急。但是，他在与学生谈话的时候，先克制了自己的情绪，没有直接表达出来，也没有直截了当地质问："早上多睡那么三五分钟对你就那么重要？"（很多班主任常这样说）而是在谈话的时候先从学生的精神状态说起。

师："你最近看上去精神很不好，是不是身体不舒服？"

生：（不好意思地挠挠头）"没有，只是晚上睡得不好。"

师："能告诉我是什么原因吗？"

生：（沉默）

师："不想说也没关系。我相信你一定有自己的原因。"

生：（点头，沉默）

师："晚上睡得不好早上就起不来，对吧？不过一两次迟到我可以理解，因为我也有睡过头的时候，但是，你天天迟到令我感到有点生气，你知道吗？我一直觉得你是个不错的学生。"

生："闹钟响了我也想按时起床，可是又想再睡一会儿，结果就……"

师："是不容易。我在你这么大的时候也很贪睡呢！开始的时候很不容易

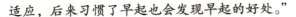
适应，后来习惯了早起也会发现早起的好处。"

生："真的吗？"

师：（微笑）"你自己试试看就知道了！"

生："好的。我明天把闹钟放在够不着的地方。"

师："真是个好办法！"

班主任从对学生的关心开始，同时又真诚地表达了自己对学生的不满和建议。承认学生的困难，而没有对其表示否定，更没有作出任何的评判，并坦率地和学生分享自己的经验，最后鼓励、引导学生自己找出解决问题、克服困难的方法，既真诚又富有指导和教育意义。

个别心理辅导中班主任与学生谈心，首先要把重点放在良好的师生关系或教师态度上。班主任要放下"师道尊严"的架子，不要俯视学生，要学会平视，用温和的眼睛与学生交流，用善意的话语与学生平等对话，充分尊重学生。在谈心的过程中，教师要善于倾听学生的意见，重视学生的情感，欣赏并赞扬学生表现出来的坦率，同时也要宽容对待其思想中表现出来的不成熟的想法，维护学生的尊严与爱好，从学生的角度设身处地地理解学生，相信学生能够自己作出选择和决定。这种态度才能保证学生能自由地表达自己的观点和看法，并产生对老师的感激和信任。

其次，要注意尊重学生的人格，接纳学生的缺陷，不要急于对学生暴露的思想和行为作出判断，阻断学生沟通的愿望。而是应该学会站在学生的立场上，试图理解他们的情绪情感体验，使学生愿意实现更深层次地探讨问题，剖析自己。

再次，要学会使用心理咨询中的影响技巧，与学生共同探讨解决问题的合适方法。通过引导、指导的方式，教给学生作出决定的方法和途径，帮助学生自主地进行选择和作出决定，而非被动的、不情愿的。

（三）个别心理辅导中谈话时的注意事项

一要注重情感交流，不要拒人以千里。要在相互平等、相互尊重的基础上建立良好的谈心氛围。谈心不是教师单方面的说教，而是为了达到教育目的的一种和学生的互动。

二是要耐心倾听，不要随意插话。班主任与学生谈话，说得多，听得少。即使听，很多也是在冷漠地听、批判地听，更多时候是学生没说完，老师已经开始批评、指责、表达失望心情等。教师要认真倾听学生讲话，努力体验其内心的感受，并积极作出回应，使学生充分体会到教师的关心和重视。倾听时要保持温暖而友善的目光接触，轻松自然的脸部表情。当学生情绪激动、流泪哭泣时，要表达安抚或同情之意；注意适当地给学生回应，用"是吗""嗯"、"噢"等，或点头、微笑等表示对学生的话听清了和理解了，鼓励他继续向下说；不要随意插话或者打断学生；要注意学生话中蕴涵的深层意思；要注意仔细观察学生非言语的表达。

三是要学会接纳，不是一味批评。给学生以真心的接纳，会给学生以亲近感、信任感、期望感，学生才会敞开心扉。接纳并不代表认可或同意学生所讲的一切，而只是代表教师把学生看做平等的人，承认其想法和情绪体验的合理性，尽管有时那些想法和自己的观点很不相同。接纳也不代表班主任不能有自己的观点，而是指虽然教师的观点和学生的意见有所不同，也仍然愿意认真听取学生的看法。

四是要积极鼓励，不要同情安慰。学生遇到了挫折与困难，会垂头丧气，有时还会伤心哭泣。"别哭了"、"没什么了不起"等话语会让学生产生自己的情绪被否定的感觉。教师要设身处地地去感受学生的内心体验，并表示关切，以积极态度对学生言语、行为中积极面、光明面、长处、优点予以特别的关注，可使学生感受到被理解的温暖，更可以增加学生面对困难的勇气和力量。

五是要引导，不要命令训导。以往班主任的谈话基本上采取规劝或说教的方式，并总是以帮助学生解决当前问题为直接目标。班主任常会直截了当地告诉学生目前的问题应该如何处理，学生只能是被动接受或主动性、积极性没有得到提高。要学会引导学生积极认识当前的问题，主动剖析自我，承担责任，协助学生自我管理和自我成长，而非包办代替。要多提问题，少评论；多启发，少说教；多鼓励对方讲话，少讲个人意见；以共同探讨代替说理和武断的解释。

六是谈心中要贯彻共情。班主任要设身处地地去体会学生的内心感受，达到对学生境况的心领神会。它包括共情的成分，但又有别于同情，同情不一定含有对对方感受的理解和体会。共情包含有"换位"的意思，是班主任用学生的心情去感受，用学生的眼睛看世界，不但要有能力正确地了解学生的感受和那些感受的意义，同时还要将这种感受的理解和体会传达给学生。

七是科学运用开放式提问和封闭式提问。封闭式提问是以"是不是"、"对不对"、"有没有"、"行不行"等词语发问，让学生对有关问题作"是"、"有"等简短回答。这种提问，可以收集信息，澄清事实真相，验证结论等等。但过多使用封闭式提问，会使学生处于被动的地位，压抑自我表达的愿望与积极性，产生压抑感及被审讯的感觉。开放式提问通常使用"什么"、"怎样"、"为什么"等词语发问，让孩子对有关问题、事件做出较为详尽的反应。这样的提问会引出学生对某些问题、思想、情感等的详细说明。

八是注重非言语技术的运用。谈心并非仅仅是听和说，不仅用口头语说话，用耳朵去倾听，也用表情、形体动作说话，用眼睛去"听"。谈心中非言语技巧的使用也是师生间交换信息的一个重要手段。有研究表明：人在接受外界信息时，总体效果＝7%的言语＋38%的声音＋55%的面部表情，也就是我们常说的"此时无声胜有声"。要善于把握会谈中的非言语线索，读懂"弦外之音"。学生的形体动作同样可以向教师透露很多信息，比如两手机械地搓动、玩弄手指或小物件如衣角、钢笔等，往往是学生内心紧张不安或焦虑急躁的情绪反应；摇头、摆手、突然急速反复强调坐姿，常常是学生心中不耐烦、不同意的表现。

同时，通过非言语技巧表达自己，促进与学生谈话的良好进行。班主任要注意自己目光保持专注，如果看别的东西，或者东张西望，目光游离不定，就会妨碍学生的继续表达。要使自己正面对方，身体略微倾向于来访者并用点头示意等表示对对方的注意和肯定，不要正襟危坐，不宜过于随便。声音不要太大，语速应稍缓，语调要有些抑扬顿挫，不要太平淡单调。

三、心与心的碰撞——团体心理辅导的组织与实施

广东省乐昌市二中的蓝金红老师面向高一年级的学生组织了"了解并学会调节你的情绪"的团体心理辅导活动。

蓝老师制订的教学目标为：学生通过对本课的学习，初步了解情绪是人的心理活动的重要表现，知道基本的情绪类型及不同情绪的作用，进一步了解调节情绪的必要性，并逐步掌握调节情绪的有效方法，以便在实际生活中克服消极的情绪，保持乐观、开朗的心情，能较好地调节和控制自己的情绪。

实施的团体辅导过程如下：

教师用故事引入：历史上有个著名的医生叫阿维林纳，他做过一个关于动

物的生存环境的实验。他把两只小羊同样喂养，其中一只放在离狼笼子很近的地方，由于经常恐惧，这只小羊逐渐消瘦，身体衰弱，不久就死了；而另一只因为被放在比较安静的地方，没有狼的恐吓，它健康地生存下来了。

提问："为什么会出现这样的结果呢？"

（同学回答）

教师总结："这个实验说明情绪影响到身体的健康。现代科学已证明，人的胃及十二指肠主要受情绪所制约。

人非草木，孰能无情。情绪是人的精神活动的重要组成部分，在人类的心理生活和社会实践中，有着极为重要的作用。我们这节课的课题就是'了解并学会调节你的情绪'。"

（一）情绪

1. 情绪

我们平时讲的"触景生情"这个词，"情"就是"情绪"，"景"就是引起情绪变化的刺激因素。比如，你无意中听到有位同学正在说你的坏话，就会产生气愤的情绪；如果是这位同学正在夸你，则会产生高兴、愉快的情绪。人的情绪有很多种，其中喜、怒、哀、惧是人的四种基本情绪。

2. 积极情绪与消极情绪

同学们想一想，下面哪些是积极情绪？哪些是消极情绪？（图片展示）

①快乐 ②恐惧 ③愤怒 ④痛苦 ⑤喜欢 ⑥忧虑 ⑦难过 ⑧讨厌

请同学们各自体会一下，当自己处在愤怒、恐惧、痛苦等消极情绪状态下，你会有什么样的感受，对你的生活和学习会有什么样的影响？

小结：当你处在消极情绪状态下，消极的情绪会减弱人的体力与精力，人在活动中就容易感到劳累、精力不足、没兴趣、思维迟钝、判断能力下降。消极的情绪还会降低人的自控能力，使人遇事容易冲动、不理智，常会做出一些令自己后悔的事。因此，消极情绪具有很大的危害性。

（二）消极情绪的危害性

1. 创设情景（用 PowerPoint 演示）

①有人弄坏了你的自行车。

②有个同学告诉你，放学后他要找几个人一起来揍你一顿。

③当你正在看你喜欢的电视节目时，有人把它调到了别的节目。

④你把妈妈省吃俭用给你买书的 100 元钱弄丢了。

⑤你看到班上的小张又在欺负小李了。

⑥你在公共汽车上被人踩了一脚。

⑦同学们喊你的绰号。

⑧在某次竞赛或考试中你获得了第一名。

2．讨论：在碰到以上各情景时，你会有何种情绪产生？你如果有不适当的情绪反应，会有什么后果？（每组讨论一个情绪）

3．能就自己日常生活中因不适当的情绪反应造成不良后果的情形举例吗？

4．美国生理学家爱尔玛的实验研究：将人在不同情绪状态下呼出的气体收集在玻璃试管中，使其冷却后变成水发现：

在心平气和状态下呼出的气体冷却成水后，水是澄清透明的。

在悲伤状态下呼出的气体冷却成水后，水中有白色沉淀。

在悔恨状态下呼出的气体冷却成水后，水中有乳白色沉淀。

在愤怒、生气状态下呼出的气体冷却成水后，水中沉淀物却呈紫色。再将其注射到大白鼠身上，几分钟后大白鼠就死亡了。（用 PowerPoint 演示）

教师总结：由此可见，人在生气时的生理反应非常剧烈，同时会分泌出许多有毒性的物质。消极情绪长期存在，生理变化不能复原时，情绪压力就会损害健康。因此，为了身体健康，请尽量不要生气；实在生气，也要学会用克制、幽默、宽容等消气艺术来减轻和消除心理压力。

当然，面对同一件事每个人都会有不同的情绪反应，无论情绪是快乐的还是阴暗的，它们本身都是正常的。因此，有消极情绪不是"病"，它是每个人都会产生的，只是每个人产生的程度不一样。我们要认识它，接受它，并学会控制它。

（三）了解自己的情绪

积极的情绪有益于身体健康，消极的情绪有损于身体健康。你了解自己情绪体验的变化吗？（测试，用 PowerPoint 演示）

1．请选择符合自己的情况

①我感到很愉快

A．经常　　　B．有时　　　C．较少　　　D．根本没有

②我对一切都是乐观向前看

A．几乎是　　　B．较少是　　　C．很少是　　　D．几乎没有

③我对原来感兴趣的事现在仍感兴趣

A. 肯定　　　B. 不像从前　　　C. 有一点　　　D. 几乎没有

④我能看到事物好的一面

A. 经常　　　B. 现在不这样　　　C. 现在很少　　　D. 根本没有

⑤我对自己穿着打扮完全没兴趣

A. 不是　　　B. 不太是这样　　　C. 几乎是这样　　　D. 是这样

⑥我感到情绪在渐渐变好

A. 几乎是　　　B. 有时　　　C. 很少是　　　D. 是这样

⑦我能很投入地看一本书或一部电视剧

A. 总是　　　B. 经常　　　C. 很少　　　D. 几乎没有

题做完了，怎样才能知道自己的情绪状态呢？

选A得0分　　　选B得1分　　　选C得2分　　　选D得3分

结论：得9分以下的人有良好的、积极的情绪；得9分以上的人处于不良的情绪状态。

如果不良情绪持续下去将会影响身心的健康，要想保持良好的情绪，那么学会调节情绪的方法是很重要的。

2. 你最近有不顺心的事或不良情绪吗？是怎么引起的？请简明扼要地写下来。（要求学生写在一张纸上）

（四）调节情绪的方法

当你有了不良的情绪时，你调节情绪的方法是什么？你所了解的方法有哪些？（请同学们分组讨论，再用 PowerPoint 演示以下方法）

1. 转移注意力

①转移注意力可以通过改变注意的焦点来达到目的。当自己情绪不好时，可以做一些自己平时感兴趣的事，做一些自己感兴趣的活动。通过游戏、打球、下棋、听音乐、看电影、读报纸等正当而有意义的活动，使自己从消极情绪中解脱。

②转移注意力还可以通过改变环境来达到目的。当自己情绪不理想时，到室外走一走，到风景优美的环境中玩一玩，会使人精神振奋，忘却烦恼。若把自己困在屋里，不仅不利于消除不良情绪，而且可能加重不良情绪对你的危害。

2. 合理发泄情绪

不知同学们在看电视和电影时注意过这样的镜头没有：某人因有不良情绪，便跑到旷野、海边、山上无拘无束地喊叫，或者拼命地击打树木，或者狂奔。这就是合理发泄情绪。

合理发泄情绪可用以下几种方式：

①宣泄（可以适当哭一场、痛快地喊一回或者写日记。教师指导并强调宣泄不能在语言或行为上攻击别人）。

②做运动（生命在于运动，好心情更离不开运动）。

③多参加娱乐活动，看搞笑片，多放声大笑（讲述我国"大笑运动"创始人张立新在广州、深圳举办欢笑俱乐部"笑遍天下"的事例；并举法拉第的故事："一个小丑进城胜过一打医生"）。

④善于发现和欣赏生活中的美（"算算你所得到的恩惠——不要去清点你的烦恼"）。

⑤制订快乐清单（如做一些自己擅长的事，让自己有成功的体验）。

⑥向亲朋好友倾诉（记住培根的名言：把快乐告诉一个朋友，将得到两个快乐；把忧愁向一个朋友述说，则只剩下半个忧愁）。

3. 学会控制情绪

学会自我调控是调节情绪最好的方法，它可以提高人们生活的品质。控制情绪就是要做到"喜怒有常"和"喜怒有度"。

"喜怒有常"就是要符合常情，合乎常理。当喜则喜，当怒则怒。情绪能在适当的时间、场合表现出来，这才是人之常情。但是，情绪表达时，也不能任其发展。在我国历史上、小说中有不少典故，像《三国演义》中周瑜怒不可遏，吐血而亡；《范进中举》中的范进是高兴而笑疯的；《红楼梦》中林黛玉是哭死的；这些都是情绪过度的表现。所以情绪的表达要控制在一定的程度和范围内。喜不能得意忘形，怒不可暴跳如雷，哀不能悲痛欲绝，惧不能惊慌失措。做到"喜怒有度"，否则，自己的身心健康就会受到情绪的影响。

自我控制情绪的方法很多，这里只给大家介绍四种。（用 PowerPoint 演示）

①自我暗示法。一个人在消极的情绪中，通过名人名言、警句或英雄人物来进行自我激励，能够有效地调控情绪。

②深呼吸法。通过慢而深的呼吸方式来消除紧张、降低兴奋性水平，使人的波动情绪逐渐稳定下来的方法。

步骤：

a. 站直或坐直，微闭双眼，排除杂念，尽力用鼻子吸气。

b. 轻轻屏住呼吸，慢数一、二、三。

c. 缓慢地用口呼气，同时数一、二、三，把气吐尽为止。

d. 再重复三次以上。

③心理换位法。所谓心理换位，就是与他人互换位置角色，即俗话所说的将心比心，站在对方的角度思考、分析问题。通过心理换位，来体会别人的情绪和思想。这样就有利于防止和消除不良情绪。比如，当受到家长和老师的批评时，自己心里有气，这时要设身处地想一想，假如我是老师、家长，遇到此类情况会怎样呢？这样，往往就能理解家长、老师对自己的态度，从而使心情平静下来。

④升华转化法。就是要发掘调动思想中的积极情绪，抵制和克服消极情绪，将痛苦、烦恼和忧愁等消极情绪升华为积极有益的行动。

小结：每个人在一生中都会遇到各种不良情绪的刺激和伤害，积极的方法是及时消除和克服，我们可以通过控制和宣泄两种途径。但有人发怒时会进行严重自我惩罚，或把别人作为出气筒，损坏别人的东西，甚至打人、骂人，这是万万要不得的。故宣泄要做到有理、有度，既不损害他人，也不损害自己。做到了这点，快乐就掌握在你的手中。希望同学们能把我们这次课所总结出来的方法运用到学习和生活中去，同时利用这些方法热情地帮助我们周围的同学和朋友。

（五）学以致用

1. 如果有个同学少了东西，他怀疑你，你很气愤，并想揍他一顿。这时你该怎么控制自己的怒气？

2. 小明是高一学生，平时学习成绩很好，在班中名列前茅。可是，每当参加重大考试时，他总感到压力很大，担心自己考不好，原来复习好的知识在考试中常想不起来，思维迟钝，因此几次考试都考不好。他该怎么办？

3. 班主任王老师告诉大家，过几天就要去郊游了，期间还要搞一些娱乐活动比赛。听到这个消息后，你会有什么反应和情绪？（A. 积极参加集体活动，并做好准备。B. 无所谓，搞不搞这次活动都行，去郊游肯定会遇到许多麻烦，没准儿还会出点事呢。C. 手舞足蹈，兴奋不已，恨不得马上就去郊游。）

蓝老师的心理辅导活动设计，很好地运用了团体心理辅导的方法与策略，也充分发挥了团体辅导的优势与作用。结构完整，设计巧妙，给我们很好的启示。

（一）何谓团体心理辅导

团体心理辅导是在团体情况下进行的一种心理咨询形式，它是通过团体内人际交互作用，促使个体在交往中通过观察、学习、体验来认识自我、探索自我、接纳自我，调整改善与他人的关系，学习新的态度与行为方式，以发展良好的人际关系的过程。

（二）在班级中开展团体心理辅导的意义

同一年龄层次的学生，心理发展水平基本上处于同一层面上。他们在智力、人格的发展中所遇到的问题和困惑，也大体呈现出一种普遍性和规律性。因此，教师可以通过以班级为单位的团体辅导，来促进学生个性心理品质的整体发展。团体心理辅导是学校辅导工作的主要方式之一。

（三）团体心理辅导的优势与特点

1. 优势

团体中的沟通是多向的，不仅有教育者与被教育者的沟通，而且有被教育者之间的沟通。在团体和谐氛围的影响下，可以引导被教育者多角度地开展自我教育，从而减少对教育者的依赖。

在相同的时间和精力投入的前提下，受众人数要明显地比小组和个别辅导多，还体现在多个成员的多方面的帮助，从而体现了团体辅导的高效性。

团体心理辅导使学生了解和体验支持与被支持，从相互帮助中获益。这不仅有助于班主任更好地认识和了解学生，增进班级凝聚力，还有益于发展学生的社会性。学生能更加清楚地体会别人对同一件事情的看法和感受，提高感受他人内心体验的能力，主动按照社会的规范和要求改进自己的行为。

2. 特点

活动性：强调体验和感悟。让学生在活动中去体会，去感悟，不同于学科教学中常用的传授和说教。实现个体的成长，要以自我体验为基础。通过创设一定的情境，营造一定的氛围，帮助学生获得自我体验，在体验中感悟成长，不是靠灌输和说教，是潜移默化地影响与引导。

开放性：目标是开放的，重在发展和预防，对每个学生的发展提供一个方向，允许不同的学生根据自己的实际去发展；内容是开放的，关注某一特定社会情境中学生自身的心理问题；空间是开放的，不拘泥于教室，时间和空间上更为灵活，打破固有的座位顺序；以互助和自助为机制。它还是一种积极的人际互动过程，作为集体的一员，学生在辅导活动中就是受助者，又是助人者。

主体性：学生是成长与发展的主体，成长和发展从根本上说是一种自觉和主动的过程。团体心理辅导中体现出学生的自我探索，在探索的过程中，认识自我，调整自我，完善自我，并解决自己成长中的各种问题。

（四）组织开展团体心理辅导的程序

1. 准备工作及方案的制订

了解成员背景资料、设定团体目标、掌握理论知识、确定团体人数、把握时间和地点、制订规则。确定活动主题时要根据需要和班上出现的问题，建立的活动目标包括认知、情感体验、行为实践三个层次，重点在后两个层次。目标要具体，切忌含糊抽象，以利操作和评估。设计活动方案要围绕活动目标，确定活动内容、形式和过程。

2. 开展辅导的操作流程

暖身活动→创设情境或设计活动→催化互动→鼓励分享与自我探索→引发领悟→整合经验→促成行动→彼此回馈→活动延伸→评估效果。

3. 实施要领

营造气氛，构建关系；认真倾听，注重活动；适时引导，聚焦中心；及时调整，临时应变；自我发展，包容歧见。

四、道是无声——良好的班级心理环境创设

某重点中学刚入校的学生，多数是初中学校的佼佼者。进入重点中学后，不仅要适应自身成长的压力，还要适应更为激励的学习竞争，接受自己在班中的相对位置，由以前的备受老师和同学瞩目变得"平凡的不能再平凡"。也有的学生不理解"为什么在初中，即使不努力也可以轻松拿第一名，可是在高

中，再怎么努力成绩也不理想"。极大的心理落差使原本非常自信、快乐的学生变得痛苦、自卑。

对这些学生的辅导，班主任是从营造一个宽松、和谐、友好、互助的班级心理氛围入手的，让学生在良好的交往氛围中体验相互支持、相互帮助，减少猜忌和敌意，在以合作为前提的良性竞争中共同进步。

学生心理健康水平往往是学生个性心理特点和环境相互作用的结果。作为管理者，班主任可以为学生营造一个和谐的班级心理氛围来消除环境的不良刺激，达到培养学生良好心理素质、开发心理潜能、预防心理问题的目的。

班集体为学生的心理健康教育提供了教育情境。一个良好的班集体，犹如陶冶学生个性、健全学生人格的熔炉。正如马卡连柯所说："只有一个人长时间地参加了有合理组织的、有纪律的、坚韧不拔和有自豪感的那种集体生活的时候，良好性格才能培养起来。"班主任要充分利用班集体对学生心理素质形成和发展的作用，通过营造安全、融洽的班级氛围，以集体带动个体，促进全体学生发展。

如何创设良好的班级心理环境氛围呢？

（一）构建一个良好的认知环境

新的班集体创设初期，班主任要创设一个良好的认知环境，使学生对班级从一开始就有一个良好的第一印象。而且，良好的认知环境有助于提高学生的学习动力，并在学习的过程中形成良好的认知结构，从而使学生更有效、更轻松地学习。

（二）形成一个温馨的感情环境

班主任要善于营造能诱发个体、群体肯定性的情感体验环境，如满意、愉快、喜悦等，使其成为具有积极性、动力性的环境。防止诱发个体、群体否定性情感体验环境的出现，如不满、忧愁、痛苦、恐惧等，这样会起到负面作用。

（三）创设一个民主的人文环境

贯彻尊重与理解学生的原则，做一个民主的管理者；树立健康的班级舆论，形成支持性的班级风气。班级的人际关系、教师对学生的期望、师生间的情感交流等人文环境本身就是心理环境的重要组成部分。要尊重学生的人格，在学生面前表现真实的自己，给学生一个安全的心理环境。班主任要包容学生的错误，把他们看成发展中的人，消除学生怕犯错误的恐惧心理；善于倾听学生的心声，促进学生更自信、更积极主动参与班级各项活动。抓好班级成员的角色意识培养，通过正式角色和非正式角色的合理安排，使每个学生都能形成积极的角色意识与角色行为，使每个成员都感到在集体中是受重视的、有地位的，从而增强责任感、义务感、归属感和集体荣誉感。

（四）形成和谐的人际关系

和谐人际关系，在形式上表现为人与人之间的平等友爱、互帮互助、诚实守信、团结共进的关系。和谐的人际关系会使人感到温暖，产生安全感；否则，彼此冷漠，甚至仇视和猜忌的人际关系会使人产生压抑和焦虑，导致多种心理问题的产生，影响身心的健康发展。诚信与责任是形成和谐的班级人际关系的基本要求。诚信是为人之本，是良好人际关系的基础；责任是为事之本，是处理个人与集体关系的基本准则。通过良好人际关系的建立和健康舆论、风气的形成，营造有利于学生健康成长的心理环境，如积极向上，开朗乐观、关心集体、团结互助等，不断提高学生对人际环境的适应能力。

有一个"四个人的故事"：四个人是每个人、某个人、任何人和没有人。有件十分重要的事情要交付给这四个人去做，"每个人"认为"某个人"会去做这件事情。"任何人"有能力去做，却"没有人"去做这件事。"某个人"因为这件事生气了，因为这是"每个人"的活。"每个人"认为"任何人"能做它，但"没有人"意识到"每个人"都不会去做它。最后的结局是"每个人"抱怨"某个人"，因为"没有人"去做"任何人"都能做的事。

人际交往中有两条重要的定律："黄金定律"和"白金定律"。"黄金定律"是你希望别人怎样对待你，你就怎样对待别人。"白金定律"是别人希望你怎样对他，你就怎样对他。这并不是要我们无原则地对待世界上的任何人，而是强调要准确地识别他人的个性和风格，调整我们自己的行为方式，以减少和避免冲突的发生。

五、你我同行——家庭心育指导

家庭教育与学校教育越接近，产生的教育合力就越大，效果就越明显。班主任在促进学生身心健康成长的心理健康教育过程中，同样要重视对家庭心育的指导。班主任要帮助家长了解孩子的心理特点与需求，掌握教育孩子的艺术与方法，创设良好的家庭心育氛围，共同营造良好的教育环境。另一方面，也要帮助家长纠正不良的教育态度与方式，避免孩子心理问题的产生。

（一）家庭心育指导的主要内容

1. 更新教育观念，树立科学的育人观

有学者提出了家庭教育观念更新的十个方面：

亲子观：破除孩子是父母的私有财产的观念。

评价观：破除单纯以学习成绩作为评价孩子唯一的评价标准，注重情感、态度、价值观的培养，全面关注孩子的身心健康。

教育观：破除过度地单项传授和灌输的教育方法，尊重孩子的主体地位，建立亲子互动、教学相长的家庭学习气氛。

人才观：破除升学＝成才的人才观，尊重个性，树立"人人有才，人无全才，扬长避短，人人成才"的人才观。

发展观：破除分数至上的狭隘发展观，以人的全面、可持续发展为根本。

学习观：破除以书本知识为中心的学习观，教会孩子学会做人，学会求知，学会合作，学会创造。

育人观：破除以说教为主要方式的家教方法，言教与身教结合并重身教。

成才观：破除把学校视为培养人才的唯一渠道，积极主动配合学校。

民主观：破除家长制的教育观念，尊重孩子，实现民主平等。

主体观：破除单纯以家长的意志塑造和要求孩子的观念，尊重孩子学习和发展的自主权，促进孩子身心自由发展。

2. 掌握科学的方法，提升教育的能力

一是了解孩子的身心特点，了解孩子的内在需要。

二是掌握科学的家庭教育方法。特别强调要尊重自己的孩子，建立民主、平等的亲子关系。要学会赞美孩子，满足孩子渴望肯定、承认和赞扬的心理需要，帮助他树立信心，以愉悦的心情去面对学习、克服生活中的困难。还要尊重孩子的个性，根据孩子的不同气质类型采用不同的教育方法。

三是掌握与孩子沟通的技巧，特别要掌握与孩子谈话的语言技巧。亲子之间是否能进行良好的沟通，直接影响到家庭中的人际关系，影响到家长对孩子的教育效果。家长要善于和孩子沟通，其中要注意做好角色的定位，要先做朋友，再做父母；要注意把强行的要求和规定变成讨论式的谈话，以创设良好的人际沟通的心理氛围。为了使沟通可以顺利进行，家长还要丰富自己的知识，寻找与孩子沟通的共有话题。在谈话中，要注意倾听和交谈的技巧，多些耐心与尊重，多些理解与民主。这样的沟通一定能取得好的效果。

四是创设良好的家庭心理环境，拥有和谐的亲子关系和家庭人际关系。家长也要注重培养自己的良好心理素质，为孩子身心的健康成长树立榜样。

（二）家庭心育指导的主要途径

可以定期进行家长学校的辅导；开设专题讲座；积极进行家访；借助网络或纸质媒介，举办面向家长的心理咨询活动；举办家长沙龙或教子经验交流活动等等。

总之，在心理健康教育中，指导家长做好心育工作，可以沿着转变观念——引发情感——把握态度——掌握正确的方法与艺术这个良性的轨道有序进行。

最后，我们要特别强调，教育过程是一种人际交往的过程，教师自身已构成了一个重要的教育源，正所谓"以身立教"。学生对老师信赖、模仿和尊重的心理特点导致了"向师性"，所以，教师人格对学生有着重要的影响。班主任是学生心目中的重要人物，是学生认同的楷模，最能发挥潜移默化的作用。心理健康的班主任能通过教育促使学生心理的健康发展，反之，则不能正确理解学生的行为，更无法巧妙地处理学生的问题，轻则影响师生关系，重则可能伤害学生心灵。俄国著名教育家乌申斯基说："在教师工作中，一切都应该建立在教师人格的基础上，这样才能涌现出教育的力量。""没有教师对学生的直接的人格方面的影响，就不可能有深入性格的真正教育，只有人格能够影响人格的发展和形成。"以塑造健全人格为最终追求的新课程背景下的心理健康教育更是以教师的自身心理健康作为学生心理健康教育工作的重要保证。肩负着学生心理健康教育重任的教师，更要维护自身良好的心理状态，做幸福快乐的人。

后　　记

在关于新课程改革的教育价值观重构的过程中，教师的教育观念和教学方法也在不断更新，这一切都在朝着"人本"的方向进行，关注人性，注重人的精神成长，把教育与人的尊严、自由、权力、价值联系在一起。新课程改革对班主任来说无疑是严峻的挑战和难得的机遇。2006年教育部又颁布了《关于加强中小学班主任工作的意见》和"培训计划"，对班主任的职责有了更加明确的要求，对班主任的专业化素养提出了更高的期待。《高中新课程：班主任新兵法细节》一书就是在这种背景下应运而生的。本书以全新的视角立论，以新课程改革中优秀班主任（教师）的生动案例为议论基点，采用叙议结合的方法，生动形象地阐述观点、提供方法。我们热切地希望本书能够成为受班主任欢迎的好书。

参加本书写作的四位同志分别是：第一章：魏永田；第二、四章：杨连山；第三章：李国汉；第五章：董耘。

恳请广大班主任给本书提出宝贵意见。

2008 年 9 月

征 稿 启 事

　　《名师工程》系列丛书是西南师范大学出版社策划、组织出版的大型系列教育丛书。丛书以新课程下的新教学为背景，以促进施教者的教育能力为落脚点，以提高教育质量、提升教师水平为宗旨。

　　丛书首批推出的"名师讲述"和"教学提升"两大系列共二十余品种，其余系列也将陆续出版。为了让广大教师有一个交流、借鉴的机会，同时也为了给广大教师提供更多、更好的图书，《名师工程》系列丛书编辑出版委员会特向全国教育工作者征集稿件。

稿件要求：

1.主题鲜明、新颖，有独创性。

2.主题以提升教育能力为主，也可适当外延。

3.主题要有一定规模、有典型案例支撑。

4.案例要贴近教育实际，操作性强。

5.文章、书稿结构清晰，语言精彩。

　　书稿作者在选题确定之后，请及时与我们做好沟通，具体事宜确定好之后再进行创作；也欢迎用已经完稿的稿件投稿。一线教师如希望参与图书案例的创作，可联系我社策划机构，由策划机构备案，在适合的图书中参与创作。

　　真诚欢迎各位教师踊跃投稿。

联系方式：

西南师范大学出版社高教分社

电话：023-68254356　　　E-mail：zcj@swu.cn

西南师范大学出版社高教分社北京策划部

电话：010-68403096

E-mail：guodej@eyou.com

西南师范大学出版社
《名师工程》系列丛书目录

系列	序号	书　　　名	主编	定价
创新教学数学系列	1	《小学数学：名师教学目标落实艺术》	余文森	30.00
	2	《小学数学：名师高效教学设计艺术》	余文森	30.00
	3	《小学数学：名师易错问题针对教学》	余文森	30.00
	4	《小学数学：名师魅力课堂激趣艺术》	余文森	30.00
	5	《小学数学：名师同课异教》	林高明　陈燕香	30.00
	6	《小学数学：名师抽象问题艺术教学》	余文森	30.00
通识与心理系列	7	《突破平庸——提升教育质量的31个跳板》	严育洪	30.00
	8	《好心态成就好学生——学生心理问题剖析与对症教育》	李韦邅	30.00
	9	《教育，诗意地栖居》	朱华忠	30.00
	10	《好班规打造好班级》	赵　凯	30.00
教育管理力系列	11	《名校激励管理促进力》	周　兵	30.00
	12	《名校安全管理执行力》	袁先潋	30.00
	13	《名校师资团队建设力》	赵圣华	30.00
	14	《名校危机管理应对力》	李明汉	30.00
	15	《名校校本研究创新力》	李春华	30.00
	16	《学校文化力建设策略》	袁先潋	30.00
	17	《名校长核心教育力》	陶继新	30.00
	18	《名校长高绩效领导力》	周辉兵	30.00
	19	《名校行政管理细节力》	杨少春	30.00
	20	《名校教学管理提升力》	张　韬　戴诗银	30.00
	21	《名校学生管理教导力》	田福安	30.00
	22	《名校校园文化构建力》	岳春峰	30.00
创新教学语文系列	23	《小学语文：享受对话教学》	孙建锋	30.00
	24	《小学语文：名师教学目标落实艺术》	刘海涛　王林发	30.00
	25	《小学语文：名师魅力教学设计艺术》	刘海涛　王林发	30.00
	26	《小学语文：名师魅力课堂激趣艺术》	刘海涛　王林发	30.00
	27	《小学语文：单元整体教学构建艺术》	李怀源	30.00
	28	《小学作文：名师情趣课堂创设艺术》	张化万	30.00
教师修炼系列	29	《班主任行为八项修炼》	杨连山	30.00
	30	《教师健康心理六项修炼》	李慧生	30.00
	31	《教师专业化五项修炼》	田福安　杨连山	30.00
	32	《课堂教学素养六项修炼》	刘金生	30.00
	33	《教师新师德六项修炼》	王毓珣　王　颖	30.00
教育细节系列	34	《名师最具渲染力的口才细节》	高万祥	30.00
	35	《名师最有效的沟通细节》	李　燕　徐　波	30.00
	36	《名师最有效的激励细节》	张　利　李　波	30.00
	37	《名师培养学生好习惯的高效细节》	李文娟　郭香萍	30.00
	38	《名师人格教育的经典细节》	齐　欣	30.00
	39	《名师营造课堂氛围的经典细节》	高帆　李秀华	30.00
	40	《名师最有效的赏识教育细节》	李慧军	30.00
	41	《名师最有效的批评细节》	沈　旎	30.00

系列	序号	书　　　名	主编	定价
大师讲坛系列	42	《大师谈教育心理》	肖　川	30.00
	43	《大师谈教育激励》	肖　川	30.00
	44	《大师谈教育沟通》	王斌兴　吴杰明	30.00
	45	《大师谈启蒙教育》	周　宏	30.00
	46	《大师谈教育管理》	樊　雁	30.00
	47	《大师谈儿童人格塑造》	齐　欣	30.00
	48	《大师谈儿童习惯培养》	唐西胜	30.00
	49	《大师谈儿童能力培养》	张启福	30.00
	50	《大师谈早恋与性教育》	闫乐夫	30.00
	51	《大师谈儿童情感教育》	张光林　张　静	30.00
教师成长系列	52	《学学名师那些事》	孙志毅	30.00
	53	《每天学点教育心理学》	石国兴　白晋荣	30.00
	54	《给新教师的建议》	李镇西	30.00
	55	《教师心灵读本：成为有思想的教师》	肖　川	30.00
	56	《教师心灵读本：教师，做反思的实践者》	肖　川	30.00
高中新课程系列	57	《高中新课程：教师角色转变细节》	缪水娟	30.00
	58	《高中新课程：班主任新兵法细节》	李国汉　杨连山	30.00
	59	《高中新课程：教学管理创新细节》	陈　文	30.00
	60	《高中新课程：更有效的评价细节》	李淑华	30.00
教学新突破系列	61	《把教学目标落实到位——名师优质课堂的效率管理》	冯增俊	30.00
	62	《拿什么调动学生——名师生态课堂的情绪管理》	胡　涛	30.00
	63	《零距离施教——名师和谐师生关系的构建艺术》	贺　斌	30.00
	64	《一个都不能落——名师提升学困生的针对教学》	侯一波	30.00
	65	《让学习变得更轻松——名师最能吸引学生的情境设计》	施建平	30.00
	66	《让知识变得更易学——名师改造难学知识的优化艺术》	周维强	30.00
教学提升系列	67	《方法总比问题多——名师转变棘手学生的施教艺术》	杨志军	30.00
	68	《用特色吸引学生——名师最受欢迎的特色教学艺术》	卞金祥	30.00
	69	《让学生爱上课堂——名师高效课堂的引导艺术》	邓　涛	30.00
	70	《拿什么打开思路——名师最吸引学生的课堂切入点》	马友文	30.00
	71	《没有记不牢的知识——名师最能提升学生记忆效果的秘诀》	谢定兰	30.00
	72	《让学生的思维活起来——名师最激发潜能的课堂提问艺术》	严永金	30.00
名师讲述系列	73	《施教先施爱——名师讲述班主任的核心教导力》	杨连山　魏永田	30.00
	74	《在欢乐中成长——名师讲述最具活力的课堂愉快教学》	王斌兴	30.00
	75	《让学生做自己的老师——名师讲述如何提升学生自主学习能力》	徐学福　房　慧	30.00
	76	《引领学生高效学习——名师讲述如何提高学生课堂学习效率》	刘世斌	30.00
	77	《教育从心灵开始——名师讲述最能感动学生的心灵教育》	张文质	30.00